2024 비즈니스 트렌드

이 책의 판권은 ㈜베가북스가 소유합니다. 저작권법에 따라 보호받는 저작물이므로 무단 전재와 복제를 금합니다. 이 책의 전부 또는 일부를 이용하거나 유튜브 동영상, 오디오북, 요약자료 등으로 생성 및 유포할 때도 반드시 사전에 ㈜베가북스의 서면 동의를 받아야 합니다. 더 자세한 사항은 ㈜베가북스로 문의 부탁드립니다

이메일 vegabooks@naver.com 홈페이지 www.vegabooks.co.kr
블로그 http://blog.naver.com/vegabooks
인스타그램 @vegabooks 페이스북 @VegaBooksCo

월스트리트 출신 경제전문가의
매크로웨이브 산업 전망

2024
비즈니스 트렌드

권기대 지음

VegaBooks

2024
BUSINESS
TREND

들어가는 말

2024년 우리 경제, 매크로웨이브 전망

매크로웨이브는 경제의 큰 흐름을 좌우하는 거시적 파동이다.
매크로웨이브는 우리 삶의 방향을 암시하는 큼직큼직한 변화다.
매크로웨이브는 경제 현장과 경제 외적인 영역에서 모두 일어난다.
매크로웨이브는 결과보다 과정에 혹은 원인에 초점을 맞춘다.
매크로웨이브는 투자를 포함한 모든 경제활동에 충격을 준다.
매크로웨이브를 포착하려면 부단한 관찰, 공부, 집중이 필요하다.
매크로웨이브는 실제 이익의 극대화에 직간접적으로 공헌한다.

매크로웨이브는 Peter Navarro(피터 나바로)가 <If it's raining in Brazil, buy Starbucks(브라질에 비가 내리면 스타벅스를 사라)>에서 열정적으로 가르쳤던 개념이다. 내게는 여러 경제서로부터 배운 숱한 용어 가운데 가장 깔끔하고 신선하며 포괄적인 것으로 다가왔다.

그래서 2024년 대한민국의 경제를 예측해보는 야심만만한 이 프로젝트에서도 나는 나바로의 매크로웨이브 접근법을 가능한 한 충실하게 따르기로 했다. 그러니까 우리 경제와 산업의 큰 그림부터, 또 그것에 영향을 미치는 국내외의 거시적 '파도'부터, 조사하고 확인해보자는 마음으로 데이터를 모으기 시작했다. 그런 매크로웨이브 요소들이 궁극적으로는 개개인의 일상과 경제활동을 규정하는 마이크로 이코노미(미시경제) 현상으로 이어지기 때문이다. 나아가 그런 요소들에 담긴 의미를 파악하는 과정에서도 나는 매크로웨이브적인 태도를 견지해, 정치와 사회-문화적 변화가 어떻게든 경제에 영향을 미치지 않을까, 심사숙고하며 공부했다.

어느 해이든 경제의 방향성을 예측하기란 어려운 노릇이다. 너무 어려워서 그 시도는 무모하거나 뻔뻔스럽게 보이기까지 한다. 팬데믹 이후 세계 경제를 모나리자의 표정에 비유한 잡지도 있었다지만, 아닌 게 아니라 2024년 한국 경제의 트렌드는 다시 한번 '모나리자의 모호성'에 가려져 있는 것 같다. 그럼에도 다들 예측하고 전망한다. 아무리 어려워도 예측하고 전망하는 일은 필요하니까.

2024년의 우리 경제를 미리 훔쳐보려는 정부와 민간의 시선도 다르고, 국내와 국외 주체들이 제시하는 전망도 나름의 이유로 인해 제각각이다. 우리 정부는 우리나라의 2024년도 성장률을 2.4%로 내다봤고, 한국은행은 수정 경제전망에서 2.3%의 성장을 예상했다. 골드만삭스, JP모건, 노무라 등 글로벌 투자은행들은 2024년 한국 성장률을 애초의 2.1%에서 1.9%로 낮추더니, 나중에 다시 0.1%포인트 더 하향 조정했다. 0.1%포인트의 차이에 작지 않은 함의가 담겨 있는 한 나라의 경제성장률이니, 이와 같은 차이는 결코 어설피 볼 일이 아니다.

상상도 못 한 전쟁이 터지고, 공급망이 느닷없이 교란되어 혼돈에 빠지며, 몇백 년에 걸친 인간의 환경 파괴가 가늠할 수 없는 힘으로 지구를 옥죄는가 하면, 국제 원유가가 시도 때도 없이 출렁인다든지, 원인을 알 수 없는 감염병이 인간을 덮친다. 이 정도의 불확실성 혹은 변동성이면 '예측'의 노력 자체가 허무하지 않겠는가. 그뿐이 아니다. 전망을 시도하는 자는 이런저런 통계치 뒤에 숨어 있는 착시효과도 가려내야 한다. 숫자 자체가 아니라, 거기에 이른 배경과 원인, 다른 요소와의 관계, 시간에 따라 달라질 수 있는 여파 등등을 파악해야 한다. 얼핏 눈에 보이는 게 전부가 아니니까.

그러나 경제 트렌드의 예측은 꼭 필요히고 중요하다. 어떻게는 길잡이가 있느냐 없느냐에 따라 다양한 경제활동 과정에서 바람직한 의사결정을 내릴 수 있는가가 판가름 나기 때문이다. 나는 이 책에서 예측의 타깃을 엄격히 경제와 산업에 국한했다. 정치나 사회나 문화 영역의 예측은 내 일이 아니기 때문이다. 내 전문이 아닌 과학이나 기술의 측면도 꼭 알아둬야 할 기초적인 것 외에는 일절 분석하거나 예측하지 않았다.

아쉬운 점, 부끄러운 점도 많다. 정해진 지면에 하고 싶은 말을 가장 효율적으로 담아내야 한다는 제약 때문에, 꼭 다루고 싶었지만 결국 빼놓을 수밖에 없었던 분야가 많다. 지금 생각해도 가전이나 중화학, 제철 그리고 K-콘텐트 같은 산업 분야는 꼭 짚고 넘어가야 했던 게 아닌가, 싶어서 대단히 안타깝다. 한동안 풀이 죽어 있는 메타버스 분야에 관해서도 할 얘기가 더 있었건만, 결국 제외하고 말았다. 이제 막 기지개를 켠 우주산업이라든가, 아직은 상업적인 전망이 불투명한 양자 기술과 핵융합 기술, 그리고 다양한 개발 노력이 이루어지고 있는 신소재 분야 등도 욕심을 냈으나 책에 포함하지 못한 주제들이다. 하지만 언젠가는 이런 아쉬움을 해소할 기회가 올 것이다. 좀 더 뼈대가 튼튼하며 모양이 번듯하고 착실한 책을 쓸 기회가 틀림없이 올 것이다. 그때를 기약하도록 하자.

이 책이 나올 때를 전후하여 기업가들, 경제전문가들, 정치인들은 중국에서 몇 년 전부터 부글부글 끓어오르고 있었던 위기를 본격적으로 논의하고 걱정하기 시작했다. 또 그들은 쉽사리 가라앉지 않는 인플레이션과 끈질기게 이어지는 고금리며, 갈수록 심해지고 있는 기후변화와 국가 간 빈부 격차 등을 두고 여전히 머리를 긁적이며 고민하고 있다. 러시아의 우크라이나 침공은 끝날 듯하면서도 도무지 끝나지 않는 기묘한 전시 상황을 이어가고 있다. 이 모든 것이 한국의 경제에는 매크로웨이브 변동성이며 불안의 원인이다.

이런 시대에 우리가 할 수 있는 일은, 글쎄, 어떤 것일까? 무엇보다 한국 경제의 기초 체력을 키우는 노력부터 아끼지 말아야 할 것이다. 일본이 몇몇 소재의 수출을 막았다고 해서 조금도 흔들리는 법이 없는 기술 측면의 힘, 중국에서 요소수가 들어오지 않더라도 당황하거나 혼란에 빠지지 않는 전략과 계획의 힘, 국제 원유 가격이 요동치더라도 피해를 최소화할 수 있고 도리어 사태를 활용할 수 있는 계산과 예측의 힘, 미국과 중국의 틈바구니에서 저들이 어떤 정책으로 서로 멱살을 잡더라도 우리의 실리를 놓치지 않는 정밀한 협상의 힘, 턱없이 외국 기업에 혜택을 주면서 우리 기업들만 옥죄는 규제들을 과감히 풀어주는 창의와 혁신의 힘, 그러면서도 심해지는 빈부의 격차를 정책으로 해소할 줄 아는 복지와 평등의 힘. 이런 힘들을 키우는 것이 아마도 2024년과 그 이후를 슬기롭게 헤쳐나가는 길이며, 결국은 우리나라의 잠재성장률이 빠르게 하락하는 불행을 막는 방도일 것이다.

개인이 할 수 있는 일은 그리 많지 않다. 그래도 우리는 깨어 있어야 한다. 중요한 경제 현상을 포착하기 위해 안테나를 한껏 올리고 바짝 긴장해야 한다. 산업 현장에서, 책에서, 미디어에서 부단히 듣고 공부하고 기억하고 해석하여 판단하는 능력을 키워야 한다. 노력을 멈추지 않는 한 우리의 지식과 능력은 깊어지고 넓어진다는 것을 믿어야 한다. 그것이 우리의 미래를 위해 가장 든든한 자산임을 확신해야 한다.

첩첩산중으로 보일지 몰라도, 눈을 부릅뜨면 길은 반드시 있는 법이다.

2023년 9월의 서울, 추석을 앞두고
권기대

차례

들어가는 말 2024년 우리 경제, 매크로웨이브 전망 _ 05

| Part One | **Macrowave Factors**
매크로웨이브 요소들

01 글로벌 공급망 재편과 중국 벗어나기 _ 19
멈춰 선 트로이카 | 중국이 기침하면, 한국 경제는? | 중국 의존증 벗어나기 |
인도-태평양 지역 | 인도가 떠오른다 | 다시 중동 붐이 오나 | '기회의 땅' 폴란드

02 커피도 사치가 되는 인플레이션 _ 38
저물가 시대의 종말 | 고물가가 뉴 노멀이 되는 이유

03 고금리가 '노멀'인 신세계 _ 42
장·단기 국채 금리의 역전 | 저금리 시대 다신 안 온다

04 원화는 정말 동네북인가 _ 49
'강달러' 기대하기 어려워 | 슬기로운 달러 투자 | 엔화, 이쩌면 가장 불확실

05 저출산에 고령화까지 _ 58
한국은 정말 소멸하는가? | '늙어가는' 한국이 더 문제다

06 빚이 너무 많은 나라 _ 70
달갑지 않은 세계 1위 | 버는 족족 빚 갚기 바쁘다 | 나랏빚도 위태롭긴 마찬가지

07 한국의 가장 고약한 고질병, 규제 _ 77

| Part Two | **On Semiconductor**
K-반도체

01 메모리 반도체와 파운드리 _ 85
전반적인 업황 변화 | 삼성전자 이야기 | 하이닉스 이야기

02 치열한 AI 반도체 기선 잡기 _ 97
HBM 8개 탑재한 첨단 패키징까지 | AI 반도체라면 미국에도 '한판승'

03 어찌할꼬, 차량용 반도체 185조 시장 _ 104
미래 차량의 두뇌, 자율주행 칩 | TSMC에 일격을 가하라 |
차량용 AP '엑시노스 오토' 개발

04 2024년 한국 반도체가 위험하나 _ 110
첫 상대는 한국 | "그런데, 한국은 뭘 하고 있습니까?" | "세상 참 많이 바뀌었습니다"

| Part Three | **On Secondary Cell Batteries**
K-배터리

01 세계 전기차의 절반은 K-배터리로 달린다 _ 121
반도체 능가하는 효자 될까?

02 배터리의 종류와 K-배터리 삼총사 _ 125
전기차 배터리의 종류 | '꿈의 전고체 배터리' | 'LG엔솔'이라 불리는 기업 |
차세대 배터리는 내게 맡겨 | 하이니켈 배터리의 선두주자

03 K-배터리 소재 _ 138
양극재 | 음극재 | 전해질(전해액) | 분리막

04 배터리 원료까지 장악하라 _ 152
리튬 | 니켈 | 구리, 코발트, 망간, 알루미늄

05 쓰고 남은 폐배터리는 어떡하나? _ 157

| Part Four | **On Bio and Healthcare**
K-바이오

01 바이오를 제2의 반도체로 ＿165
바이오 초격차 ｜ 미국도 중남미도 직접 팔겠습니다 ｜ K-바이오의 아킬레스건

02 마이크로바이옴 치료제 급성장 예약 ＿177

03 바이오-헬스케어에 스며드는 AI 서비스 ＿180
한국보다 해외에서 더 뜨거운 호평 ｜ AI로 정확도 높인 영상 판독

04 비만증에 걸린 '비만 치료제' 시장 ＿187
비만의 개념부터 ｜ 2024년 비만 치료제 신드롬?

05 치매, 고치기는 어려워도 늦출 수는 있다 ＿196

| Part Five | **On Defense Industry**
K-방산

01 상상하기도 어려웠던 세계 4강의 꿈 ＿203
이스라엘도 제쳤다 ｜ K-방산의 경쟁력 ｜ 폴란드 수출로 봇물이 터지다

02 K-방산 경쟁력의 마지막 퍼즐 ＿216
무인기의 심장을 개발하라 ｜ 고부가가치의 차세대 무기 ｜ 다음 수출 주역은 군함? ｜ 육·해·공 가리지 않는 'K-방산 두뇌'

03 인정하자, K-방산의 길은 멀다 ＿225
인공위성-극초음속-미사일 방어 ｜ 갈 길 먼 엔진 기술 ｜ 방산 경쟁력의 요체, RAM-C

| Part Six | On Automobiles and Mobility
K-모빌리티

01 꾸준한 전진, 자동차 산업 _ 231
현대차, 약진

02 전기차 판매 예보 '흐림' _ 236
전기차 판매, 왜 저조할까? │ 중국 전기차의 빵빵해진 근육

03 전기차 시장 패권, '충전'에 달렸다? _ 242
충전기가 아니라 데이터 컬렉터입니다 │ 절대 놓칠 수 없는 충전기 시장

04 스마트폰을 넘보는 자동차 '전장' _ 248
이제 자동차는 소프트웨어다 │ 차량용 디스플레이 OLED로 대전환 │
'K-전·차연합' 뜬다

05 모빌리티의 퍼스트 무버 _ 256
하드웨어를 넘어 운전자의 삶으로 │ 2024년 서울에 드론 택시 뜰까

| Part Seven | On Artificial Intelligence Industry
인공지능 산업

01 챗GPT 이후 1년 _ 263
토종 초거대 언어모델 경쟁 │ 생활 속으로 파고드는 AI

02 AI 생태계 구축하는 국내 기업들 _ 267
네이버와 카카오 │ LG와 삼성 │ 통신사들의 비통신 사업

03 다양해지는 AI 서비스 _ 278
범용 서비스는 거인들에게 │ 약진하는 의료 AI 기업 │ AI가 바꾸는 광고판 │
패션계의 맞춤형 AI

| Part Eight | **On Construction & Properties**
K-건설

01 **마침내 기지개 켜는 건설업** _ 289
다시 꿈틀대는 중동 붐 | 66조 원 우크라이나 재건 시동

02 **시공만 하는 게 아닙니다** _ 299
선진국형 비즈니스 모델 | 건설의 꽃, 엔지니어링 | '노가다' 아니고, '콘테크' |
모듈러 주택 | K-전선이라 불러도 될까 | 돈 되는 '물 산업'

03 **부동산 시장, 언제 반전할까** _ 313

| Part Nine | **On Shipbuilding Industry**
K-조선

01 **이어지는 '잭팟' 수주** _ 319
쌓인 일감만도 4년 치 | 이제 타깃은 고부가가치 선박 |
한국 주도의 LPG 추진선 기준이 곧 국제기준

| Part Ten | **On Nuclear Energy**
K-원전

01 **원전 생태계를 완전히 정상화하라** _ 327
이제 원자력은 '친환경 에너지' | 우리에게 유리한 CF100

02 **베일 벗은 SMR** _ 331
SMR이 무엇이기에? | 사고 위험 10억 년에 한 번 | 물밑 전쟁 와중의 SMR 수출 |
국내에도 들어서는 SMR | 'SMR 발전선'도 만든다

| Part Eleven | **On Eco-friendly Energy**
친환경 에너지

01 그린 수소와 수소 에너지 _ 345
진화하는 수소 에너지 프로젝트 | 온 세계가 찾는 두산 수소연료전지

02 탄소를 붙잡아 묻거나 활용하기 _ 351
주목받는 CCUS 비즈니스 | 한반도에 웬 맹그로브?

03 정답은 태양광 에너지 _ 356
다 해봤지만 그래도 역시 태양광 | 미국 태양광 모듈 시장 굳건한 1위

| Part Twelve | **On Agriculture and Fishery**
K-푸드

01 스마트 팜과 농산물 _ 367
사막에도 한국형 스마트 팜 | 품종 개발에 목숨 걸다 |
아프리카의 '쌀 나라'를 구한 통일벼

02 K-푸드 수출의 선봉장 _ 376
농수산물 수출 1등? 뜻밖이네! | K-라면, 비관세장벽 뚫고 진격 |
K-블루 푸드의 기반을 구축하라

| Part Thirteen | **On Sectors with Gloomy Prospect**
전망 흐린 산업 분야들

01 더디고 답답하기만 한 리오프닝 _ 385
풀릴 듯 풀리지 않는 경기 | 리오프닝 특수는 물 건너갔나

02 불황으로 달라진 소비 심리 _ 390

젊은 명품족 실종, '올 것이 왔다' | 부진하기는 편의점도 마찬가지 |
TV홈쇼핑, 겹치는 악재 | '리퀴드' 소비

03 후회막심 _ 400

e커머스는 '반성 중' | K-뷰티도 '반성 중' | "팬데믹이 끝나니 죽을 맛입니다."

04 왕년의 게임 왕국, 이젠 게임 오버? _ 410

성공 신화에 갇혀버렸나? | 아뿔싸, 트렌드를 놓쳐버렸다 |
중국? 예전의 중국이 아님! | 메타버스 두드리는 게임사

05 돌파구가 안 보이는 금융업 _ 417

이제 금융거래 절반이 온라인 | 2024년은 ST를 만나는 해? |
'간편결제' 대전, 자웅을 겨뤄보자 | PF라는 이름의 검은 구름

맺는 말 _ 431

Part One

Macrowave Factors
매크로웨이브 요소들

**2024
BUSINESS
TREND
KOREA**

Part One. Macrowave Factors | 매크로웨이브 요소들

01

글로벌 공급망 재편과 중국 벗어나기

❶ 멈춰 선 트로이카

중국의 소비 심리가 얼어붙어 수요 부진이 심상치 않다. 정부가 코로나 방역을 완화하고 재정을 풀며 소비 진작에 나서도, 중국인들은 지갑을 열지 않는다. 사상 최고 청년 실업률(20.8%)에 일자리 구하기가 어려워진 데다, 경제를 떠받치던 부동산 경기마저 악화해 여유가 없다. 소비자물가가 마이너스 상승을 코앞에 두었고(2023년 7월 발표치 0%) 생산자물가 상승률도 9개월째 마이너스다. 온 세계가 인플레이션과 혈투 중인데, 중국만 '디플레이션 수렁'에 걱정이 태산이다. 정부는 금리 인하라는 가장 확실하고도 직접적인 대응책을 내놨다. 세계 2위 경제 대국이 글로벌 트렌드와 거꾸로 가고 있어, 보기에도 아슬아슬하다. 웅장했던 투자-소비-수출의 트로이카(삼두마차)가 멈춘 것이다.

2023년 8월 중순, 시들시들하던 중국 경제가 본격적인 위기의 조

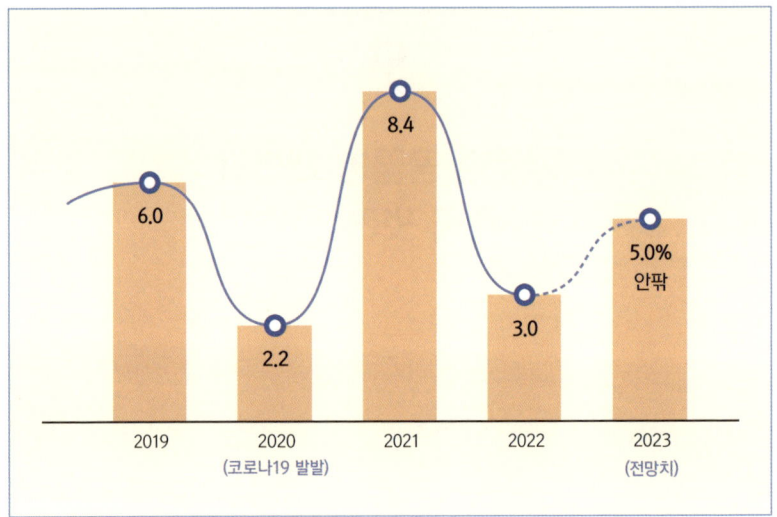

자료: 중국 국가통계국

짐을 보이기 시작했다. 글로벌 투자은행들도 일제히 성장률 전망을 하향 조정하고 있다. 최대 무역 상대국의 부동산 및 실물경제 위기가 급격히 커지면서 대외의존도가 높은 한국 경제는 좌불안석이다. 중국의 경기 침체는 우리나라 금융시장 불안 ⇨ 수출 감소 ⇨ 성장 동력 저하로 이어지기 때문이다.

미국의 JP모건은 碧桂園(비구이위안) 등 대형 부동산업체의 디폴트 가능성을 최대 위험 요소로 적시하고 중국의 2023년 성장률 전망치를 5.0%에서 4.8%로 내려 잡았다. 부동산 위기는 금융권 전반으로 확산할 공산이 큰 데다, 부동산이 중국 전체 GDP에서 차지하는 비율이 무려 25%에 이르기 때문이다. 이어 영국의 Barclays(바클리즈)도 일본의 미즈호증권도 2023년 및 2024년 경제성장률을 낮추어 제시했다. 중국 정부가 부동산 시장 안정과 경기 방어라는 서로 충돌하는 정책 목표 사이에서 어떻게 재주를 부릴까, 몹시 궁금하다. 위안화 가치의 가파른 하락도 큰 부담이다. 통화 가치도 유지해가면서 경기 부양까지 해야 하니, 어떻게 과감한 정책을 펼치겠는가.

문제는 민간 부동산업체뿐만이 아니다. 국유기업까지 채무 변제에 실패하면서 악화 일로다. 디폴트가 '도미노' 사태로 이어질까 불안불안하다. 중국 정부의 대처도 미온적이어서 불안만 키운다. 대책은 너무 늦고 너무 미약하며, 부랴부랴 투입한 9,020억 위안(약 165조 원)의 유동성도 시장을 안정시키기에 역부족이다. 청년 실업률 등 불리한 통계는 여전히 숨기기 일쑤여서 시장의 불신을 키운다. 정부가 손을 놨다는 인식이 팽배하는 것도 무리가 아니다.

외국 자금과 외국 기업의 '대탈출'에 중국 경제의 앞날은 더 어두워 보인다. 과거엔 대대적 경기 부양과 막강한 소비로 글로벌 수요를 이끌었지만, 지금은 그마저 사라진 상태다. 경기 흐름으로서의 경착륙 우려가 중진국의 함정이라는 근원적 비관으로 물들면서, 소위 일본 경제의 '잃어버린 10년'을 중국이 겪을지 모른다는 비관론까지 나온다. 30년 전으로 후퇴한 건 아닌가, 혹은 일대일로와 위안화 국제화 같은 'Pax Sinica(팍스 시니카)' 구상이 물거품 되는 거 아닌가, 하는 두려움이다.

❷ 중국이 기침하면, 한국 경제는?

2023년 초만 해도 우리는 중국의 리오프닝(경제활동 재개)과 수출 회복 등 그 플러스 효과를 기대했다. 하지만 중국의 경기 부진은 길어졌고 국내 실물경제 지표도 타격을 입었다. 특히 대중 수출은 2022년 6월 이후 14개월 동안 줄곧 감소세다. 말이야 바른말이지, 2017년~2018년 반도체 호황에 따른 착시효과를 고려하면, 대중 수출은 2013년 이후 줄기차게 하락해왔다. 급기야 7월까지 누적 적자가 144억 달러에 이른 2023년은 한중 수교 30년 만에 처음으로 우리나라의 연간 대중 무역수지가 적자로 전환하는 해로 기록된다. (남은 5개월 동안 이 적자를 상쇄할 가능성은 없다) 더 암담한 노릇은 반등의 시그널이 전혀 보이지 않아 중국의 침체가 2024년에도 끝나지 않을 수 있다는 점, 아니, 과거 일본과 같은 장기 침체로 판명될 수도 있다는 점이다. 이런 동향에도 우리 정부는 국내 경제에 대해 '상저하고上低下高'라는 기존 전망을 고수했지만, 시장의 반응은 점차 "글쎄요!"다. 앞으로는 수출이 경제를 이끄는 모습을 다시 기대하기 어려울지 모른다는 얘기까지 나온다.

'차이나 리스크'의 악영향은 실물경제를 넘어 금융시장에까지 미친다. 중국 경제가 흔들리고 한국 경제가 불안해지면, 안전자산을 선호하는 글로벌 투자자들은 국내 자산 시장에서도 투자금을 대거 빼내 갈 수 있다. 환율 상승도 쉬이 예상할 수 있다. 중국의 성장이라는 어깨에 올라타 경제의 어려움을 타개했던 우리의 과거 패턴은 이제 신뢰하기 어렵다. 성장 가도를 신나게 달리던 중국은 우리에게 축복(30년 만에 162배로 폭증한 수출)이었지만, 그 수혜의 끝을 못 보고 미리 대처하지 않은 실수

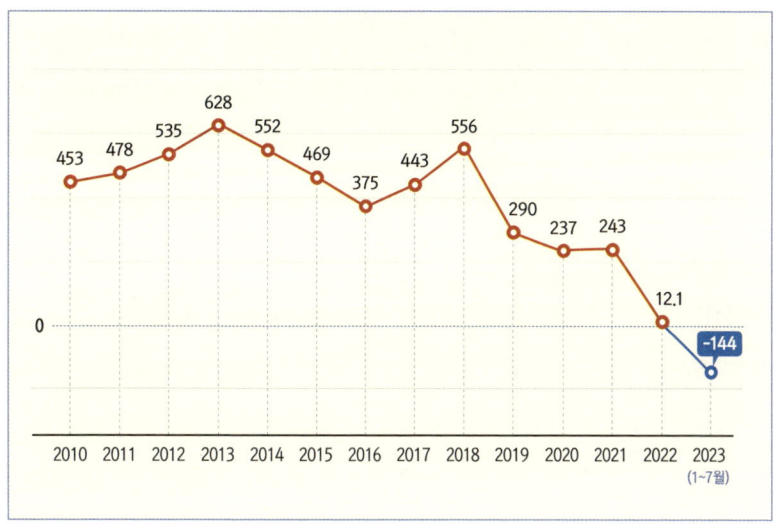

자료: 한국무역협회

의 대가는 무섭게도 빠른 속도로 우릴 덮치고 있다. 대규모 무역흑자를 거뒀던 호시절은 '물 건너' 갔다.

대중 수출의 펀더멘털이 바뀐다

대중 수출의 난관은 경기적 요인 때문만은 아니다. 중국의 산업구조가 자립-내수형으로 진화하고 있다는 점이 더 중요하다. 중간재를 들여와 완성품을 만들어 팔던 중국이 점차 중간재를 스스로 생산하면서 한국이 수출할 몫은 줄어들고 있다. 다시 말해, 중국의 수출 자립도가 갈수록 높아진다, 혹은 수입 없이도 스스로 완성품을 생산해낼 수 있는 기술력을 갖췄다는 의미다. 아니, 이제는 거꾸로 중국의 중간재가 한국 시장을 공략하는 사례가 늘고 있다.

다양한 층위의 기술에서 중국의 경쟁력은 크게 상승했다. 2015년 '중국제조 2025' 계획을 발표하고 산업구조 자체를 업그레이드해온 덕택이다. 한술 더 떠 중국에는 '国潮(궈차오)'라는 이름의 국산품 애호 열풍까지 불어, 높은 가성비를 앞세웠던 한국 제품들이 설 자리를 잃었다. 상품성이 개선된 중국산이 중저가 시장을 휩쓸며 한국산을 밀어냈고, 프리미엄 시장에선 글로벌 최고 브랜드만 살아남았다. 한국 상품의 '어정쩡한' 입지가 문제였다. 대중 교역 구조를 뿌리부터 재검토해 수출 전략을 개선할 때가 되었다.

❸ 중국 의존증 벗어나기

수출 감소와 무역수지 적자의 이면에는 중국 의존도의 감소라는 의미 있는 변화가 일어나고 있다. 2003년 이후 20년간 우리 수출에 절대적인 영향력을 미쳐온 중국이 전체 수출에서 차지하는 비율은 25% 내외(2위인 미국보다 두 배가량)였지만, 2023년에 19.4%까지 떨어졌다. 그 빈자리를 아세안, 인도, 미국, 호주 등이 채우고 있다. 우리 기업들이 중국 시장의 변화에 오래전부터 대비해왔기에 가능한 일이다. 특히 17.9%까지 올라온 대미 수출과의 격차가 크게 좁혀졌다. 어쩌면 우리 최대 수출국이 중국에서 다시 미국으로 바뀌는 날이 올 수도 있다.

최근의 대중 수출 감소는 반도체의 전반적인 불황이나 미·중 갈등 같은 외적 요인에서 시작되었지만, 중국 이외 지역에 대한 수출증가는 기업들의 엄청난 결단력과 순발력 그리고 처절한 노력이 가져온 결과다.

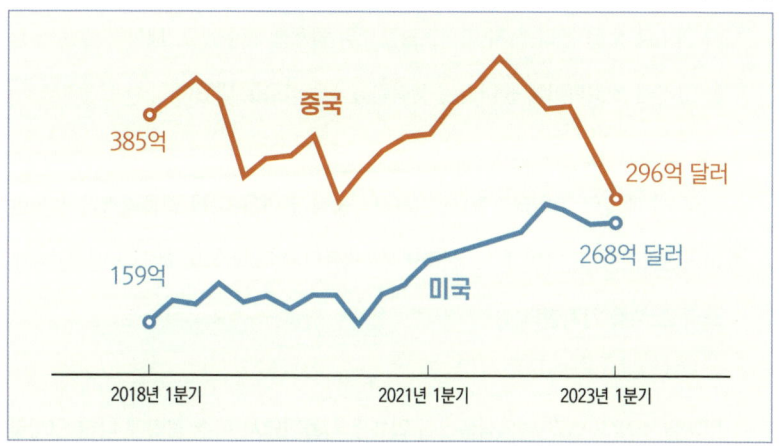

대미·대중 분기별 수출액 (단위: 달러)

중국 385억 → 296억 달러
미국 159억 → 268억 달러

2018년 1분기 — 2021년 1분기 — 2023년 1분기

쉬운 일이 어디 있겠는가. '중국 엑소더스'에 나선 한국 기업들의 활약상은 차고 넘친다.

- 2016년 178만 대에서 중국의 사드 보복 이후 34만 대(2022년)까지 판매량이 곤두박질친 현대차와 기아차. 웬만한 회사라면 무너질 위기였지만, 일본 차의 독무대였던 아세안과 신흥 시장 인도-호주 등 제3의 시장을 개척하고 고급화 전략을 펼침으로써 늪을 빠져나왔다. 최근엔 인도의 GM 공장을 인수하고, 14.6%까지 끌어올린 시장점유율을 한층 더 높이기 위한 기반을 다졌다.

- 한한령으로 중국 사업이 위기에 봉착하자 미국 시장에 그룹의 사활을 건 K-푸드의 선두 CJ그룹. 중국에서 꺾인 동력을 인도와 동남아 시장에서 찾아냈다. 현지 종교와 식성과 지역색을 파악해 친숙하고 익숙하게 다가서는 '밀착 현지화' 전략을 썼다.

○ 2008년까지 매출의 53%를 중국에서 올렸던 롯데웰푸드는 불매운동이 시작되자 인도로 눈을 돌려 현지 아이스크림 1위 업체를 인수했고, 채식이 많은 특성을 고려해 초코파이에 들어가는 젤라틴을 식물성으로 바꿨다.

○ 미국 내 매출이 기하급수적으로 늘어난 농심 라면은 이제 넷플릭스가 제작한 미국 드라마에도 나올 정도. 신라면 한 제품의 판매가 농심 북미 시장 전체 매출의 22%를 차지한다.

○ 단백질 소재 기업과 냉동식품 2위 업체를 사들이면서 미주 공략에 나선 CJ제일제당도 새 시장에서 솟아날 구멍을 찾은 경우. 비비고 만두로 미국 만두 시장을 평정, 이젠 글로벌 만두 매출이 내수 시장 만두 매출보다 높다.

○ 인도 투자와 현지 생산을 늘리고 있는 오리온. 30대 이하가 인구의 절반을 넘고, 인구 1억 명 돌파를 눈앞에 둔 베트남 시장 공략도 인상적이다. 초코파이, 한국식 쌀 과자, 식사용 빵, 포카칩 등으로 젊은 세대를 공략해 매출도 급성장 중이다.

대륙에 발목 잡히다

　　세계 최대 반도체 소비국인 중국에 대규모 생산기지를 구축한 삼성전자와 SK하이닉스는 이제 차이나 리스크에 고스란히 노출됐다. 10여 년 만에 미·중 갈등 같은 경제 외적 요인으로 우리 반도체 산업의 가장 큰 위험 요소가 된 것이다. 현재 두 회사는 낸드 메모리 생산의 20%~40%를, D램 생산의 40%~45%를 중국에 의존하고 있다. 한국을 위한 미래 먹거리 산업 중 하나인 전기차 배터리도 사정은 비슷하다. 그 외에 적지 않은 분야에서 우리는 대륙에 발목을 잡혀 있다. 60조 원 이상을 투자한 중국에서 철수해야 한다면? 철수하더라도 중국이 장비 반출을 가로막으면? 고민은 꼬리에 꼬리를 문다.

물론 처음엔 기회인 줄 알았다. 생산기지로서, 시장으로서, 중국은 더할 나위 없는 기회의 땅임을 믿어 의심치 않았다. 실제로 초기에 이득을 누린 기업도 많았다. 그러나 생소한 체제와 정책과 문화를 극복하지 못하고 신음하는 기업도 많다. 대체 공급망을 찾지 못해 울며 겨자 먹기로 남아 있는 첨단기술 기업, 앞다퉈 대형 매장을 열었다가 이러지도 저러지도 못하는 화장품 회사, 정치·군사적 이유로 판로가 끊겨 혹독한 대가를 치르는 게임사와 관광업체. 하나같이 고심이 깊어지고 있다.

대안은 없는가?

탈중국의 방향은 크게 두 가지다. 하나는 본국으로 제조를 되돌리는 '리쇼어링'이다. 주로 미국 기업들이 채택하는 전략이다. 다른 하나는 여타 지역에서 대체 투자지를 찾는 방법이다. 특히 아시아 역내 중국의 대체지를 가리키는 '알타시아(Altasia)' 찾기가 활발하다. 대체라는 뜻의 'alternative'에 '아시아'를 합친 용어로 이코노미스트지가 처음 사용한 표현이다. 그런데 최근 한·미·일의 캠프 데이비드 정상회의에서 3국의 주요 협력 무대로 떠오른 인도-태평양 지역을 알타시아로 봐도 무방할 것 같다. 우리나라는 대외 교역이 GDP의 85%를 차지하며 수출의 성장 기여도가 압도적인 개방형 통상 국가인지라, 다소 늦었지만 이제라도 리쇼어링과 인-태 지역과의 협력을 적극 추진해야 한다.

❹ 인도-태평양 지역

전 세계 인구 65%의 보금자리, 세계 GDP의 62%에 이르는 비중, 세계 15대 경제 대국 중 7국을 포함, 지구상에서 가장 빠른 성장. 지금 인-태 지역 경제의 모습이다. 게다가 남중국해는 세계 무역량의 30%가 드나드는 길목이다. 원유와 천연가스를 포함한 우리나라 수입의 상당량이 호르무즈 해협 ⇨ 인도양 ⇨ 믈라카해협 ⇨ 남중국해를 거쳐 한반도로 들어온다.

우리나라 20대 교역 파트너 중 14국이 인-태 지역에 있고, 전체 수

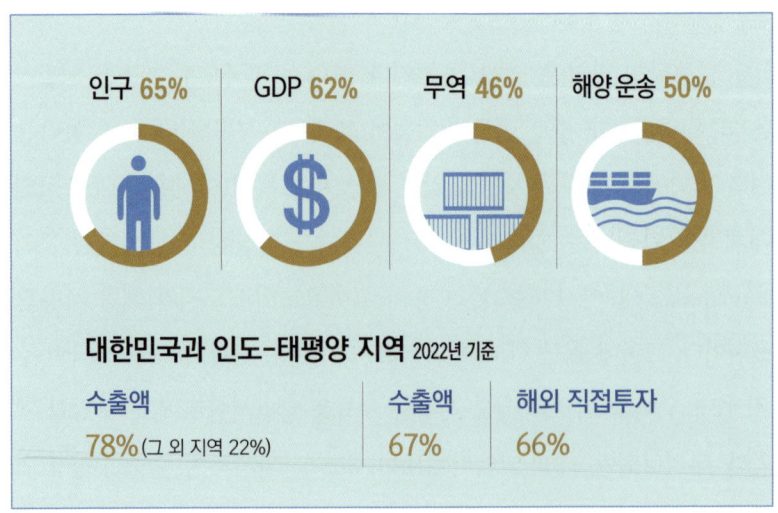

출액의 78%와 수입액의 67%가 이 지역에서 나온다. 우리 해외 직접투자의 66%도 여기에 집중돼 있다. 우리 경제에 미치는 임팩트는 말할 나위도 없다. 2024년과 그 후에도 이 중요성은 줄어들지 않을 것이다.

인·태에서 일어나는 일들이 21세기 세계의 궤도를 결정한다고 했던 미국은 그렇다 치더라도, 일본 역시 16년 전에 '인도양-태평양의 결합'이란 개념을 제시할 정도로 그 전략적 중요성을 일찌감치 간파했다. 유럽 주요국도 나름 전략을 제시하며 더 깊숙이 관여한다. 이제 한·미·일 협력이 '제도화'하면서 이들의 핵심적인 역할이 기대된다.

개별 국가는 중국을 대신할 수 없지만, 지역 전체의 경쟁력은 매력적이다. 인-태 지역의 노동연령 인구는 중국의 9억 5,000만 명을 압도하며, 계속 증가할 태세다. 인도네시아와 말레이시아는 자원이 풍부하고, 기술력은 일본, 한국, 대만, 인도가 앞서 있다. 금융과 물류에서는 싱가포르가 훌륭하게 받쳐줄 수 있고, 인건비를 따지자면 방글라데시, 미얀마, 라오스, 캄보디아가 중국 임금의 3분의 1 수준인 3달러 미만으로 현저히 저렴하다.

1987년 파나소닉이 중국에 위험한 베팅을 시도한 이래로, 중국은 이제 수조 달러에 이르는 가전 산업뿐만 아니라 거의 전 분야에 걸쳐 세계의 공장이 되어 있다. 그러나 중국의 노동력은 이제 그다지 저렴하지 않은 데다(2013년과 2022년 사이 제조업 임금은 두 배로 뛰었다), 미-중 갈등과 기술 디커플링까지 극심해지고 있어 상업적 압력과 정치적 압력이 가중되는 상황이다. 외국 기업들은 조금씩 용기를 내 중국을 완전히 버리진 않더라도 최소한 '중국 밖에서의 성장'을 모색하고 있다. 위기감을 느낀 시진핑 정부는 정책금리 인하 등을 통해 연일 경기 부양에 나서고 있으나 효과가 얼마나 나올지 불투명하다. 성장 장애 요인들이 구조적 복합 성격을 띠고 있는 데다 단기적으로 유동성 함정에 처해 있기 때문이다.

인-태 지역의 경제적 통합은 더 단단해지고 더 정교해지고 있다. 중간재 단일 시장이 모습을 드러내고, 여러 국가를 잇는 복잡한 공급망에 대한 규제도 완화되고 있다. 최근에는 한국이 동남아시아에 이미 수십 년간 공급망을 구축해온 일본의 선례를 따른다. 더 섬세하고 복잡한 반도체까지 이 지역으로 이동하고 있다. 말레이시아는 이미 전 세계 칩의 10%를 수출하고 있으며, 아세안 국가들은 집적회로 수출의 4분의 1 이상을 차지해 중국의 18%를 훌쩍 뛰어넘었고 그 격차는 점점 커지고 있다.

중국은 단일 시장이란 장점이 크다. 부가가치를 창출하는 공급업체, 근로자, 자본이 국경을 넘을 필요 없이 적절한 인프라를 누린다. 인-태 지역이 진정으로 중국을 대체하려면 공급망이 하나로 통일되고 효율성을 확보해야 한다. 지역 내부의 교역이 원활해지고는 있지만, 그래도 상품의 흐름에 중국보다 장애가 많다. 아무튼 짧은 시일 내 중국을 대체하긴 어려워도, 새로운 대안으로 인-태 지역만한 곳은 없어 보인다.

한때는 원수처럼 싸웠던 베트남

한국은 2023년 6월 말 대통령의 국빈 방문을 계기로 베트남을 핵심 협력국 또는 포괄적 전략 동반자로 지정하고 앞으로 외교-안보, 교

한눈에 보는 한-베트남 관계 (2022년 기준)

교역액 약 877억 달러
중국, 미국 이은 3대 교역국

8000개 이상 한국 기업 진출
누적 투자액 **약 810억 달러**

베트남 내 한국 국민 약 **17만명 거주**
아세안 내 **최다**

베트남 방문 한국인 약 **77만명**
외국인 중 **1위**

역, 희토류, 핵심 광물 등 다섯 분야에서 협력을 강화한다. 베트남 역시 한국을 경제-사회 발전과 대외 정책에서 우선순위 국가로 선정했다.

베트남은 매장량 세계 2위인 보크사이트를 비롯해 희토류, 텅스텐(세계 3위) 등 광물이 풍부하다. 특히 희토류 개발에서의 협력 잠재력을 함께 인식해, 핵심 광물 공급망 센터를 설립하기로 한 배경이다. 물론 갈수록 격심해지는 미·중 전략 경쟁과 글로벌 공급망의 탈중국화 같은 상황과도 관련이 있다.

2022년 베트남은 한국의 최대 무역 흑자국이었다. 여러 가지 이유로 베트남은 중국의 대체 시장으로 떠올랐지만, 2023년 들어서 흑자는 절반으로 꺾였다. 중국처럼 베트남도 중간재 수출 자립도를 빠르게 끌어올리고 있다. 베트남은 여러모로 중국과 비슷한 점이 많아, 우리 수출

시장의 장기적 다변화에 공헌하려면 한국 기업들의 기술력 향상 노력이 뒷받침돼야 한다.

❺ 인도가 떠오른다

가히 '인도 대망론'이다. 새로운 '세계의 공장'으로 중국-동남아에 이어 인도가 조명을 받으면서 한국도 2024년부터는 인도를 향한 수출-투자 확대 및 인프라 구축에 더 많이 참여할 것 같다. 새로운 투자처 혹은 탈출구를 모색하는 기업이나 투자자라면 인도를 주목할 필요가 있다. 인도 정부 스스로 제조업 투자를 확대하고 투자 기업에 인센티브를 주고 있어, 이에 고무된 미국, 일본, 한국, 노르웨이 기업들이 이미 인도를 생산기지국으로 고려하거나 투자에 나서고 있다. 삼성전자가 냉장고 컴프레서 공장과 통신장비 공장을 지을 계획인가 하면, GS건설은 인도 태양광 시장에 진출하며 신사업을 구축하고 있다. 2021년 이후 인도에 1억4,000만 달러(약 1,875억 원)를 투자해온 데다 최근 재출시한 모바일 게임 '배틀그라운드'가 현지 매출 1위에 오른 게임사 크래프톤은 2억9,000만 달러(약 3,883억 원)를 더 투입해 게임을 넘어 온라인 콘텐트 시장 전체를 노린다. 앞으로 인도가 글로벌 공급망의 핵심이 된다면, 한국의 대인도 수출은 훨씬 더 높아질 것이다.

IMF가 전망한 2023년 인도의 경제성장률이 6.1%였다. 미국 1.0%, 중국 4.4%, 전 세계 2.7% 등의 전망치와 비교해보라. 인도가 10년 안에 일본과 독일을 뛰어넘고 세계 3위의 경제 대국에 오를 것으로 전망하는 투자은행들도 있다. 14억 명 인구를 바탕으로 한 높은 경제성장률은 인플레이션에 따른 경기 침체 우려와 금리 인상도 극복하도록 만들었다. 그래서 인도는 '앞으로 5년간 꿋꿋이 성장할 세계 유일의 나라'라는 이야기까지 나온다. 우리나라의 경쟁력 약화와 대중 의존도 등이 답답하고 안타까운 투자자라면 인도에 관심을 가져봄 직하다.

'리튬 벼락'까지 맞았다

최근 인도 북부 잠무-카슈미르에 590만 톤으로 추정되는 리튬이 매장된 것으로 밝혀졌다. 단숨에 '리튬 강국' 2위에 올라설 수 있는 규모다. 전기차 및 각종 전자기기 배터리의 핵심 소재로 당장 2024년부터 공급 부족이 심해지고, 그래서 한국을 포함한 주요국들이 확보에 사활을 걸고 있는 리튬. 그런 리튬의 매장이 인도에서 확인된 것은 이번이 처음이다. '하얀 석유'로 불리는 리튬은 톤당 1억 원이 넘어, 이번에 확인된 리튬은 현재 가치만 600조 원에 이른다.

공식 확인된 전 세계 리튬 매장량은 8,000만 톤이며, 실제 이용할 수 있는 양은 2,200만 톤이라고 한다. 가용한 리튬이 가장 많이 매장된 나라는 칠레(920만 톤)이며, 호주(570만 톤)와 아르헨티나(220만 톤)가 뒤를 잇는다. 이번에 확인된 인도의 리튬을 모두 개발할 수만 있다면, 인도는 단숨에 '리튬 강국'에 오르게 된다. 마침 인도는 전기차 인프라 투자 등을 통해 2030년까지 전기차의 비중을 전체 자동차 판매의 30%까지 끌어올리는 등, 전기차 산업을 전략적으로 육성할 계획이다. 그래서 이번 리튬 발견은 더욱 반가운 호재다.

다양한 투자 대상

중국을 대체할 지구촌 생산기지로 인도가 부상하면서 글로벌 투자 자금도 대거 인도로 향하고 있다. 세계 1위 인구를 바탕으로 거대한 내수시장이 형성되고 있다는 점도 매력이다. 한국도 예외가 아니다. 인도 주식형 펀드에 엄청난 규모의 자금이 유입되고, 평균 수익률도 거침없이 오르고, 인도의 미래 유망업종으로 꼽히는 자동차-건설-금융-헬스케어-유통-식품 등이 투자자들의 눈길을 잡고 있다.

❻ 다시 중동 붐이 오나

Part Eight(K-건설)에서 다시 언급하겠지만, 일찍이 '한강의 기적'을 불러온 경제 요소 중 하나였던 중동 붐이 2024년에 다시 찾아올 조짐이다. 사우디아라비아를 필두로 막대한 오일 머니를 휘두르는 중동 국가들이 석유 의존도를 줄이고 ICT, AI, 인프라, 엔터테인먼트, 콘텐트, 관광 등에서 신성장 동력을 확보하겠다고 나섰기 때문이다. 그것도 예전과 달리 확고한 비전과 실행 스케줄까지 장착하고서 말이다. 1970년대의 중동 '건설 붐' 수준이 아니라 '전방위 하이테크 붐'을 기대하는 이유다. 투자 빙하기 속에서 새로운 시장에 목말라하던 국내 대기업들과 스타트업들에게는 더할 나위 없는 단비가 될 수 있다.

가장 대표적인 예가 바로 사우디의 네옴 시티 사업이다. 290쪽에서 자세히 설명하겠지만, 이 사업은 170km 길이의 직선으로 건설되는 스마트 시티 프로젝트인 만큼, 건축은 물론이거니와 5G~6G 이동통신, 인공지능, 사물인터넷, 클라우드, 디지털 콘텐트 등 다양한 기술을 요구한다. 다행히 한국은 건설, ICT, 콘텐트 등에 강점을 지니고 있어서 사우디의 러브콜을 먼저 받고 있다. 그 외 중동 국가들도 탈석유에 꼭 필요한 IT 인프라 및 콘텐트 산업 구축을 위해 한국 기업을 찾고 있어서, 2024년부터 몇 년 동안은 중동이 우리 경제성장에 얼마나 소중한 모멘텀이 될 수 있는지를 다시 깨닫는 시기가 될 것 같다.

네옴 시티 프로젝트 참여가 예상되는 리스트에는 거의 모든 국내 대기업이 망라되지만, 그 이면에는 크고 작은 다른 사업들이 서서히 모습을 드러내고 있다.

o 카카오는 사우디 국부펀드(PIF) 등에서 1조2,000억 원 규모의 투자를 받고 중동과의 협력을 늘리는 중이다. 사우디를 찾는 관광객들이 이용할 수 있는 카카오페이 결제 시스템을 구축하고, 카카오T를 활용해 차량 호출-관제 시스템을 업그레이드하는 방안도 추진하고 있다.

o 사우디아라비아 정부의 디지털 전환 사업에는 네이버가 참여하고 있다. 한국민이 이용하는 '정부24'와 비슷한 행정 서비스를 '수퍼 앱'이란 이름으로 준비하고 있으며, 사우디 전체를 스캔하여 가상 세계로 만드는 디지털 트윈 사업도 계획하고 있다.

o 클라우드 스타트업 베스핀글로벌은 지난 6월 중동 최대 ICT 기업군과 합작법인을 설립하고, 중동 최대 서점 체인, 석유 회사, 상공회의소 등 1,000여 고객

사를 상대로 클라우드 관리 서비스를 제공하고 있다.

○ 애니메이션 '아기상어'로 유명한 더핑크퐁컴퍼니는 중동 OTT 기업과 통신사 등에 자체 콘텐츠 700여 편을 배급하면서 사우디아라비아 투자부와도 손을 잡았다. 투자부는 콘텐츠 수출과 현지화를 지원하고, 더핑크퐁컴퍼니는 엔터테인먼트 산업 동향과 IP 성장 전략을 공유하는 식이다.

❼ '기회의 땅' 폴란드

1990년대 동유럽 시장 공략의 전초기지였던 폴란드가 이제 한국 기업들의 '기회의 땅'으로 떠오르고 있다. 유럽 한가운데 자리 잡은 이점으로 여러 산업 분야에서 한국과의 협력이 늘고 있다. 덕분에 2022년 폴란드 수출액은 78억5,800만 달러로 역대 최고치를 기록했고, 대폴란드 무역수지 흑자는 미국, 베트남 등에 이어 7위다. 이제 폴란드는 유럽 국가 중 최고 흑자국이 된 것이다.

폴란드의 가장 큰 매력은 (특히 단기적으로) 어디에 있을까? 우크라이나 접경국이면서 우크라이나를 군사적-인도적으로 지원하는 거점인지라, 앞으로 우크라이나 재건 사업의 허브가 될 거라는 전망이 커다란 강점이다. 2022년 한·폴란드 간 대규모 방산 수출 계약에 이어, 2023년 6월 대통령의 폴란드 방문을 계기로 우크라이나 철도, 도로, 건물 등 재건 작업에 양국이 공동으로 참여하는 것도 공식화되었다.

양국 간 방산 분야 협력은 Part Five(K-방산)에서 자세히 다루겠지만, 기타 분야에서도 폴란드는 한국을 최적의 파트너로 보고 있다. 특히 '21세기 마셜 플랜'이라 불리는 우크라이나 재건 사업에는 7,500억~1조 달러(1,000조~1,300조 원)가 투입될 것이란 전망까지 나오는 터라, 한국의 참여가 실현된다면 우리 경제성장에 적지 않은 도움이 될 것이다. '싸우면서 건설하고 건설하면서 싸우는' 우크라이나는 재건 사업에 대한 의지가 강렬해서, 그 거점이 될 폴란드와의 협력 확대는 그만큼 중요하다. 우리 정부는 공적 개발 원조, 차관 제공, 양국 공동 참여 등 다양한 방식으로 재건 사업에 참여할 계획이다.

유럽 핵심 배터리 생산기지

한국 전기차 배터리의 유럽 시장점유율은 63%를 넘지만, 그 생산기지로서도 폴란드가 유럽 배터리 공급의 요충지로 부상하고 있다. LG에너지솔루션이 유럽 최대 배터리 공장을 바로 폴란드에서 가동 중인가 하면, SK아이테크놀로지, LS전선도 부품 공장을 가동 중이고 SK넥실리스는 동박 공장을 짓고 있다. 인접국 헝가리에 진출한 SK온, 삼성SDI까지 더해 배터리 3사의 현지 생산능력은 EU 전체 생산능력의 42.5%나 된다.

그뿐인가, 폴란드는 에너지, 인프라스트럭처, 환경 같은 분야에서도 EU 기금으로 투자를 늘리고 있다. 신재생 에너지 관련 기업의 비즈니스 기회가 크게 늘 수 있다는 얘기다. 또 최근 수년간 경제성장으로 소비자의 소득이 향상되면서 화장품 등 소비재 수요도 늘고 있다.

Part One. Macrowave Factors | 매크로웨이브 요소들

02

커피도 사치가 되는 인플레이션

❶ 저물가 시대의 종말

매크로웨이브 관점에서 세계 경제는 수십 년 동안 비교적 안정을 누려왔다. 세계 경제는 당연히 성장을 계속할 것만 같았고, 인플레이션은 사라진 듯했다. 물론 2008년 글로벌 금융위기 같은 어려움은 가끔 닥쳤지만 이내 수습되었다. 그러다 보니 사람들은 안정적인 성장을 믿게 되었다. 어지간한 위기는 적절한 거시정책으로 해결할 수 있다고 안심했다. 혹은 안일해졌다. 과거 몇십 년을 '대안정(The Great Moderation)의 시대'라고 부르면서 말이다.

하지만 인플레이션이 어딜 가겠는가. 팬데믹이 시작되고 미친 듯 유동성이 풀렸다가, 감염병이 잡히는가 싶더니 전쟁이 터지고 기후변화가 재앙을 부르자, 느닷없이 인플레이션이 돌아왔다. 1980년대 전후 퇴치했다고 여겼던 인플레이션이 되살아났다. 세계 각국은 패닉에 빠졌다.

은행이 금리를 올리고 돈줄을 죄고, 사람들의 안일했던 확신은 다시 뿌리째 흔들렸다. 여기저기 경제가 휘청였다. 제롬 파월 Fed 의장도 인플레이션에 대한 이해의 부족을 개탄하는 '반성문'을 썼다. '대안정 시대'를 노래했던 이들이 이젠 고물가와 더불어 살아야 하는 '새로운 체제(New Regime)'를 말하기 시작한다. 세계적으로 물가가 뛰는 이유를 다 꼽자면 열 손가락으로도 모자란다.

이런 인플레이션은 단기간에 쉽사리 끝나지 않을 터이다. 물가를 밀어 올리는 경제적 요소도 한둘이 아니지만, 경제외적인 매크로웨이브 요소도 너무 많기 때문이다. 미국과 중국의 패권 다툼, 러시아의 우크라이나 침공, 자연재해 등이 금방 떠오르는 에다. 경기가 침체하면 보통 물가는 하향곡선을 그리게 되는데, 이런 구조적 요인들이 강하게 작동하면 물가는 곧바로 떨어지지 않는다. 인플레이션 압력에 고물가가 오래 이어질 수 있다는 것이다. Christine Lagarde(크리스틴 라가르드) 유럽중앙은행 총재도 이렇게 말했다. "세계가 저물가 시대로 되돌아갈 거라고는 생각하지 않는다."

OECD에 따르면 2022년 8.1%였던 주요 20개국의 평균 물가상승률은 2023년 6%, 2024년엔 5.4%로 예상된다. 인플레이션 목표치인 2%를 달성하는 중앙은행은 거의 없을 것이다. 아니, 2%가 올바른 목표인지조차 거센 논쟁의 대상이 될 것이다. 공급망과 유동성 그리고 자원 재분배 같은 요소를 지난 10년의 저성장과 함께 고려하면, 물가상승률 3%~4%를 목표로 삼아야 할지 모르니 말이다.

❷ 고물가가 뉴 노멀이 되는 이유

○ 첫째는 기후변화다. 세계 방방곡곡을 때린 기상 이변이 서민들의 식탁 물가를 위협한다. 가뭄에다 폭우며 산불이며 폭염 같은 극단적 날씨에 농작물은 흉작이고 쌀, 기름, 커피, 설탕 등 기초식품 가격이 치솟는다. 그뿐 아니다. 근로자의 생산성도 떨어뜨려 인플레이션을 더 부추기며 여러 경제 부문에 심각한 혼란을 초래한다. 해수 온도 상승으로 수산물 어획량도 줄어든다. 엘니뇨가 국제 유가를 3.5%포인트 상승시키는 효과를 냈다는 분석도 있다. 주범이 지구 온난화와 엘니뇨라는 건 다들 알지만, 막을 방법이 없다. 식량 위기가 닥칠지 모른다는 우려는 외화가 부족한 저소득 국가들에서 더 심하다.

○ 잔뜩 속도가 붙은 탈세계화가 인플레이션을 촉발한다는 의견도 많다. 코로나 팬데믹과 우크라이나 전쟁으로 공급망이 망가진 것만도 위태로운데, 미·중 갈등과 분쟁은 여기에 불을 질렀다. 그 때문에 인플레이션 압력은 더 뚜렷해진 것이다. 예전엔 생산비용을 낮출 수 있는 곳이 많았다. 기업들은 세계 어디든 그런 곳을 찾아 공장을 지으면 되었다. 그래서 값싼 물건이 풍성하게 공급될 수 있었다. 그러나 이제 중요한 것은 싸구려 자재가 아니라, 안정적이고 쉬이 흔들리지 않는 공급망이다. 인건비와 원자재만 싸면 무슨 소용인가. 비용이 다소 비싸더라도 믿을 만한 공급망을 추구해야지. 이렇게 해서 원가는 오르고, 물가는 뛰고, 소비자의 부담은 커진다.

○ 전반적인 인구 고령화도 인플레이션을 서서히 부추긴다. 우선 노동력이 부족해지고 생산이 줄기 때문이다. 게다가 정부는 또 고령층을 위해 더 많은 돈을 쓰지 않겠는가. 값싼 노동력이 무한정 공급되는 시대는 지났다. 저렴한 노동의 상

징이었던 중국조차 물가 압력을 낮추는 '디플레 수출국'에서 거꾸로 '인플레 수출국'이 되고 있다.

o 위기 분석에 밝은 천재 경제학자 Kenneth Rogoff(케네쓰 로고프) 하버드대 교수는 중국 경제가 무너지면 전 세계적으로도 물가를 끌어올린다는 이론을 제시한다. 중국 경제가 약해지면 힘든 공장 노동을 싫어하는 젊은이들의 특성으로 인해 생산량이 줄고, 따라서 장기적으로 세계의 물가를 끌어올린다는 의미다. 중국의 경기 침체로 물가 상승 압력은 낮아지고 금리도 하락할 거라는 표면적 논리와는 정반대다. 로고프 교수는 중국의 불황으로 선진국들이 수십 년간 2% 이상의 물가 상승을 겪을 것으로 예상한다.

고물가 시대가 오면 국가의 재정정책도 변해야 한다. 예전처럼 경기를 부양한답시고 마음껏 국채를 찍었다가는 재정이 폭망하고 신용등급도 하락한다. 재정적자 무시하고 함부로 국채를 찍으려다 혼쭐난 영국을 보라. 세계 6위의 경제 대국조차도 나랏빚이 과도하면 시장의 신뢰를 잃는 법이다.

개인이든 기관이든, 고물가 시대엔 투자 전략도 달라질 수밖에 없다. 기준금리가 2%~4%에 달한다면, 제로 금리 당시와는 달리 기본적으로 위험한 투자를 회피해야 할 이유가 더 많이 생기지 않겠는가. 소위 대안정 시대에 훌륭하게 작동했던 투자 전략이 앞으로 여러 해 동안은 제대로 성과를 낼 수 없게 될 것이다.

Part One. Macrowave Factors | 매크로웨이브 요소들

03

고금리가 '노멀'인 신세계

❶ 장·단기 국채 금리의 역전

2023년 상반기에 3%대 중반까지 떨어졌던 미국 10년 만기 국채 금리가 다시 연 4%대로 올라섰다. 강도 높은 긴축에도 미국 경제가 의외로 굳건해서다. 우리가 잘 기억하는 것처럼, Fed는 몇 차례의 금리 인상으로 연 5.25%~5.5%의 높은 금리 수준을 유지하고 있다. 그런데도 미국 경제는 경이롭게도 탄탄하게 잘 버티고 있다. 이 외에도 일본이 통화완화 정책을 축소하는 점, 미국의 국채 발행 물량 확대 등도 국채 금리를 밀어 올리는 요인이라 할 수 있다. 재정 수입은 떨어지고 예산 지출은 늘어나면서 미 재무부의 장기채 발행 규모는 늘고 있다.

그런데 지금 월가를 아리송하게 만들고 있는 것은, 위와 같은 장기 국채 금리보다도 오히려 단기 국채 금리가 더 높다는 사실이다. 경기 침체의 가능성이 작아 보이는데도, 장·단기 국채 금리 역전은 유지되고

있다는 점이다. 이 책을 쓰고 있는 2023년 8월 초 미국 10년 만기 국채 금리는 연 4.168%, 2년 만기 금리는 연 4.899%다. 원래 더 먼 미래일수록 불확실성과 위험이 크기 때문에, 장기금리는 항상 단기 국채 금리보다 높은 법이다. 그런데 2022년 7월 이후 13개월째 단기 금리가 더 높은 '역전' 현상이 지금까지 이어지고 있다. 월가에선 장·단기 금리 역전이 2개월 이상 계속되면, 통상 18개월 이내 경기 침체가 올 것으로 본다. 이러한 역학관계를 이해하는 투자자들은 당연히 불안해질 수밖에 없다.

왜 장·단기 금리 역전이 계속될까? 우선 Fed가 2022년부터 물가를 진정시키기 위해 기준금리를 급격히 올리면서 여기에 민감하게 반응하는 단기 국채 금리도 함께 뛰었던 것이 주요인이다. 그리고 경기 침체가 두려우면 안전자산인 장기 국채를 많이 살 텐데, 침체가 아니라 소프트 랜딩(연착륙) 할 수 있다는 투자자들의 자신감이 커지면서 장기 국채를 내다 팔기 때문 아닐까. 즉, 낙관적인 경기 전망이 장·단기 금리 역전의 원인이 아닐까. 실제로 미국 인플레이션은 둔화하는데, 새로운 일자리는 전례 없이 넉넉하다. 경제가 불쾌한 경착륙을 피하고 커다란 충격 없이 안정을 찾을 거라고 사람들이 기대하는 배경이다.

이런 역전 현상은 앞으로 오래갈까? 월가에선 그렇지 않을 거라는 전망이 우세하다. 채권 투자자들이 장기가 아닌 단기 국채에 점점 더 많이 '베팅'하기 때문이다. 즉, 단기 국채 가격이 오르고 금리가 떨어질 거란 뜻이다. 어느 전문가의 표현처럼, 경제가 무난히 연착륙하리라고 믿는다면 10년 만기 장기 국채를 소유할 까닭이 없어진다.

❷ 저금리 시대 다신 안 온다

우리가 코로나-19 팬데믹 시기에 경험했던 0%대의 초저금리는 다시 돌아오지 않을 것이란 예측이 지배적이다. 경제학자들이 제시하는 이유는 '중립금리'가 높아졌고, 그래서 앞으로는 고금리가 '노멀'이 된다는 얘기다. 그럼, 중립금리는 왜 올랐는가? 고물가와 정부의 IRA 등 첨단산업 투자지출 확대 때문이라고 해석한다. 지금의 극심한 인플레이션이 Fed의 목표치인 2%로 진정되더라도 금리는 3년 전의 낮은 수준으로 돌아가지 않을 것이며, 이는 중립금리에 달려 있다.

이 지점에서 중립금리의 개념부터 이해하고 넘어가자. 중립금리는 경제가 지나치게 뜨거워지지도 않고 너무 침체하지도 않으면서 잠재성장률을 달성하는, 딱 그 수준의 금리를 가리킨다. 이론상 거시경제가 균

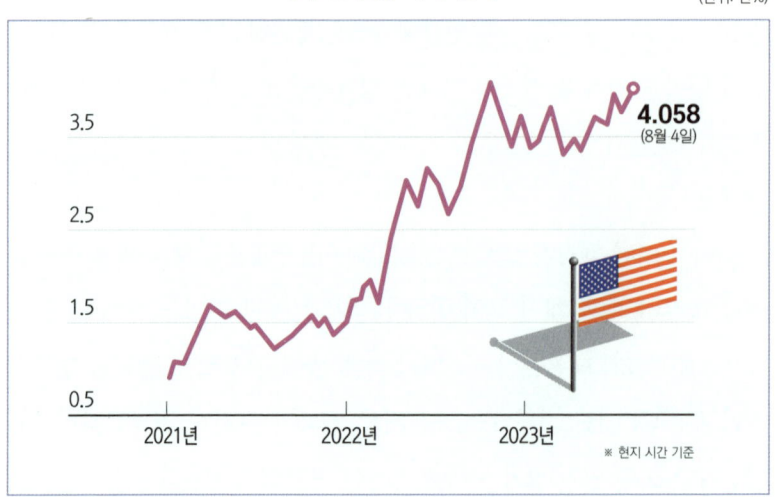

형을 이루는 수준의 금리라고 볼 수 있다. 이런 중립금리는 시장의 수요와 공급에 따라 자연스레 오르내린다. Larry Summers(래리 서머즈) 전 재무장관은 중립금리를 근거로 2020년대 전반이 고금리 시대일 거라고 내다봤다. 그의 논리를 따르면 2020년대의 중립금리는 연 1.5%~2.0%로 오를 것이므로, 여기에다 Fed가 목표로 삼는 2%의 인플레이션을 더한 '실질금리'가 4% 정도일 때 안정적이고 이상적인 경제 상황이 유지된다는 것이다.

매 분기 Fed는 잠재성장률이 유지되는 장기금리를 추정-발표한다. 사실은 바로 이것이 중립금리다. 그리고 현재 Fed도 서머즈의 생각과 같이 중립금리가 높아졌다고 본다. 이는 저금리 시대가 돌아오지 않을 거라는 의견으로 귀결된다.

 '베어 스티프닝(bear stiffening)'을 알아두지

아주 쉽게 풀자면, 2년 만기 '단기' 금리는 떨어지는데 10년 만기 '장기' 금리는 상승할 때, 이 현상을 '베어 스티프닝'이라고 한다. 주지하다시피, 단기금리는 기준금리에 연동돼 오르내린다. 반면, 장기금리의 변동은 경제성장 예측에 달려 있다. 이 용어가 지금 왜 자주 언급될까? 인플레이션에 맞선 Fed의 공격적인 기준금리 인상으로 단기금리가 오히려 장기금리보다 높아지는 '역전' 현상이 발생했고, 처음에 시장은 이를 경기 침체의 시그널로 받아들였다. 그러나 시간이 흐르면서 Fed의 긴축이 곧 끝날 것이고 경제는 계속 튼튼하다는 관측이 힘을 받으면서 거꾸로 베어 스티프닝이 나타나기 때문이다. 경기를 걱정하지 않는다면 안전자산인 장기 국채에 돈을 오래 묻어두려 하겠는가.

골드만삭스의 예측; 2024년 2분기 인하

최근 미국 투자은행 골드만삭스는 Fed가 2024년 6월 말이나 돼야 금리 인하를 시작해 분기별로 기준금리를 0.25%포인트씩 인하할 것으로 전망했다. 인플레이션이 목표에 가까워질수록 금리를 제한적인 수준에서 정상화하려는 욕구에 따라 금리 인하가 이뤄질 것이라는 논리다. 연방공개시장위원회(FOMC)가 금리를 유지할 가능성도 있지만, 분기마다 0.25%포인트씩 떨어져 최종적으로 3.0~3.25% 수준에서 안정화될 것으로 봤다.

한국은행도 "금리 낮아질 가능성 작다"

"금리가 한동안 1%~2% 수준으로 낮아질 가능성은 크지 않다. 2023년 말까지 금리 인하는 없다." "금리가 낮아질 것이라고 예상해서 집을 샀다면 조심해야 한다. 지난 10년긴 금리가 굉장히 낮았고, 젊은 세대는 인플레이션을 경험하지 못했기 때문에 정말 신중해야 한다." "긴축적인 금리 수준을 유지하게 된 이유 중 하나가 바로 가계부채의 증가다." 2023년 8월 말 기준금리를 3.5%로 5연속 동결한 한국은행의 공식 입장이다. 아닌 게 아니라 가계부채가 늘면 금융 불균형이 커지고 안정성도 저해될 수밖에 없다. 중앙은행의 최우선 정책 목표는 '물가 안정'이고 두 번째가 '금융 안정' 아닌가.

가계부채라는 불을 끄는 것이 물론 중앙은행의 관심사이긴 하지만, 통화정책만으로 연착륙을 유도하긴 어렵다. 부동산 가격 안정을 위해서 통화정책을 실행할 수도 없다. 여러 가지 미시적인 정책으로 대응할 수밖에 없다.

예금금리는 어떨까? 물론 대출금리와 마찬가지로 꾸준히 상승했다. 은행의 자금 조달 경로인 은행채 금리가 올라 조달 비용이 늘어나자, 또 다른 자금 조달 경로인 수신(예금)을 끌어들이려는 경쟁이 치열해져서다. 은행채 금리는 새마을금고에서 촉발된 뱅크 런 및 유동성 위기와 미국 국채시장 불안 때문에 5년 만기 은행채 기준으로 연 4.348%~4.359%까지 올랐다. 그 결과 은행권에는 최고 금리가 연 4%를 넘는 정기예금도 등장했다.

또 다른 요소도 있다. 코로나-19 사태 때 자금난을 겪는 중소기업-자영업자가 폭증하자, 금융당국은 은행의 유동성 확보 의무를 느슨하게 완화했다. 은행이 그들을 적극적으로 지원할 수 있도록 대출의 여지를 많이 풀어준 것이다. 그러다가 이제 다시 유동성 규제를 강화하니까, 은행들은 추가 자금 확보가 필요해졌다. 예금금리를 높여서라도 자금을 끌어와야 하는 결과가 된 것이다. 저축은행중앙회에 따르면 7일 기준 전국 79개 저축은행의 1년 만기 정기예금 평균 금리는 연 4.04%로 집계됐다. 저축은행들도 수신 경쟁에 뛰어들면서 예금금리는 당분간 오름세를 나타낼 것으로 예상된다.

年 7% 코앞, 치솟는 주·담·대

한마디로 은행권 주택담보대출 금리는 고공행진이다. 고정형 주·담·

대 금리의 기준인 은행채 금리(5년물) 또한 역대 최고 수준이다. 2023년 3월 3%대였던 은행채 금리는 8월 4.421%까지 올랐다. 이런 추세라면 현재 4.05%(하단)~6.07%(상단)인 주·담·대 금리 상단이 곧 7%대를 넘어선다고 해도 이상하지 않을 것이다. 앞으로 국채시장이 다행히 안정을 찾으면 이들 금리의 상승도 주춤할 것이다.

위에서 설명했던 미국 장-단기 국채 금리의 움직임도 우리네 시장금리를 자극하고 있다. 다소 시차는 있지만 미국 국채 금리가 오르면 한국 은행채에도 영향을 미친다. 2023년 하반기에 국채시장이 안정을 되찾을 거라는 전문가들의 의견도 있지만, 안심하긴 어렵다. 미국 내 금리 상황에 신경이 쓰이지 않을 수 없다. 2024년에도 은행채 금리가 본격 하락하기는 좀 어렵지 않을까.

Part One. Macrowave Factors | 매크로웨이브 요소들
04

원화는 정말 동네북인가

미국의 신용이 떨어져도 휘청, 중국이 불황이라는 말만 나와도 휘청, 대외 변수에 유독 취약해 글로벌 이슈 때마다 흔들리는 원화의 가치 이야기다. 무슨 악재만 터졌다 하면 세계 주요국 통화 중 원화 가치가 유별나게 더 떨어지는 현상이 계속된다. 미국의 금리 인상 종료 기대로

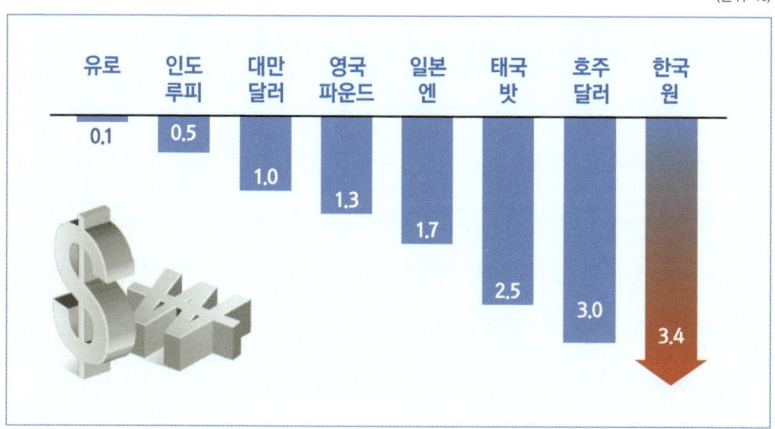

미국 신용등급 강등후 주요국 통화가치 변동률 (단위: %)

유로	인도 루피	대만 달러	영국 파운드	일본 엔	태국 밧	호주 달러	한국 원
0.1	0.5	1.0	1.3	1.7	2.5	3.0	3.4

자료: 한국은행 (8월 1~11일 기준)

달러가 약세로 돌아섰을 때도 원화만 '나 홀로 약세'를 기록했다. 2023년 8월 초 신용평가사 피치가 미국의 국가신용등급을 최고등급 AAA에서 AA+로 한 단계 낮춘 뒤에도 한국보다 통화 가치가 더 하락한 나라는 3년 만에 기준금리를 내린 브라질뿐이었다.

2024년에도 원화는 동네북 신세를 면치 못할까? 다른 나라 통화에 비해 원화는 왜 유독 대외 변수에 취약할까? 요컨대, 우선 궁금한 것은 '왜 원화만 약해빠졌을까'다.

① 무엇보다 한국 경제의 펀더멘털이 약해졌기 때문이다. 수출이 10개월 연속 감소하고 무역수지 적자도 278억 달러에 이르렀다. 2023년 경제성장률이 1%대 초반에 그칠 전망이다. 글로벌 투자자들의 눈에는 한국 시장과 원화가 여전히 '위험 자산'으로 인식된다. 이게 현실이다.

② 역대 최대 2%포인트까지 벌어진 한·미 금리 차도 환율 상승을 압박한다. 그럼에도 한국은행은 가계부채 부담과 경기 침체가 무서워 금리 인상에 나서기 힘들다. 원화가 약세를 벗어나기 어렵다는 얘기다.

③ 최근 미국의 신용등급 강등도 원화 약세를 부추겼다. 신용등급이 내려가면 미국에서 자본이 유출돼야 정상일 테지만, 오히려 안전자산으로 꼽히는 달러 표시 자산에 대한 국제 금융시장의 수요가 커지면서 원화 가치 하락 압박 요인이 되었다. 우습게도 달러화는 오히려 강세를 보이고, 원화는 달러화 대비 큰 폭으로 하락하는 역설적 상황이 벌어진 것이다.

④ 최근 중국의 부동산 시장 붕괴 위험 및 경기 침체의 가능성이 불거지자, 위안화 가치가 하락했고 이 여파로 원화도 약세를 보였다. 중국이 '기침'하면 한국이 '독감'을 앓는 현상의 한 측면이라고나 할까. 뭔가 위험을 회피할 필요성만 생기면 원화는 여지없이 취약성을 드러낸다.

❶ '강달러' 기대하기 어려워

2023년 여름, 코로나 방역이 해제되고 3년여 만에 외국 여행을 계획하는 사람들은 1,300원을 훌쩍 넘어 치솟은 달러 강세에 당황했다. 달러가 예외적으로 고평가되고 있는가, 아니면 앞으로 한층 더 높아질 것인가? 2024년 달러 가치는 어떤 모양의 곡선을 그릴까? 이상적인 달러 매수 시점은 언제일까?

최근 달러 인덱스 추이

(단위: 달러)

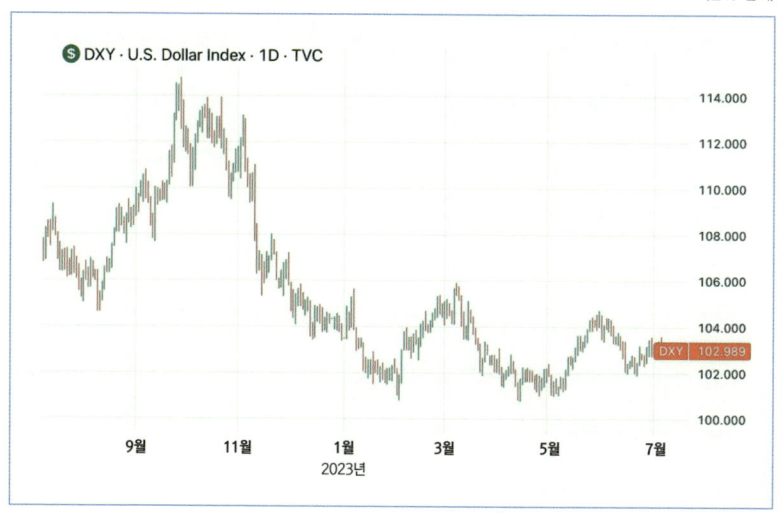

골드만삭스, 모건스탠리, HSBC 등 주요 은행들은 달러화 강세 전망을 거둬들이거나 달러화 가치 하락을 예측하는 모습이다. 2024년을 포함해서 향후 약달러 가능성을 크게 본다는 얘기다. 주요 6개국 통화에 견주어 달러화 가치를 표시하는 'dollar index(달러 인덱스)'에 관해서도 '별다른 변수가 없다면' 2020년 말 수준의 저점에 가까워질 것으로 내다봤다. 2023년 8월 현재 달러 인덱스는 100~105 수준이다. 골드만삭스는 달러화 가치 하락이 단기적으로 확대될 수 있다고 했고, HSBC는 2022년 말부터 뚜렷해진 강달러 흐름이 이미 반전됐다고 했다. 모건스탠리 역시 달러화 투자 의견을 '비중 확대'에서 '중립'으로 바꿨다.

이들이 앞으로 약달러를 예상하는 근거는 무엇일까?

① 인플레이션 둔화와 이에 따른 Fed의 추가 금리 인상 필요성이 낮아졌다는 분석이 힘을 얻기 때문이다. 달리 표현하면, 미 경제가 연착륙할 것으로 보는 사람들이 많아졌다는 얘기다. (경제가 깊은 침체나 강한 확장일 때 달러는 상승하고, 완만한 성장기엔 하락한다는 생각을 '달러 스마일 이론'이라고 한다) 미국의 2023년 6월 소비자물가지수가 2년 3개월 만에 최저인 3.0% 상승에 그치면서 달러화 가치는 15개월 만에 최저 수준으로 떨어졌다. 2024년에 기준금리 인하까지 실현된다면 달러 가치는 더 내려갈 것이라는 예상도 나온다.

② 미국의 재정적자와 무역적자가 합쳐져 구조적인 문제로 악화할 수도 있다. 이런 불균형 현상은 경제성장에 부담을 주기 때문에, 달러 가치 하락은 자연스러운 추론의 결과다.

물론 달러의 움직임은 아무도 모른다. 미국 물가상승률이 조금 꺾였지만, 여전히 Fed 목표치 2%엔 미치지 못한다. 즉, 예상과는 달리 Fed가 기준금리 인상을 계속할 수도 있다. 달러 가치를 흔들 수 있는 변수다. 코로나-19 팬데믹 기간 정부가 제공한 재정 지원금이 바닥나면 소비가 경제를 뒷받침할 수 없으니, 이 또한 불안 요인이다.

❷ 슬기로운 달러 투자

달러 가치가 크게 떨어지거나 오르면 환율 변동으로 이득을 보려는 투자자들이 다양한 형태의 달러 투자에 관심을 보이게 마련이다. 여행자나 수출입업체 등 달러의 실수요자도 환율 변동에서 손실을 보지 않으려는 노력을 기울일 테고. 어느 경우든 투기의 성격이 약간은 스며들 수밖에 없다.

달러에 투자하는 간단하고 기초적인 방법에는 이런 것들이 있다.

- 원·달러 환율이 낮을 때 달러를 사서 은행 외화예금에 예치했다가, 환율이 상승하면 달러를 꺼내 원화로 바꾸는 방법. 아무래도 좀 장기적 투자에 적합하다. 환율 변동에서 오는 이익에다 작지만 이자 소득까지 챙길 수 있다. 게다가 환차익에는 세금도 붙지 않는다. 예치 기간에 발생하는 이자에 대해 15.4%의 이자소득세만 내면 된다. 은행에 따라 약간의 인출 수수료와 약간의 환전 수수료가 부과된다.

○ 딱히 외환에 관한 지식이 없어도 환율 상승에 베팅할 수 있다. 달러 가치를 추종하는 ETF를 매수하면 된다. 연 0.2%~0.4% 정도의 운용 수수료만 내면, 환전 수수료도 전혀 없다. 그뿐인가, 일반 주식처럼 아무 때나 원하면 쉽게 매매할 수 있다. 그래서 단기 투자에 적합한 선택지라 하겠다.

○ 증권사로부터 '외화 RP'라는 채권을 샀다가 되파는 방법도 있다. RP는 '환매조건부채권'을 뜻하는데, 이렇게 움직인다. 먼저 달러로 표시된 외화 RP를 증권사로부터 산다. 이때 증권사는 일정 기간이 지나면 미리 약속한 가격에 RP를 되사며, 그동안의 이자도 지급하겠다고 약속한다. 외화 RP를 매수한 투자자는 (외화예금처럼) 환차익도 얻고 이자 소득도 얻는다. 환차익엔 세금이 없고, 이자에만 15.4%의 소득세가 부과된다. 게다가 만기(약정 기간)를 하루 단위로 짧게 설정해도 연 4.0% 안팎의 높은 이자를 얻는다.

❸ 엔화, 어쩌면 가장 불확실

2023년 내내 적잖은 환율 전문가들이 엔화 대비 원화 환율을 '(100엔당) 950원~1,000원'으로 전망했다. 올해 들어 엔화 가치는 9% 하락, 주요 10개국 통화 가운데 낙폭이 가장 컸다. 하지만, 이 역시 다양한 요소의 영향을 받을 테고, 미국 경기가 둔화하고 금리 인상이 끝나면 미·일간 금리 차가 줄어들고 엔화 약세의 폭도 줄어들어, 엔화 대비 원화 환율도 상승할 수 있다. 원화가 한창 약했던 2023년 4월 말 100엔당 1,000원 선을 넘어섰다가 이후 다시 940원대로 가치가 떨어진 엔화는 2024년에도 여러 가지 불확실성에 휘둘릴 것이다. 그리고 일본은 장

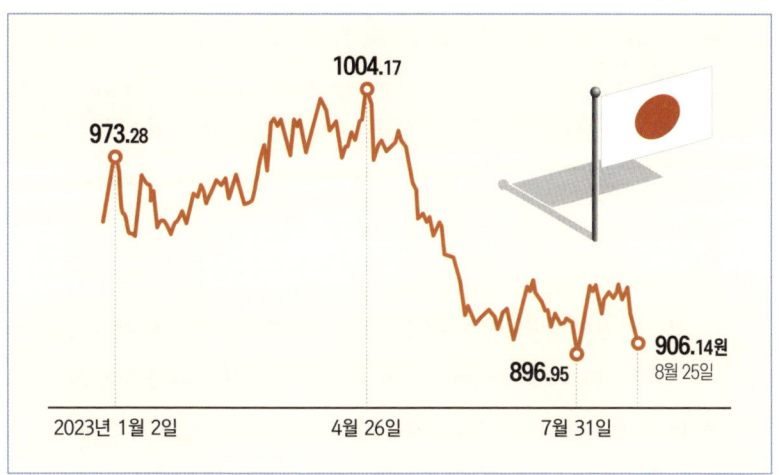

900원 아래로 떨어진 엔화 환율 (단위: 100엔당 원)

자료: 하나은행

기금리 상단이 정해져 있어서 2024년에도 전체적으로 엔화 대비 원화의 강세가 지속될 가능성이 크다고 본다. 그렇더라도 지금과 같은 정도의 엔화 약세는 오래가지 않을 것이니, 나는 엔화는 지금 매수하는 것이 유리하다는 주장에 동조한다.

사카키바라 에이스케 전 일본 재무성 차관의 예측이 눈에 띈다. '미스터 엔'이란 별명을 지닌 그는 2024년 엔화 가치가 추가로 10% 이상 떨어져 달러당 160엔대까지 떨어질 수 있다고 했다. 먼저 생각할 수 있는 이유는 미국과 일본의 상반된 통화정책으로 벌어진 금리 차이다. 엔화 매도세가 강해졌다는 얘기다. 이렇듯 내년 엔화의 추가 하락을 점치는 사람들이 많지만, 달러당 160엔 아래로 추락하면 당국의 시장 개입 및 긴축통화 정책이 불가피할 것이다. 실제로 일본이 '나 홀로' 통화완화 정책을 중단한다면 엔화 가치도 반등할 수 있다.

기축통화로서의 달러? 앞으로 10년은 끄떡없어!

'달러화에 맞설 대체 통화'의 필요성이나 가능성은 해묵은 논쟁거리다. 최근 영국 중앙은행 산하의 한 연구기관은 각국 중앙은행을 대상으로 한 설문조사 끝에, 달러화의 기축통화 위상은 굳건히 유지될 것이고, 위안화가 그 위상을 넘어설 가능성은 작다는 결론에 도달했다. 세계 외환보유고에서 달러 비중은 지금의 58%에서 10년 뒤에도 54% 정도일 것으로 조사됐다고 했다. 향후 2년간 달러 익스포저(위험노출액)를 늘리겠다는 중앙은행이 16%, 줄이고 싶다는 중앙은행은 10%라고도 밝혔다. 대안 통화 체제로 달러 의존도를 줄이자는 목소리는 여전하지만, 별 영향을 주진 않을 것이란 뜻이다.

중국은 세계가 위안화를 더 많이 채택하도록 만들려고 온갖 외교전을 펼쳐왔지만, 지금은 전례 없는 경제위기를 맞아 '내 코가 석 자'인 상황이다. 주요국 가운데 앞으로 위안화 보유를 늘리겠다고 답한 나라는 겨우 10% 안팎이다. 세계 외환보유고에서 위안화가 차지하는 비중은 10년 뒤에도 3%~6%에 머무를 전망이다. 그 외 브라질은 대중 무역에서 달러 대신 위안화와 헤알화를 쓰고, 남미 공통 화폐 도입을 주장하는 등 달러 의존도를 낮추는 데 앞장서고 있다. 그렇지만 달러의 기축통화 지위를 거부하기에는 영향력이 턱없이 부족하다.

1990년으로 되돌아가나?

한편 골드만삭스도 일본이 지금의 통화정책을 고수한다면 2023년 하반기 엔화 가치가 1990년 6월 이후 가장 약세인 달러당 155엔에 이를 거라는 전망을 제시한다. 앞서 이 투자은행은 달러당 135엔을 예상한

바 있는데, 왜 엔화가 크게 하락하는 쪽으로 전망을 바꾸었을까? 미국 경기 전망이 점차 개선되는 점이 우선 이유로 꼽힌다. 달러의 상대적 가치를 높인다는 얘기다. 또 주요국들이 금리를 올리는 동안 일본은 느슨한 통화정책을 펴고 있다는 점도 큰 이유다. 일본은행은 자국 인플레이션이 아직 목표치 2%보다 낮아서 금융완화 정책을 당분간 유지한다고 천명했다.

다만 골드만삭스는 2024년에는 엔화가 다시 강세로 돌아설 것이며, 연말에는 달러당 135엔에 이를 것이라고 본다. 일본은행이 통화에 개입하거나 '매파' 분위기로 바뀌면, 엔화는 훨씬 더 빠르고 강력하게 상승할 수 있다.

눈치 빠른 투자자들의 '엔테크'

역대급 엔저를 기회로 보고 투자 대상을 찾는 투자자들이 많다. 엔화 예금(2023년 8월 초 잔액 8,071억 엔 이상), 엔화 ETF, 일본 주식 투자(작년보다 3배 증가) 등은 기본이고, 원화를 엔화로 환전해 통장에 묵혀두기도 한다. 심지어 '이럴 때 일본으로 여행가야 한다'는 분위기가 또렷이 형성되면서, 그로 인해 실적 개선이 예상되는 저비용 항공사(LCC)에도 관심이 쏠린다. 아니, '여행을 안 가더라도 엔화는 사두자'는 분위기다.

Part One. Macrowave Factors | 매크로웨이브 요소들
05

저출산에 고령화까지

❶ 한국은 정말 소멸하는가?

장기적인 관점에서 한국 경제의 가장 큰 리스크가 뭐냐고 묻는다면, 나는 '저출산-고령화'라고 말하겠다. '장기적'이라고는 했지만, 그렇다고 아주 먼 장래의 이야기도 아니다. 지금 추세대로라면 2020년 5,183만 명으로 정점을 찍었던 한국 인구는 기본 시나리오 기준 2041년, 최악 시나리오 기준으론 2031년(불과 8년 후)에 5,000만 명 밑으로 떨어진다. 우리 통계청의 예측이다. 2022년 0.78명을 기록한 출산율은 이미 세계 꼴찌 수준이다.

그 정도로 인구가 쪼그라들면 우선 경제 활력이 떨어진다. 내수가 위축하고 국민연금을 비롯해 팽창기에 도입했던 각종 사회제도며 교육제도까지 무너진다. 국방력의 감소도 위태로운 지경에 이른다. 인구 급감을 늦추고 출산율을 반등시키는 과제는 그래서 대한민국 경제의 최

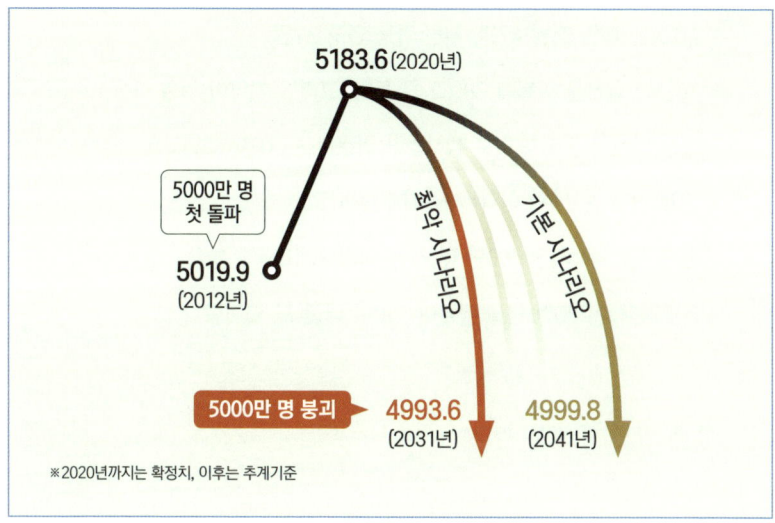

우선 어젠더다.

몇 가지 통계적 팩트

- 2023년 6월 국내 출생아 수 불과 18,615명
- 2023년 2분기 합계출산율 사상 최저인 0.7명
- 3년 4개월째 인구 '자연 감소' (사망자가 출생아보다 많음)
- 2021년 정부 수립 이후 최초로 외국인 포함 '총인구' 감소
- 결혼-출산 적령기 남녀 10명 중 7명은 출산 계획 없음

  ("아무리 많은 돈을 줘도 아이는 안 낳겠다"가 35%)

- 2070년 인구 3,500만 명대, 노인 부양비 100% 초과
- 이대로라면 2750년 한국은 '없어짐' (일본 연구진의 분석)

- 기초자치단체의 51.8%인 118곳이 '소멸 위험 지역'
- 2024년 대입 정원 47만, 지원 가능 인구 37만
- 16년간 출산율 회복에 280조 원 투입, 그러나 백약이 무효
- 모든 여성이 둘씩 낳아도 생산인구 확충까진 20년~30년
- 전체 인구 중 14세 이하는 11%에 불과
- 한국군을 수식하던 '60만 대군'은 이미 2018년에 깨짐
- 2022년에는 50만 명을 밑돌아 '50만 대군'도 옛이야기

왜 줄어들기만 하는 걸까?

우리나라가 '저출산 국가'로 접어든 해는 2015년이었다. 이때를 변곡점으로 출산율이 급격히 떨어졌다는 얘기다. 이후 출산율은 한 해도 거르지 않고 줄곧 내리막이었다.

우선 여성 1명이 15세~49세에 기대하는 출생아의 평균치인 '합계 출산율'은 2000년대 들어 1.09명~1.30명에서 2015년 1.24명으로 정점을 찍고 2022년의 0.78명까지 계속 추락했다. 국민 개개인이 얼마나 생존의 문제에, 그저 '먹고살기'에, 매달리고 있었는지를 보여준다. 출생아 수 자체도 2015년 43만8,420명으로 최고를 기록한 후 두드러진 하락으로 돌아서, 2022년엔 24만9,000명까지 떨어졌다. 월별로 따지면 2015년 12월 이후 91개월째 감소 중이다.

여러 가지 통계치를 봐도 저출산이 본격적으로 시작한 '티핑 포인트'는 역시 2015년이었다. 그때를 전후해 과연 무슨 일이 있었던 걸까?

자료: 통계청

청년층의 삶과 인식이 어떻게 바뀌었고, 경제·사회·심리적으로 무슨 변화가 있었던 걸까?

① 부동산 가격 폭등; 문재인 정부 출범을 앞두고 2015년 아파트값 폭등의 전조가 나타나, 서울 아파트 매매 중위가격이 처음 5억 원대로 진입했고, 2023년 5월엔 10년 전의 두 배인 8억4,200만 원에 도달했다. 집을 살 때 대출 상환 부담을 나타내는 '주택구매 부담지수'도 서울의 경우 2015년 83.7에서 꾸준히 올라 2022년 3분기 214.6을 찍었다. 내 집 마련조차 힘든 청년들이 출산을 반기겠는가.

② SNS가 퍼뜨리는 환상; 2015년경부터 폭발적으로 확산한 SNS가 한국인의 치명적 약점인 '타인과의 비교' 심리를 부추긴 데다, SNS를 누비는 화려한 싱글의 삶이 결혼이나 자녀보다 젊은이들에게 강렬하게 어필했다. 그런 대안적 라이프스타일을 노출하는 SNS가 저출산에 미치는 영향은 다수의 연구 결과로 뒷받침된다.

③ 수도권 집중; 대학이나 일자리를 찾아 청년들이 수도권으로 몰리는 현상이 본격화한 것도 2015년이다. 이후 서울 순 유입은 줄기차게 늘었다. 서울에서 살아남고자 하는 본능과 서울에서 성공해야 한다는 획일화한 가치관이 출산의 본능까지 눌러버렸다.

> **'싱글세'라고요? 어떻게 생각하십니까?**
>
> 고위 공무원이 '싱글세 도입' 필요성을 언급했다가 호된 비난을 받은 게 2014년의 일. 그런데 최근 민간에서 도리어 싱글세 도입을 '진지하게' 거론하는 사람이 늘고 있다. "국가 존속이 걸렸는데, 싱글세 당연히 내야지. 걷은 싱글세로 유자녀 부부 지원하고 출산이 애국이라는 의식도 심어줘야지!" 물론 반대가 더 많긴 하다. "무작정 싱글세만 외칠 게 아니라, 아이 키우기 즐겁고 행복한 환경부터 만들어야죠!"
>
> 찬성의 논리에는 국가와 공동체 존속도 있지만, 또 하나는 형평성이다. 싱글들은 늙어서 남의 자식들이 부양하는 셈이니, 자녀를 둔 사람들만 불리하다는 주장이다. 뜻밖에도 찬성이 높긴 하지만, 그래도 저출산에는 실제 경제 문제 해결이

더 중요하다는 여론이 다수다. 전문가들도 저출산 문제를 싱글세로 해결해선 안 된다는 분위기고, 도리어 저출산을 심화시킬 인식이라고 꾸짖기도 한다. 하지만 찬성하는 측은 이 세금을 징벌 아닌 형평의 수단으로 본다. 자녀 없는 성인은 노후에 정부의 도움을 받기 때문에 부담을 미리 져야 한다는 논리다.

그럴듯한 대안은 없을까. 반대하는 이들의 22%가 결혼-출산 가정에 대한 세금 감면이나 연금 혜택 확대 등의 지원을 꼽는다. 근로시간 단축 및 육아 지원 확대가 대표적인 제안이다. 교육비 절감 및 경제 양극화 해소, 주거 지원 확대, 여성 차별 해소 등이 거론된다. 아무튼, 자식들이 노인을 부양해야 한다는 논리, 그런 가족주의가 지금 결혼과 출산을 가로막는 주원인 중 하나임을 알아야 할 것이다.

저출산, 도저히 못 넘을 벽인가

말처럼 쉽진 않겠지만, 원인이 밝혀졌다면 해결책도 찾을 수 있을 터. 청년들의 집값 부담을 낮출 방안과 정책을 만들자. 지방 일자리나 인프라를 확대한다면 수도권 집중이 완화되지 않을까. 창의적인 방법으로 결혼-출산에 대한 긍정 인식을 높인다면 SNS의 막강한 영향력도 다소 줄일 수 있지 않을까. 어떻게든 아침 신문에 다음 페이지 상단의 광고가 더는 실리지 않아도 될 방법을 찾아내야 한다.

- 출산장려금에 희망을 걸지 말자. 아무리 장려금을 줘도 애 낳을 생각이 없지 않는가. 무엇보다 아이를 낳고 키울 사람들의 기본적인 니즈를 채워줘야 한다.

○ 저출산 문제 해결을 촉구하는 광고   자료: 한반도미래인구연구원

부처마다 중구난방인 저출산 정책도 정비해서 '선택과 집중'을 해야 한다.

○ 자녀 양육은 여성 몫이라는 인식을 개선하자. 다문화를 향한 호의 등 개방성을 높이자. 생산연령인구(15세~64세) 확충을 위해 인재 공급 채널을 넓히고, 출산·육아휴직 확대와 비자 제도 개선도 필요하다. 물론 성급한 이민 확대는 득보다는 실이 더 크다. 필요한 양질의 인재 유치가 중요하고, 한국을 외국인들이 살기 좋게 만드는 일이 더 시급하다.

- 난임 지원은 소득과 무관하게 해주어야 한다.

- 한국은 세계 최악의 저출산 국가인데, 조세 제도는 '가족 친화'에서 한참 멀다. 적어도 인구문제에 관해선 예산 부족이니 세수 감소 따위를 얘기하면 안 된다. 독일은 자녀 둘인 외벌이 가구의 세금이 싱글보다 14% 낮은데, 한국은 고작 5% 덜 낸다. 부모 급여도 18세까지로 늘리자. 3세부터 정작 돈이 많이 드는데 왜 부모 급여는 2세까지만인가. 자녀 수가 늘어날수록 기하급수적으로 지원을 늘리는 방식도 좋지 않을까.

- 15세~64세인 생산가능인구 범위를 70세까지 넓히자. 정년도 늘리고, 대량 생산-고속 성장 시대에 만든 관련 법도 새로운 패러다임에 맞게 뜯어고쳐 일자리를 창출해야 한다. 노인이 더 일한다고 해서 청년의 일자리를 빼앗는 게 아니다.

- 미래 세대의 부담을 줄여줘야 한다. 청년의 '생존' 문제도 해결해주지 못하면서 무슨 수로 출산율을 올린단 말인가. 증여세 부담을 확 줄여서 세대 간 부의 이동통로를 만들고, 세대 간 약탈이나 다름없는 지금의 국민연금도 세게, 빠르게 개혁해야 한다.

- 사각지대에 놓인 비혼 가정을 제도의 틀 안으로 수용해 혼인가정과 동등한 복지 혜택을 제공함으로써 비혼 출산을 높이자. (2021년 기준 한국의 비혼 출산율은 2.95%로, OECD 평균인 42%에 비해 턱없이 낮다.)

- 기업 역할도 크다. 출산과 양육을 돕고 부추기는 제도와 기업문화를 만들자. 일

회성 현금 지원보다 인구 감소 해결에 도움이 되는 자율적 근무시스템이나 의료비 지원 및 육아 인프라 구축을 북돋우자. 출산이 '회사의 경사'가 되도록 만들어야 한다. 아울러 중소기업만 지원-보호하는 기조에서 벗어나는 게 좋다. 대기업 일자리와 양질의 일자리 부족이 출산율 저조의 큰 원인이며, 출산-육아에 좋은 환경을 제공하는 대기업이야말로 문제 해결의 열쇠다.

- 맞벌이 부모가 안심하고 아이를 맡길 초등학교 돌봄교실과 국공립 병설 유치원 등을 개선하자. 학교, 교육청, 지자체, 기업 등이 협업하여 확대해야 한다.

- '다자녀 가족'의 기준을 셋에서 둘로 완화하자. 아울러 공공임대주택 신청 시 가점, 각종 공공시설 무료 혹은 반값 이용, 온라인 교육 콘텐츠 이용, 양육-주거비 부담 줄여주기, 응급실 무제한 이용, 육아용품 지원 등, 아이 둘 이상인 가구에 대한 지원을 강화해야 한다.

- 두 명 이상 낳아야만 국민연금 가입 기간을 늘려주는 현행 제도는 허무하다. 한 명도 낳기 싫은 시대 아닌가. 두 자녀 이상일 때 인정하는 국민연금 출산 크레딧 기간도 늘려야 한다. 또 가입 기간이 늘어나는 효과는 출산 즉시 볼 수 있어야 한다. 60대가 돼서야 혜택을 본다면, 정책 체감도가 떨어질 터이다.

- 저출산 대책은 장기간 일관성이 있어야 한다. 정권이 바뀌어도 정책들은 유지하자. 그래야 청년들의 신뢰도 얻고 출산 촉진 효과도 커진다.

❷ '늙어가는' 한국이 더 문제다

그냥 두면 '정크 등급'

세계 3대 신용평가사는 국가신용등급을 매길 때 '인구 고령화'를 예전처럼 중장기적인 고려사항 정도로 간주하지 않고, 이젠 '핵심' 요인으로 꼽는다. 고령화 때문에 정부의 연금 및 의료비 관련 부담과 부채상환 비용이 급격히 늘고 공공부문 재정도 빠르게 고갈된다는 이유에서다. 국가 채무 비율을 지금처럼 유지하려면 저출산 고령화 문제 해소, 아니면 재정 개혁 둘 중 하나는 해야 한다는 뜻으로 풀이된다. 특히 2022년부터 본격화된 세계적 긴축 추세가 저출산 고령화 국가의 신용 위기에 불을 붙였다.

글로벌 신용평가사들은 한국을 콕 집어 경고했다. 유례없이 빠른 인구 고령화가 국가신용등급 강등 요인이 될 수 있어서, 우리나라가 가장 위험한 국가 중 하나라면서 말이다. 극심한 고령화는 무엇보다 먼저 잠재성장률을 갉아먹는다. 심하면 저성장 국가 정도가 아니라 그야말로 '무성장' 국가로 떨어질 수 있다. 정부의 노력에도 불구하고 자꾸 지연되고 있는 연금개혁도 국가적 위기를 부를 수 있다. 개혁이 불발되면 국민연금 기금은 2055년 고갈된다. 그땐 국민이 세금으로 보충해야 할지 모른다.

2050년엔 가장 늙은 나라

인구 통계의 변화는 호흡이 길지만, 그 때문에 빚어지는 현실의 문

제들은 다급하기 짝이 없다. 인구문제로 부작용을 겪으면서 점점 더 깊은 수렁에 빠져드는 나라는 한둘이 아니다. 저출산에다 고령화 문제까지 심각한 한국은 2050년에 최악의 신용등급 강등 위기를 맞이할 것이라는 경고까지 나왔다. 통계청은 2070년 한국의 인구가 3,765만 명으로 줄어든다고 추산한다. 50년간 약 27%의 감소다. 65세 이상 고령인구는 지금의 17.5%에서 46.4%로 높아진다. 한국인의 절반이 '늙은이'가 되는 것이다. 46.1%를 차지할 것으로 추산되는 생산가능인구(15세~64세)보다 더 많다. 이 같은 고령화율은 일본이나 독일보다 높아 세계 최고다.

유엔의 자료를 인용한 NYT(뉴욕 타임즈) 역시 "2050년이면 한국이 세계에서 가장 늙은 국가다."라고 적었다. 물론 지금은 한국이 인구 5,000만 명 이상인 나라 중에서는 생산가능인구 비율이 가장 높아, 브라질이나 중국을 따돌리고 젊은 국가에 속한다. 그러나 어찌나 고령화가 빠른지, 30년 안에 세계 최고령국이 된다는 얘기다. 그러니까, 2050년이면 생산가능인구 1명당 노인 인구 0.75명으로 생산가능인구 4명이 노인 3명을 먹여 살린다는 뜻이다. 세월이 흐를수록 대부분 고령 국가는 아시아와 유럽에 몰리고, 아프리카와 오세아니아는 상대적으로 젊은 층 인구 비율이 높을 것이다. 세계은행에 따르면 프랑스와 미국의 경우

고령화에 각각 100년, 60년 이상 걸렸지만, 동아시아 국가는 20년 만에 고령화에 직면해 있다. 일부 동남아 국가는 부를 맛보기도 전에 고령화 국가로 떨어지는 실정이다.

한술 더 떠 '시니어 보릿고개'

늙어도 경제적으로 넉넉하다면 그나마 다행이다. 하지만 한국의 노인빈곤율은 2020년 기준 40.4%로 OECD에서 가장 심각하다. 늙어서도 고달프게 일해야 하는 사람이 많아, 65세 이상 고용률도 35%로 OECD 중 최고다. 그렇다, 우리나라 고령자는 대개 가난한 저임금 근로자로 삶의 황혼기를 보낸다. 평균 기대수명이 72세에서 86세로 늘어나서 오래 살기만 하면 뭐하겠는가, 60대 근로자들 근로소득이 50대의 42%밖에 안 되는데. 연금제도를 보완하고, 퇴직금 중간 정산을 손보며, 저축 부족 상황을 해소하여 '시니어 보릿고개'에 신음하는 노인을 구제해야 할 것이다. 전체 인구 가운데 65세 이상 노인이 2022년 17.5%를 차지했지만, 2070년이면 46.4%로 높아진다고 한다. 노인 빈곤은 앞으로 더 심각한 문제가 될 거란 얘기다.

노동계는 당연히 정년 연장을 원하지만, 그렇게 되면 취업을 갈구하는 청년에게 큰 장애가 될 수 있다. 참으로 난감한 이슈다. 급속히 늙어가는 나라에서 고령층 계속 고용 문제에 관한 논의는 설사 그 법제화에 부작용이 있다 하더라도 피할 수 없다. 2024년에도 논쟁은 격해질 것이다. 자칫 잘못하면 성장률은 떨어지고 국가 재정 부담은 눈덩이처럼 커진다. 노인이 일할 다양한 방법을 찾고 노동시장의 경직성을 줄여야 한다.

Part One. Macrowave Factors | 매크로웨이브 요소들

06

빚이 너무 많은 나라

❶ 달갑지 않은 세계 1위

우리나라의 부채 증가 속도는 세계 최고 수준이고, GDP 대비 가계부채 비중도 주요국 가운데 셋째란다. 이유가 무엇이든 큰 걱정거리다.

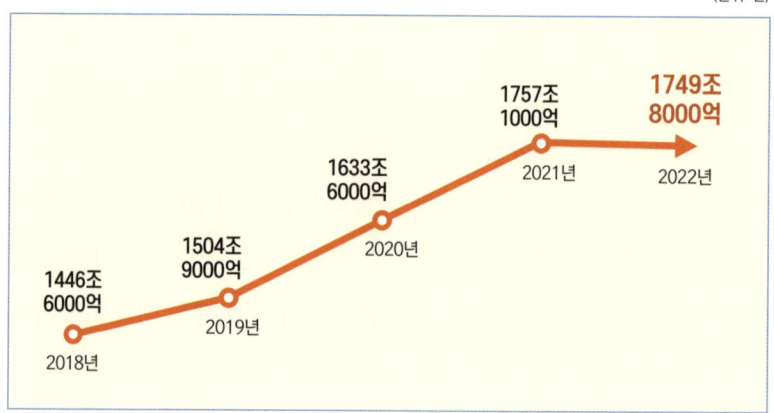

연말 기준 가계부채 잔액 추이 (단위: 원)

자료: 한국은행

'빚이 너무 많은 나라' 상태를 방치한다면, 우리 경제성장 활력이 크게 떨어질 것이기 때문이다.

2023년 6월 말 우리나라 가계부채 잔액은 역사상 최고인 1,062조 3,000억 원이다. 천문학적이라는 형용사가 딱 어울리는 수치다. 금리가 연 4%~5%로 여전히 높은데, 이렇게 줄곧 빚이 늘어나니 문제가 심각하다. 국제결제은행이 확인한 바, 2022년 한국 가계 부문의 '총부채 원리금 상환 비율'(DSR)은 13.6%로 주요 17국 가운데 호주만 빼면 가장 높았다. 코로나-19 확산 직전인 2019년 12.2%에서 1.4%포인트 늘어난 셈이다. DSR은 모든 대출금의 원리금 상환액이 연 소득에서 차지하는 비율인데, 이 비율이 높을수록 소득에 비해 빚 상환 부담이 크나는 뜻이다. 코로나 사태 직전 2019년과 비교해서 DSR의 증가 속도도 가장 빨랐다. 또 소상공인과 자영업자를 위한 만기 연장과 상환 유예 같은 정부 지원도 곧 하나둘 종료된다. 숨은 부실이 한꺼번에 터져 나올까, 조마조마하다.

가계부채 증가의 경제적 의미는?

통화 당국도 가계 빚 증가세에 걱정이 늘어졌다. 한은에 따르면 2022년 말 우리나라의 GDP 대비 가계부채 비율은 세계 최고 수준인 105%다. 이 비율을 80% 수준으로 차근차근 낮추는 게 한국은행의 목표다. 물론 당장은 '부채 폭탄'이 터지지는 않을 테다. 그러나 GDP보다 가계부채가 많은 상태가 길어지면 어떻게 될까?

가계부채가 늘면 우선 소비가 위축되고 장기적으로는 주택가격에도 영향을 미치며, 자원 배분의 효율성도 떨어진다. 자산 불평등이 확대되고 대출 부실로 금융시장의 안정성도 떨어진다. 경기의 위축으로 이어지기가 십상이다. 장기적으로는 우리나라의 경제성장 잠재력을 약해빠지게 만든다. 그러므로 급증하는 가계부채는 당연히 중앙은행의 관심 사항이다. 그러나 그 관리 혹은 억제 수단은 대체로 정부의 손안에 있다. 한국은행은 어떤 정책을 어떤 속도로 시행해야만 우리 경제 안정에 도움 되는지를 정부에 자문하고 유동성을 관리하는 정도일 뿐이다.

정책적으로 DSR에서 제외하는 대상을 축소하고, LTV 수준에 따라 금리를 차등 적용하며, 일시 상환에 대한 가산금리 적용 등을 통해

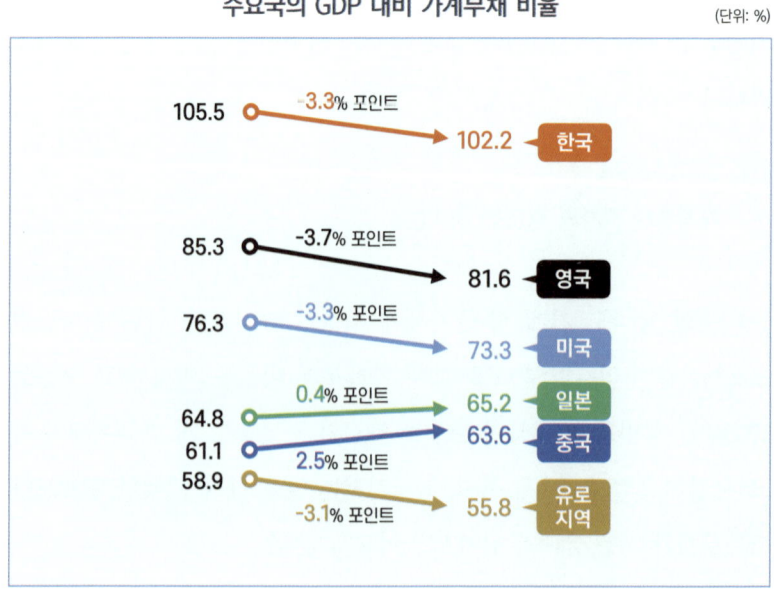

주요국의 GDP 대비 가계부채 비율 (단위: %)

자료: 국제금융협회

대출 수요를 조절해야 할 것이다. 아울러 전세대출 보증도 손보고, 금융기관의 가계대출 취급 유인도 조정하면 도움이 될 것이다. 장기적으로는 DSR 계산에 모든 대출을 포함해 차츰 제도 수용성을 높여야 한다.

월간 2조 원이나 팔린 '주·담·대'

한국은행의 자료를 봐도 주택담보대출(주·담·대)의 증가가 가계부채의 규모를 빠르게 증대시키는 중요한 요소다. 최근 이런저런 규제 완화로 부동산 시장이 되살아나자 은행에서 주·담·대를 얻는 가계도 급속히 늘어났다. 게다가 전셋값이 대폭 떨어지면서 집주인이 전세보증금을 돌려줘야 할 때 모자라는 부분을 채우기 위해 은행에 손을 벌리기도 한다. 그밖에 생계 자금을 마련하겠다고 집을 담보로 대출을 늘리기도 한다. 이래저래 은행 주·담·대 규모는 2023년 상반기에도 계속 늘었고, 이런 추세는 아마 2024년에도 크게 변하지 않을 것이다.

설상가상으로 최근 50년 만기 주택담보대출이란 새로운 상품이 인기를 끌면서 5대 은행에서만 한 달 새 2조 원 넘게 이루어져 가계대출 증가의 주범 노릇을 했다. 통상 시중은행 주·담·대가 7년~8년이면 전액 상환되는 데 반해서, 수협은행이 처음 선보인 이 대출은 이름처럼 50년에 걸쳐 원리금을 상환해도 되는 상품이다. 상환액은 줄고 대출 한도가 커지는 만큼 DSR 우회 수단으로 악용되는 문제도 생겼다. 깜짝 놀란 금융당국이 가계대출 현황 점검에 착수하는 등 부산을 떨었지만, 앞으로 '대출 막차'를 타려는 수요와 금융권의 가계대출 증가세에 어떻게 대응할지 걱정이다.

❷ 버는 족족 빚 갚기 바쁘다

진짜 큰 문제는 소위 '한계 대출자'다. 빌린 돈을 갚느라 사실상 가계 부도 상태이거나 최저 생계비 수준의 열악한 여건에 놓인 사람들 말이다. 한국은행에 따르면 이들이 빌린 돈은 2023년 1분기 말 1,845조 원이 넘는다. 이들 중 한 해 원리금 상환액이 연 소득의 70%('빚 감당'의 마지노선이라 부름)를 넘는 이들이 299만 명이다. 빚이 아예 소득보다 많아 부도 상태에 빠진 개인도 무려 175만 명이다. 참고로 한국은행은 2023년 3월 기준 원화 대출 연체율을 시중은행 0.33%, 저축은행업권 5.07%로 집계했다.

2023년에도 주택담보대출을 중심으로 가계부채는 줄곧 상승세였다. 특히 부동산 거래가 늘어나면서 신규 주택담보대출이 전체 가계부채를 크게 늘려놓았다. 빚진 사람이 한결같이 어렵잖게 원리금을 꼬박꼬박 내기만 한다면야, 그리 걱정할 일도 아니겠지만 상황은 그 반대다. 이자 내기조차 바쁜 사람, 그마저 내지 못하는 사람이 이처럼 많다. 그런 사람들에겐 2024년의 전망이 밝을 리 없다.

빚의 늪에서 허우적대는 젊은이들

더욱 가슴 아픈 사람들은 사회에 첫발을 내디뎠는데 빚의 굴레에서 벗어나지 못하는 20대. '빚(내) 투(재)'에 실패하고, 청년 실업 겪고, 생전 처음 고금리 만나 3대 악재에서 헤어나지 못하는 것이다. 겨우 몇천 원의 이자조차 제때 못 내는 20대도 적지 않다. 소액 생계비 대출을

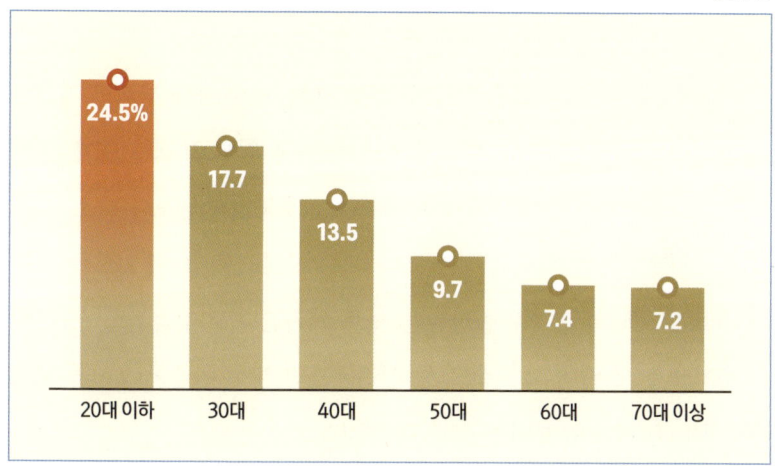

자료: 서민금융진흥원

받은 20대 중 이자를 못 낸 미납자 비율이 24.5%로, 모든 연령대 중 가장 높다. 주택 담보 대출 연체율도 20대 이하가 0.44%로 가장 높다.

직업이라도 있으면 빚 갚을 길이 생길 테지만, 청년 일자리엔 먹구름이 끼어 있으니! 모든 연령대 중 20대 이하를 위한 일자리만 2분기 연속으로 나 홀로 마이너스 성장이고, 졸업하고도 미취업인 '청년 백수'의 수는 130만 명을 바라본다. 이들의 소득 기반이 다른 연령대보다 유독 취약하므로, 금융계와 정부는 조속히 현명한 대책을 구해야 할 것이다.

경제 지식도 경험도 적은 20대가 겁 없이 손쉽게 돈을 빌릴 수 있는 환경도 문제다. 2020년 이후 취급된 가계대출 중 30대 이하 차주의 가계대출 비중이 과거에 비해 높다는 점을 놓쳐선 안 된다. 쉽사리 눈덩이처럼 불어난 빚을 꼬박꼬박 갚는다는 건 말처럼 쉽지 않다.

❸ 나랏빚도 위태롭긴 마찬가지

나라(정부)가 지는 빚은 어떨까. 정부 부채 혹은 국가 부채의 정의에 이견이 있긴 하지만, 지금 통상적 개념의 한국 정부 부채는 GDP 대비 44.1%('국가채무 비율')에 해당해, 선진국이나 신흥국의 평균보다 다소 낮다. 그러나 전문가들은 현재 정책 기조나 세수 상황으로 볼 때 2024년에는 이 비율이 54% 수준까지 올라갈 것으로 예측한다. 기축통화를 쓰지 않는 싱가포르, 스웨덴, 뉴질랜드 등 선진국들의 채무 비율이 오히려 40%대로 떨어질 것으로 보이는 것과 대조된다.

재정 소요가 늘면 물론 정부의 채무도 늘어나기 마련이다. 최근 IMF는 한국을 '채무 증가 속도가 가장 빠른 나라'로 꼽았다. 그 정도로 빚이 많다. 인구는 빠른 속도로 고령화하는 데다 연금개혁마저 좌초되면 우리나라 국가채무 비율은 무서울 정도로 급상승할 수도 있다.

07

한국의 가장 고약한 고질병, 규제

규제라는 것은 원래 '지나침'을 막기 위해서 생긴 좋은 제도다. 하지만 우리나라의 규제는 지나침을 막기는커녕, 그 자체가 답답한 '지나침'으로 둔갑해버렸다. 지옥에 이르는 길은 선의로 뒤덮여 있다는 격언이 생각날 정도다. 갈라파고스라는 이름까지 붙은 한국의 온갖 규제는 정상적인 업무수행이나 제품-시장 개발을 막고, 젊은 창의성의 발현을 억누르고, 새로운 스타 기업이나 유니콘의 탄생을 방해하고, 전망 좋은 기업들이 어쩔 수 없이 한국을 버리고 해외로 진출하도록 몰아내기도 한다. 경제활동의 발목을 잡는 얼토당토않은 규제, 현실과 동떨어졌거나 일상에 부합하지 않는 황당한 규제가 널려 있다.

주요국들이 다 환영하는데도 유독 한국만 규제해서 질식시켜버리는 비즈니스 모델도 한둘이 아니다. 글로벌 100대 유니콘의 사업모델 가운데 한국에선 아예 불가능하거나 심각하게 제한되는 것이 17개에 이른다. 규제가 이루어지는 분야도 원격의료, 핀테크, 반도체, 공유 숙박, 승차 공유, 드론, 로보택시, 게임 등 '악' 소리가 날 정도로 다양하다. 국가경쟁력의 원천인 혁신의 동력은 규제 때문에 계속 떨어지고 있다.

우스운 게 무언지 아는가. 이미 25년 전에(!) 규제개혁위원회가 만들어져 규제 타파의 목소리가 그토록 오래 터져 나왔는데도 정부의 규제는 무시무시할 정도로 끈적끈적해, 없어질 줄을 모른다는 사실이다. 특히 미래 세대의 기업들이 당장 직면한 킬러 규제부터 신속히 개선하자고 아무리 애원해도 나아지지 않는다. 스위스 IMD(International Institute for Management Development; 국제경영개발대학원)가 발표하는 국가경쟁력 평가에 규제 환경의 순위가 매겨지는데, 한국은 64개국 중 53위 정도다. 최근 10년간 14계단이나 뒷걸음질한 결과다.

정부와 국회는 뭘 하고 있을까

o 1987년 만들어진 약 20만 평 규모의 산업단지. 내부엔 편의점이 단 한 개도 없다. 편의점을 가려면 산업단지 초입까지 가야 하고, 목욕탕 카페·식당·공원도 전무하다. 공장 외에 상업·편의 시설이 들어오지 못하게 토지 용도가 제한돼 있기 때문이다.

o 업종 제한도 산단의 변신을 가로막는 규제다. 철강업에서 2차전지 소재 분야로 사업을 확장하고 있는 포스코조차 산단 규제에 발이 묶였다. 광양 동호안 산단의 항만, 용수, 유휴 부지, 미매립지 등을 활용해 대규모 2차전지 사업을 계획하고 있지만, 이 산단은 철강 업종만 입주가 가능하단다. [⇨ 이 책을 탈고하기로 마음먹었던 8월 24일 "30년 만에 산업단지 3대 킬러 규제 개혁"이란 제목

으로 산업단지 업종 제한을 모두 풀게 되었다는 기사가 언론을 장식했다.]

○ 도어록 사업에 공격적으로 투자해 신기술을 확보한 어떤 플랫폼 기업은 규제 때문에 상품화하지 못하고 있다. 국내에서 도어록은 알칼리 건전지를 탑재한 제품만 안전을 인증하기 때문이다. 2차전지를 탑재한 도어록에 얼굴-홍채 인식, 체온 측정, 영상통화 등 다양한 신기능을 장착하는 미국이나 중국과 대조적이다.

○ 식음료 배달과 소위 '혼술'이 일상이지만, 배달 플랫폼의 주류 판매는 제자리걸음이다. '배달 시 주류 가격이 음식 가격을 넘어서는 안 된다'는 한국 특유의 규제 때문이다. 소비자가 선호하는 주종이 다양해져도 비교적 고가인 술에 대해선 배달 시장을 열어주지 않는다.

○ OECD 38개 회원국 중 원격의료를 규제하는 곳은 한국뿐이다. 국가적 감염병 위기 때만 한시적 비대면 진료를 허용한다. 코로나19 기간 중 우수한 스타트업들이 1,400만 명을 위해 3,700만 건의 원격의료를 시행했으나, 엔데믹 상황이 되자 6개 업체가 줄줄이 폐업했다. 예비 유니콘이 고사한 부끄러운 규제 사례다. 의료업계의 반발에 규제 타파는 꿈도 못 꾼다. 원격의료를 영구 허용한 미국, 중국, 일본, 싱가포르를 부러워해야 하나.

○ 약 자판기 기술은 한국의 스타트업 쓰리알코리아가 12년 전에 내놓은 아이디어다. 그러나 약사들의 반발로 2개월 만에 자판기를 철거하고, 복잡다단한 규제로 인해 수도권에 겨우 7대를 설치하며 고전하는 동안, 싱가포르 스타트업은 약 자판기를 5년 만에 합법화한 정부의 적극 지원에 힘입어 일반 의약품뿐 아

니라 처방전이 필요한 전문 의약품까지 파는 등 60여 개의 자판기로 승승장구하고 있다.

○ 국내 디지털 치료기기를 '신의료기술 재평가'라는 이름의 규제로 옥죄어 글로벌 경쟁력을 떨어뜨린다. 식약처에서 정식 품목허가를 받아도 다른 의료기관이 또 임상하고, 보건의료연구원이 다시 검토하는, 소위 '옥상옥 규제' 때문이다. 실제 혁신 의료기술 실시 과정과 신의료기술 재평가 과정을 모두 거치려면 약 3~4년이 필요하단다. 국내 기업은 시간만 낭비하고 해외 경쟁사에 시장 선점 기회를 뺏긴다. 잠재력 높고 개발 속도 빠른 한국 기업이 온갖 규제 때문에 글로벌 선두주자 자리를 놓친다고 생각하면 분통이 터진다.

○ 생고기를 파는 정육점에서 곰탕을 만들면 안 된다. 영업장 면적 확보와 그 용도가 비현실적으로 규제되기 때문이다. 생활 속으로 깊숙이 파고든 이런 규제들은 소상공인과 골목 상권의 발목을 잡고 있다.

○ 선박안전법은 화물선 승객을 최대 12명으로 규제하고, 그 외에는 정부가 정한 '임시승선자'만 탑승할 수 있다. 그런데 화물을 운송하는 기사들의 임시승선자 자격이 취소되면서 화물차는 배로, 운전자는 뭍으로 향하는 진풍경이 벌어진다. 전형적인 탁상 규제지만, 해당 부처는 엉덩이도 꼼짝할 생각이 없다.

○ 첨단산업이라고 예외일까. 산업용 로봇은 최근까지 안전 기준이 없어 사실상 불법으로 사용됐다. 이동식 협동 로봇조차 안전 기준이 없어 이동 중 작업이 불가능하고, 로봇 팔의 동작까지 초당 250㎜로 제한된다. 2023년 중 개선된다고 하지만 두고 볼 일이다.

○ 높은 기술력으로 세계를 호령할 것으로 기대되던 수소 선박은 안전 기준 부재로 실증을 못해 바다 구경조차 못 한 채 먼지만 뒤집어쓴 신세다. 관련 부처는 수소 관련 부품이 많아 시행령, 시행규칙 밑에 기술 기준을 만들고 있다지만, 하세월이다.

○ 각 은행의 재무 상태는 무시한 채 대출 규모를 예금액의 일정 비율로 제한하는 '예대율' 규제도 선진국에는 없는 과도한 규제다. 2023년 7월부터 예대율은 105%에서 100%로 단단해졌다. 예대율을 은행 규제 수단으로 쓰는 나라는 거의 없다. 은행의 자금 중개 기능을 위축시켜 금융 발전을 저해하기도 하고, 은행의 수신 경쟁을 부추겨 대출금리 상승 등 부작용을 낳기 때문이다

이상은 대한민국의 규제라는 거대한 빙산의 일각이다. 거미줄처럼 퍼져 있는 불합리한 규제, 기득권만 보호하는 등록 허들, 절차 밟다가 볼일 다 보는 인허가 등등의 단면이다. 사례가 어찌나 많은지 책으로 펴내도 모자랄 지경이다. 정부는 '규제 개혁'을 앵무새처럼 외치고 있지만, 산업 현장에는 희한한 규제들이 여전히 만연해 있다. 신사업 관련 덩어리 규제를 패키지로 완화하겠다던 규제자유특구는 운영 제도와 규정이 안 갖춰져 되레 '규제 특구'가 됐다. 오죽하면 국무조정실이 '황당 규제 공모전'을 진행한다고 했을까.

규제 샌드박스는 희망 고문일 뿐

정부는 '규제 샌드박스'를 운영하고 있다. 신사업이 현행 규제에 막힐 때, 그 규제를 한시적으로 유예하고 최대 4년의 임시 허가를 내주어

시장 검증의 기회를 주는 제도다. 즉, 혁신 비즈니스가 낡은 규제에 막혀 도전조차 못 하는 일을 막자는 의도다. 하지만 실효성이 떨어져 기업들은 규제 샌드박스를 '희망 고문'이라고 폄하하기도 한다. 정말 규제를 심각한 문제로 인식하기는 하는 걸까? 정부나 국회나 정신 바짝 차려야 한다. 규제가 국가경쟁력의 발목을 잡고 있다. 규제를 그저 푸는 게 아니라 까부수겠다는 자세로 달라붙어 추진해야 한다.

Part Two

On Semiconductor
K-반도체

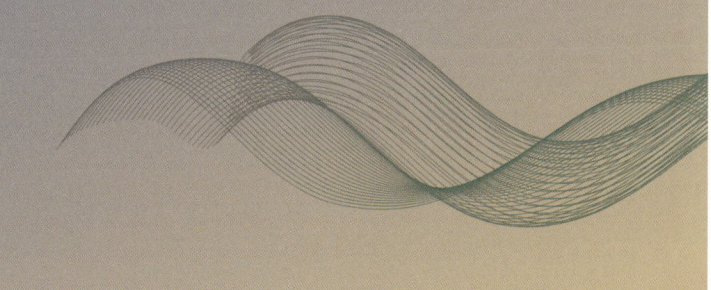

**2024
BUSINESS
TREND
KOREA**

Part Two. On Semiconductor | K-반도체

01

메모리 반도체와 파운드리

❶ 전반적인 업황 변화

2023년 상반기만 해도 메모리반도체 업황은 바닥을 지났다는 진단이 힘을 얻었다. 하반기에는 'V자 반등'이 이뤄질 것이란 기대도 높았다. 생성 AI 확산에 따른 고용량 D램 수요 확대, 반도체 기업들의 적극 감산과 공급과잉 해소로 사실 최악 국면을 벗어나는 모양새였다. 메모리 부문 재고자산평가손실도 많이 줄어들면서 바닥을 찍고 개선세로 돌아선 것으로 보인다. DDR5, HBM 등 프리미엄 제품 수요가 살아나고 있는 점도 낙관의 근거가 되었다. 전통적 서버 수요는 부진해도 AI 서버의 메모리 수요가 예상보다 늘며, 메모리 중 DDR5 출하량 비중도 크게 늘었다.

그러나 주요 반도체 기업들의 신기술-신제품에도 반도체 업황 회복은 조바심이 날 정도로 더디다. 이젠 본격적인 회복 시기로 2024년

상반기가 거론된다. 기업들의 AI 투자도 지연되고 있으며, 회복 양상도 V자보다 완만한 '나이키' 모양이라는 판단 때문이다. 업계 내 최고경영자들도 장밋빛 기대를 경계하고 있다. 파운드리 세계 1위 TSMC도 2023년 3분기엔 AI 관련 수요가 증가하겠지만, 전반적인 비즈니스 사이클을 상쇄하기엔 충분하지 않다고 봤다. 거시경제 전반이 약세인 데다, 중국시장 회복이 뜻밖에도 느리고, 고객들은 더 신중해져 4분기에도 재고 수준에 민감할 것이라는 이유에서였다.

여기에 증권가의 속도 조절론까지 함께 고려한다면, 반도체 적자에 시달리고 있는 삼성전자와 SK하이닉스의 '보릿고개'는 2024년에도 쉽사리 끝나지 않으리라고 예상할 수 있다. PC용 D램 범용 제품의 평균 고정 거래 가격도 계속 하락 폭을 줄이고는 있지만, 반등 신호로 보기엔 여전히 부족하다. DDR4 재고 부담은 여전한데, 시장의 중심이 DDR5로 넘어가고 있어 DDR4는 소위 '땡처리' 신세다. 아무튼 SK하이닉스와 마이크론의 재고 자산만도 총 60조 원에 달한다. 이들의 재고 조정은

2023년 3분기에 마무리될 수도 있겠지만, IT 성수기 효과는 '글쎄다'로 나타낼 수 있다. 글로벌 경기 회복이 그리 순조롭지 않은 탓이다. 모바일 수요가 본격적으로 회복되지 않으면 메모리 공급사들의 2024년 이전 정상 재고 진입은 어려울 수 있다.

D램 가격, 더는 내려갈 수도 없다

삼성전자는 2023년 초 최대 28주까지 치솟았던 재고 일수를 연말까지는 적정 수준인 6주~8주로 낮추어 정상화한다는 목표로 생산계획을 잡았다. 이를 위해 적극적인 감산도 추진하고 있다. 낸드플래시 가동률도 낮아졌다고(중국 시안 공장은 50% 미만) 한다. 낸드플래시 시장 회복 시점을 세계가 초조하게 지켜보고 있다. 감산으로 말하면 SK하이닉스(2023년 하반기 5%~10% 수준)와 미국 마이크론(웨이퍼 투입량 감소 30%까지)도 다를 바 없다. 2022년 4분기부터 감산에 들어간 일본 키옥시아는 올해 50%로 줄였다.

최근 1년간 D램과 낸드플래시 가격이 80%나 '무서울 정도'로 하락하자, 삼성전자와 SK하이닉스는 가격 재협상에 나섰다. 1.4달러를 D램 가격의 마지노선으로 정했다. 시장 전망에 비해 메모리 가격이 저평가돼 있다고 믿기 때문이다. 협상 방침은 한마디로 '더는 못 내린다'였다. D램 재고량이 서서히 안정화됐고, 수요 증가가 예상돼

'헐값 세일'은 필요 없다고 판단한 것이다. 실제로 전년도 계약이 진행될 때마다 20% 가까이 폭락했던 것에 비해 가격 하락 폭은 확연히 줄어들었다. 메모리 1위 삼성전자가 느지막이 감산에 동참한 지 석 달이 지나 이제야 그 효과가 시장에 나타나는 것이다. 재고 부담을 툭툭 털어낸 것이 큰 힘이었을 테다.

❷ 삼성전자 이야기

AI 반도체와 차량용 최첨단 반도체의 위탁 주문이 증가하면서 삼성전자의 초미세 파운드리 가동률이 크게 상승했다. 주력 공정인 5나노와 7나노 공정의 수율이 안정화되면서 생산성이 크게 높아져, 총 가동률이 2022년 말의 60%대와 비교해 크게 오른 90%에 이른다. 그보다 고난도인 2나노 공정까지 계획 중이지만 아직 수요가 한정적이다. 반도체 IP 이식(porting)이나 설계자동화 툴 적용 등 파운드리 공정 최적화 작업을 기다리는 건수도 상당히 늘었다. 몇 년째 풀 죽었던 업황이 2024년에는 반등할지 주목된다.

메모리에선 최첨단 12나노급 D램

삼성전자는 2023년 5월 'DDR5'로 명명된 최신형 12나노미터급 D램 양산에 세계 최초로 성공했다. 고성능 컴퓨팅용 서버라든지 데이터센터에 들어가는 칩이다. 12㎚는 전자가 다니는 회로의 폭인데, 이 폭이 좁을수록 성능이 좋아지고 전력 효율은 높아진다. 경쟁사들은 14㎚

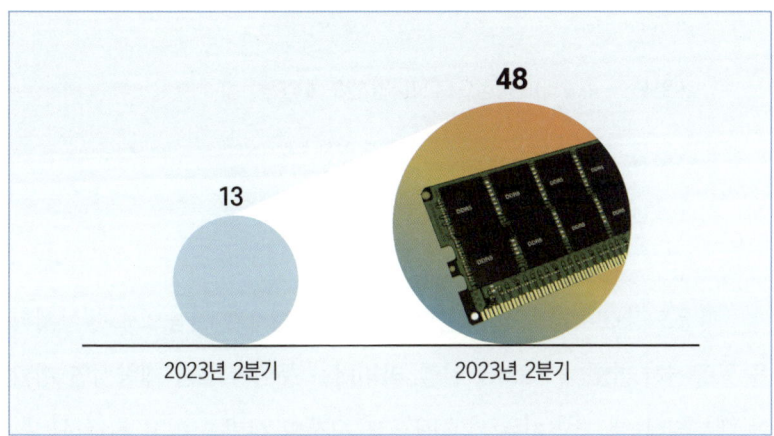

서버용 DDR5 D램 비중 (단위: %)

13 — 2023년 2분기
48 — 2023년 2분기

자료: 트렌드포스 KB증권

수준에 머물러 있다. 이 제품은 14㎚ D램과 비교해 소비전력이 약 23% 줄었다. 1초에 30GB 용량의 영화 두 편을 처리할 수 있을 정도로 속도도 빨라졌다. 최첨단 공정 기술을 적용해 제품의 생산성을 20% 정도 높였다.

DDR5이 관심을 끌게 된 계기는 서버용 CPU 시장의 85% 이상을 차지하고 있는 인텔이 신형 CPU 제품 'Sapphire Rapids(새파이어 래피즈)'를 출시한 것이다. HP나 델 같은 서버업체가 인텔의 이 CPU를 채택하면서 이와 함께 최고 성능을 내는 DDR5를 원하게 됐다. 일부 전문가들이 서버용 DDR5를 메모리 시장의 '구원투수'로 부르는 이유다. 삼성전자는 DDR5의 '시장 선점' 효과를 기대한다.

파운드리에선 2나노 초미세 공정

2025년	2나노 공정으로 모바일 반도체 양산
2026년	고성능 컴퓨팅(HPC) 제품 양산
2027년	차량용 메모리 제품 양산

파운드리 2나노 공정 제품에 관해 삼성전자가 처음으로 생산계획을 공공연히 밝혔다. TSMC, 인텔, 라피더스 등이 발표한 개략적인 계획과 대조된다. 똑 부러지는 로드맵으로 시장의 신뢰를 얻고 선점하려는 전략이다.

알다시피 1나노미터는 10억분의 1미터로, 반도체 회로 선폭을 가리킨다. 회로 선폭이 미세할수록 칩 성능이 더 좋다. 2나노 이하는 '초미세' 공정이라고 해서 파운드리 산업의 차세대 격전지다. 초미세 공정일수록 좁은 면적으로 전력 효율이 높은 고성능 반도체를 만들 수 있어, AI 반도체 제조에 최적화된 기술로 꼽힌다.

정말 2나노 공정 도입이 TSMC를 뛰어넘을 결정적 계기가 될까? 무슨 확신으로 5년 안에 TSMC를 따라잡는다고 공언하는 걸까? 3나노 단계에서 삼성전자가 세계 최초로 적용했던 'GAA(Gate All Around; 게이트 올 어라운드)' 기술이 2나노부터는 업계가 공인하는 표준 기술로 자리 잡을 가능성이 크다. 그러니까, 미리 개발해서 시행착오를 겪은 삼성전자가 훨씬 유리하다는 얘기다.

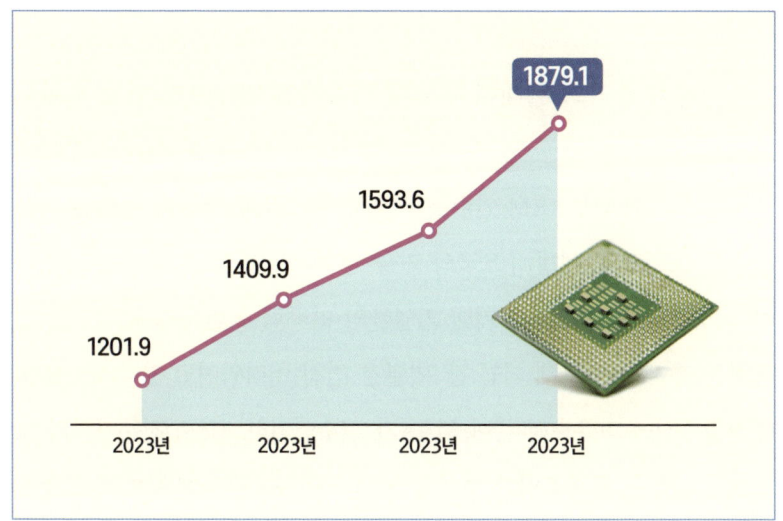

세계 파운드리 시장의 성장 전망 (단위: 억 달러)

1201.9 / 1409.9 / 1593.6 / 1879.1
2023년 / 2023년 / 2023년 / 2023년

자료: 옴디아

갈수록 중요해지는 패키징 경쟁력

반도체 산업에서는 패키징 경쟁력의 중요성이 갈수록 부각되고 있다. 패키징이란 앞 공정에서 만든 칩을 기기에 장착할 수 있는 상태로 가공하는 과정이다. 그런데 칩 자체를 더 미세하게 만드는 게 갈수록 어려워지자 후공정인 패키징 기술로 칩 성능을 높이기 때문에, 패키징이 중요하다는 얘기다. 패키징 경쟁력을 높이기 위해 삼성전자가 메모리 반도체 기업, 후공정 전문업체, 디자인하우스 등을 모아 'MDI연합'을 주도하는 이유다. 이 연합을 통해 CPU, GPU 같은 시스템 반도체와 메모리 반도체를 함께 패키징 해서, 하나의 반도체로 움직이게 만드는 데 주력하고, 고성능의 맞춤형 칩을 원하는 고객사를 유치하려 한다.

우린 M&A가 시급합니다만

인텔이 중국의 반대에 부딪혀 이스라엘 파운드리 업체 Tower Semiconductor(타워 반도체; 시장점유율 겨우 1%대) 인수를 포기했다. 그 전엔 엔비디아가 영국의 ARM 인수를 시도하다가 각국 당국의 반대에 막혀 인수를 포기했다. 세계 주요국의 기술 경쟁이 심화하고 자국 반도체 산업 육성에 힘을 쏟으면서 거대 기업들의 영향력을 반독점 명목으로 견제하는 추세라, 반도체 기업 간 '빅딜'은 점점 어려워지고 있다. TSMC를 따라잡으려면 파운드리 분야 M&A가 필수인지라, M&A 전문가까지 영입했던 삼성은 곤혹스럽다. 후공정, 파운드리, AI 반도체 분야에서 주도권을 잡으려는 큰 그림을 실현하기 어려워서다.

TSMC를 최강 적수로 둔 삼성전자의 M&A 후보군으로는 세계 2위 패키징 기업인 Amkor Technology(앰코; 한국 아남반도체의 후신인 미국적 기업)가 꾸준히 언급되고 있다. 앰코는 자동차 칩 패키징, 테스트 분야의 선두주자여서 삼성이 인수하면 상당한 시너지를 낼 수 있다. 다만 위에서 언급한 세계 M&A의 어려움이 가로막고 있는 형편이다.

'초격차'가 사라졌다는 위기감

초격차라는 표현은 늘 삼성 반도체를 떠올리게 한다. 그랬던 삼성의 경쟁력이 예전만 못하다는 걱정이 최근에 여기저기서 표출된다. 특히 메모리반도체 분야 독보적 1위를 30년 동안 차지해왔으나, 최근 경쟁사들과의 기술 격차는 거의 없다는 평가다. 챗GPT 이후 수요가 폭발한

HBM, 서버용 DDR5 모두 냉정히 말해서 1위는 SK하이닉스다. 삼성 안 팎으로 위기감이 퍼지는 이유다.

메모리 감산 타이밍은 또 어떤가? 잘못된 전략적 판단으로 위기를 더 키운 건 아닌가? 경쟁사들보다 반년이나 늦게 감산을 시작해 출혈만 키운 게 아닌가? 신속한 재고 줄이기에도 실패하고, 점유율도 못 높이고, 경쟁을 확실히 따돌리지도 못했다. 대응이 어정쩡했단 얘기다.

파운드리 분야도 마찬가지 아닌가. 2030년 세계 1위란 목표는 세웠지만, 한 해 사이 1위 TSMC와의 점유율 차이는 39%포인트에서 46%포인트로 오히려 더 벌어졌다. 삼성 고유의 1등 DNA는 어디로 갔는가? 파운드리 쪽으로 자원을 분산시키면서 개발 능력이 예전만 못해진 것인가? 다행히 자신들도 위기를 절감하고 있으며, 2024년부터 반도체 업황이 본격 반등하면 분위기를 확 돌릴 수 있다는 전망도 나온다. HBM 등 일부 제품만이 아니라, 삼성의 기술 경쟁력을 되찾아야만 한다.

❸ 하이닉스 이야기

SK하이닉스는 글로벌 경기 둔화와 메모리 업황 부진으로 2023년 상반기에도 6조2,844억 원의 손실을 보며 3분기 연속 영업적자를 기록했으나, 하반기 전망은 낙관적이다. 꾸준히 재고가 줄고 있으며 HBM, DDR5 등 프리미엄 D램 판매가 급증하고 있어서다. 전체 D램 매출에서 HBM3를 포함한 그래픽 D램이 차지하는 비중이 어느덧 20%를 돌파했다. 2024년에도 메모리 반도체 업황 회복과 AI 칩 수요가 계속 늘면서 이런 추세는 계속될 것으로 보인다.

AI 메모리 주도권을 잡아라

GPU 시장의 90% 이상을 장악한 엔비디아가 깜짝 실적을 발표하자 SK하이닉스 주가도 곧바로 뛰어올랐다. 엔비디아는 AI 반도체용 GPU를 공급하고, 하이닉스는 여기에 HBM 메모리를 공급하기 때문이다. 하이닉스는 데이터 처리 속도를 크게 높인 고품질 HBM 분야에서 단연 세계 최고다. 엔비디아 실적 발표 때마다, HBM 사업 확장이 알려질 때마다, 하이닉스 주가가 큰 폭으로 오르는 이유다. SK하이닉스가 세계에서 가장 '핫'한 반도체 분야를 지배하고 있다는 평가가 괜히 나오는 게 아니다.

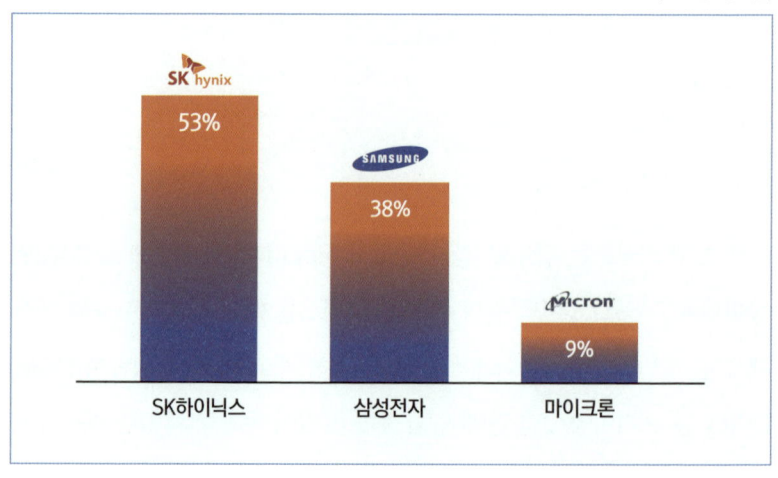

SK하이닉스는 업계에서 가장 먼저 HBM 개발을 시작해 10년 전에 첫 제품을 출시한 이력이 있다. AI 기술이 막 산업계에 적용될 즈음, 획기적 성능의 차세대 메모리를 만들자는 용단을 내린 덕분이었다. 메모리에선 걸핏하면 삼성전자에 밀렸지만, 차세대 시장은 선점하겠다는 욕망이었다. 지금 SK하이닉스는 글로벌 HBM 시장에선 53%를 차지하며, 마이크론에 빼앗겼던 2위도 되찾았다. HBM 사업에 베팅하며 상황이 역전된 것이다.

DDR5 시장 선점과 인텔 인증 획득

SK하이닉스는 10나노급 4세대 DDR5 서버용 D램으로 가장 먼저 인텔 인증을 획득한 바 있다. 차세대 D램 규격인 DDR5에 대해 하이닉스는 메모리 3강 중에서 유일하게 인텔 인증을 획득했으며, 이는 서버용 DDR5 시장을 선점하는 발판이 될 전망이다. 추가로 2023년 5월엔 10나노급 5세대 D램 개발까지 완료하고, 이를 적용한 서버용 DDR5에 대해서도 인텔과의 호환성 검증에 들어갔다.

인텔 인증이 왜 그렇게 중요할까? 서버용 CPU 시장의 90%를 인텔이 차지해 사실상 시장 지배자이기 때문이다. 인증을 받았다는 건, SK하이닉스의 D램이 인텔 CPU의 '짝'으로 선정됐다는 뜻이다. 호환성, 연산 성능의 검증이 완료됐다는 의미다. 참고로 삼성전자는 2023년 하반기부터 서버용 DDR5를 공급할 것으로 예상되는데, 막상 마이크론은 아직 준비되지 않은 것으로 보인다.

'낸드 약체' 이젠 그만

2020년	업계 최고층 176단 낸드 양산
2022년	238단 낸드 양산
2023년	업계 최초로 238단 낸드 양산
2023년	다시 321단 낸드 플래시 샘플

낸드플래시 분야에서도 SK하이닉스의 신기술이 인상적이다. 최근 업계 최고층 238단 4D 낸드플래시 양산에 돌입하는가 싶더니, 세계 최초로 321단 낸드플래시 샘플까지 발표했다. 낸드 기술이 뒤처진다는 평가를 받아왔는데, 이제 메모리 기술의 '마의 벽'을 돌파하고 단숨에 시장 리더로 떠오른 형국이다. 이전까지는 낸드플래시 시장 1위인 삼성전자의 236단, 미국 마이크론이 양산한 232단 낸드플래시가 세계 최고층이었다.

초기 3D 낸드 시장은 가장 먼저 양산에 성공한 삼성전자가 주도했다. 그러나 이후 100단부터는 경쟁사들의 평준화가 이뤄졌고, 기술적 도약이 필요한 200단부터는 SK하이닉스가 앞서나가고 있다.

Part Two. On Semiconductor | K-반도체

02

치열한 AI 반도체 기선 잡기

AI 반도체는 방대한 데이터의 병렬 처리에 특화된 고성능 '맞춤형' 비메모리 반도체다. 기존 AI 서비스는 그나마 대규모 데이터 처리를 할 수 있는 GPU에 의존해오긴 했다. 그러나 본시 GPU의 용도라는 것이 AI 연산과는 거리가 좀 있어서, 전력 효율성과 속도가 떨어진다. 결국, AI 반도체를 사용해야만 빠르고 효율적으로 대규모 연산을 처리할 수 있다.

삼성전자나 SK하이닉스뿐만 아니라, 국내 반도체 업체 거의 모두가 AI 반도체 개발에 몰두하고 있다. AI 산업 자체가 고속 성장하고 있어서 AI 반도체 전반이 덩달아 크는 데다, AI 서버에는 초고속-고용량 반도체가 필요해 수익성도 아주 좋다. 별의별 특성과 목적의 AI 반도체가 허다하게 쏟아져 나온다. AI의 두뇌 격인 GPU를 설계하는 엔비디아

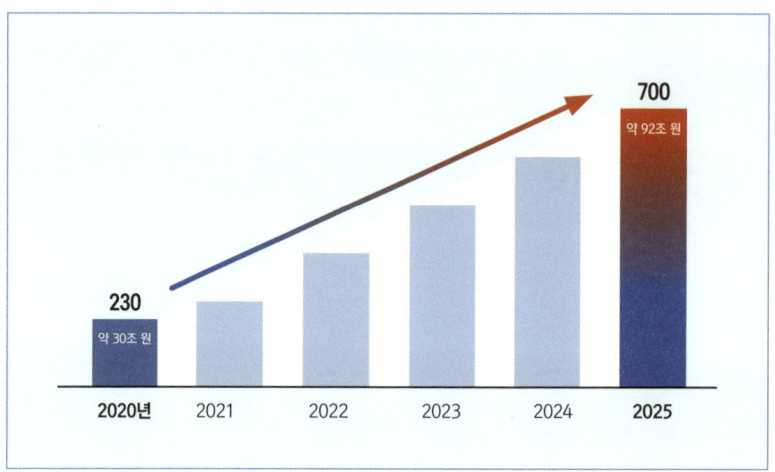

는 TSMC나 삼성전자 같은 파운드리에 생산을 맡긴다. 지금은 TSMC가 일감을 많이 가져가고 있지만, 앞으로 삼성이 물량을 따낼 수도 있다. 컨설팅 업체 Gartner(가트너)는 모든 종류의 AI 반도체 시장이 2020년 230억 달러에서 2025년 700억 달러(92조 원) 정도로 성장할 것으로 내다봤다.

AI 모델에는 필수적으로 'AI 가속기'가 들어가고, 이 가속기에는 GPU와 함께 'HBM'이라는 고성능 메모리 칩이 들어간다. 그렇게 연결되어 있어서, 지금 D램 시장의 1% 수준에 불과한 HBM이 해마다 30% 넘게 성장해 2028년이면 63억 달러로 커진다고 추산하는 것이다. 첨단 메모리여서 가격도 일반 D램의 6배다. 그런 황홀한 부가가치를 보고 기업들이 HBM에 뛰어드는 것이다. 과거에 메모리 산업이 도약한 것은 스마트폰이나 데이터센터 등 굵직한 호재가 있을 때였다. 그럼, 다음 호재는 뭘까? 아마도 AI 반도체 확산, 아닐까.

SK하이닉스가 AI용 최첨단 D램인 5세대 HBM인 HBM3E를 내놓았다. 처리 용량과 속도에서 일반 D램보다 열 배 이상 높은 반도체로, 초당 1.15TB 이상의 데이터(풀 HD급 영화 230편 이상 분량)를 처리한다. HBM 4세대 제품에 이어 5세대 개발 경쟁에서도 삼성전자를 제친 셈이다. 대규모 데이터의 학습과 추론에 특화한 반도체 패키지의 일부인지라, 수요가 빠르게 늘고 있다. 참고로 시장조사업체 TrendForce(트렌드포스)는 세계 HBM 시장 규모가 2023년 39억 달러에서 2024년 89억 달러(12조 원)로 127% 커질 것으로 예측한다. 국내 전문가들도 2024년 HBM이 전체 D램 매출에서 차지하는 비중은 10% 정도로 예상한다.

2024년 하반기 본격적인 양산에 들어갈 HBM3E는 엔비디아가 공개할 차세대 AI 가속기 'GH200'에 적용된다는 설이 유력하다. 그렇지만 삼성전자도 포기하지 않았다. 올해 중으로 5세대 'HBM3P'를 공개해 맞불을 놓을 계획이며, 2024년에는 6세대 제품도 생산한다.

❶ HBM 8개 탑재한 첨단 패키징까지

한편 삼성전자는 HBM 8개를 탑재한 패키징 '아이큐브8'을 2024년부터 양산한다. 앞으로 '한 패키지 안에 로직과 메모리를 얼마나 많이 집적하느냐'가 반도체 기술 경쟁력이 되고, 특히 HBM은 층을 쌓는 난도가 높아서 차세대 기술로 꼽힌다. 그래서 AI, 5G, 클라우드, 데이터센터 등의 용도로 대표되는 고성능 컴퓨팅의 필수재로 분류된다.

2021년 4개의 HBM을 하나의 패키징으로 구현했던 삼성전자는 앞으로 1조 원을 투입해 차세대 메모리 반도체 HBM 생산능력을 확대하고 2년~3년 안에 HBM 12개 및 16개를 탑재한 패키징까지 개발함으로써, 시장을 선도할 요량이다. AI 서비스가 확장되면서 저전력 고사양 메모리 반도체인 HBM 수요는 꾸준히 늘어날 수밖에 없고, 이를 충족하려면 삼성전자, SK하이닉스 모두 지금보다 10배 이상 생산을 늘려야 한다는 예측도 있다. 생성 AI가 막 등장했을 때만 해도 HBM 같은 고용량 D램은 '전체의 5% 남짓한 작은 시장'이라고 가벼이 봤다. 이토록 빠르게 메모리 업황 반등의 '방아쇠'가 될 줄 누가 알았겠는가. 아무튼 이 시장을 선점한 SK하이닉스 역시 약 1조 원을 들여 HBM 생산능력을 확대하는 방안을 추진하고 있어, 양사의 불꽃 튀는 진검승부가 볼만하다.

LG전자의 신규 NPU, 차세대 AI 칩 적용

반도체 분야에서 존재감이 미미한 LG그룹에도 SIC센터라는 시스템 반도체 조직이 있다. 최근 이 조직이 AI 칩의 두뇌 역할을 하는 신경망처리장치(NPU)를 개발해 차세대 AI 칩에 적용했다. 다만 일반 칩과는 달리, 가전 영역에서의 AI 역량을 강화하려는 전략이 가져온 특별한 결과다.

새로 개발된 NPU는 차기 스마트TV에 들어갈 AI 반도체 '알파10'에 탑재할 계획이다. 알파칩은 매년 업그레이드됐으나 NPU 자체가 바

◐ LG그룹의 최신 NPU

뛰는 건 이번이 처음이다. 쉽게 말해서 데이터센터 등 고성능 컴퓨팅에 의존하지 않고 스마트TV 같은 가전제품 선에서 연산과 추론 능력을 높였다고 이해하면 되겠다. 새로운 NPU가 탑재되면 1) 선명도가 높아지고, 2) 노이즈가 한층 더 제거되며, 3) 화질도 입체감 등이 나아지고, 4) AI 기반 오디오 처리도 개선되며, 5) 양방향 신규 서비스를 지원하는 등의 효과를 얻을 수 있다. LG그룹의 특성을 살려 TV와 가전, 전장 등 각 사업본부 내 연구소끼리 다양하게 협업하면서 AI 반도체 기술을 높이고 미래 수요에 대응한다는 청사진이 인상적이다.

❷ AI 반도체라면 미국에도 '한판승'

국내 AI 반도체 생태계를 이끄는 업체 중에는 놀랍게도 스타트업이 많다. 이들은 성능 면에서 최고의 평가를 얻는가 하면, 대기업과 합종연

횡해 생태계를 키우고 있다. 그 과감한 날갯짓에 의문을 제기하는 목소리도 없진 않지만, 시간이 흐를수록 긍정적인 시각으로 바뀌고 있다.

○ 불과 3년 전 창업한 리벨리온은 세계 최고 권위의 AI 반도체 성능 시합인 'MLPerf(엠엘퍼프)'에 참가해, AI 반도체 '아톰'으로 언어처리와 이미지 분석 영역에서 2배~3배 뛰어난 성능을 과시하며 엔비디아와 퀄컴을 앞섰다. KT와 긴밀한 협력 관계를 맺고 소프트웨어와 하드웨어를 아우른 국내 기술 기반의 AI 생태계와 인프라를 구축하기 위해, 클라우드 기반 AI 인프라를 종량제로 운영하는 서비스를 내놨다. 2024년 1분기 내로 한국어 AI 모델을 지원하는 반도체를 출시해, 언어 기반 AI 서비스를 더욱 고도화할 계획이다.

○ 딥엑스는 소위 '에지용 AI 반도체'에 집중하는 스타트업. 우선은 카메라 모듈용 AI 반도체를 개발 중이지만, 객체-얼굴-음성의 인식, 이미지 분류 등 AI 알고리즘 연산 처리를 지원하는 AI 반도체도 곧 내놓는다. 엔비디아 GPU보다 성능은 10배 높고 가격은 10분의 1 수준이란다. 현대차 로봇의 이미지 센서용 AI 반도체도 개발하고 있으며, 또 포스코DX의 공장 및 물류 시스템 CCTV에 AI 반도체를 탑재해 자동화 설루션을 구현한다.

○ 요즘 AI 반도체를 향한 관심이 뜨거운 가운데 사피온이 수백억 원대 투자를 유치해 언론의 관심이 쏠렸다. SK텔레콤의 사내 AI 반도체 사업부가 스핀오프(독립)한 사피온은 국내 최초로 데이터센터용 초고성능 AI 반도체('X220')를 개발해서 유명해졌다. 국내 최초로 챗GPT 원천기술 '트랜스포머' 모델을 구현한 것도 사피온이었다. 지금은 지능형 영상 인식-분석-추출에 주력하고 있다. 팹리스 성격인 사피온은 2024년 상반기엔 AI 반도체 소프트웨어 개발도구를, 하반

기엔 자사 AI 반도체 시리즈의 차세대 모델 X330을 공개할 계획이다. 이렇게 되면 AI 반도체 소프트웨어와 하드웨어를 두루 갖추게 된다. 또한 차량용 반도체 경험이 풍부한 텔레칩스와 함께 자율주행 전용 AI 반도체 사업에도 시동을 걸었다.

o AI 반도체 시장 90%를 장악한 엔비디아의 아성을 깨겠다는 스타트업은 한둘이 아니다. GPU의 연산 최적화 소프트웨어를 만드는 모레도 그중 하나다. 모레의 주장은 이렇다. 엔비디아는 'CUDA(쿠다)'라는 소프트웨어 덕택에 GPU 시장을 독점하고 있는데, 이게 오직 엔비디아 GPU와만 호환된다. 하지만, 모레의 소프트웨어는 여러 제조사의 GPU와 연동할 수 있으므로 엔비디아 의존도를 낮추고 AI 인프라 구축 비용을 절반 이하로 떨어뜨릴 수 있다. 게다가 기존 GPU 소프트웨어는 데이터양이 달라지면 3개월 이상 준비 기간이 필요한데, 모레는 1주일도 안 걸린다. 인프라 구축에 드는 비용뿐만 아니라 시간도 획기적으로 줄일 수 있다.

o AI 반도체 스타트업 퓨리오사AI는 컴퓨터 비전 AI 반도체 '워보이' 개발에 몰두했다. 최근 삼성전자 파운드리에서 칩 양산에 들어갔으며, 2024년 상반기 상용화를 마무리한다. 글로벌 시장을 공략하기 위해 주요 인재 확보에도 열을 올리고 있다. 네이버도 하드웨어 쪽에서 퓨리오사AI에 투자했다.

Part Two. On Semiconductor | K-반도체
03

어찌할꼬, 차량용 반도체 185조 시장

　차량용 반도체는 미래 자동차의 두뇌다. 자율주행, 인포테인먼트 같은 기능을 탑재한 미래 차가 '바퀴 달린 컴퓨터 혹은 스마트폰'으로 진화하기 위한 기반이다. 어떤 반도체를 장착하느냐에 따라 차량의 성능과 특징이 결정된다. 삼성전자와 LG전자는 물론 퀄컴, 인텔까지 차량용 반도체 시장을 잡기 위해 격전을 벌이는 까닭이다. 내연기관 자동차한 대에 200개~300개의 반도체가 장착된다면, 자율주행차에는 1,000개~2,000개씩 들어간다. 2030년 즈음엔 차량용 반도체가 서버-모바일과 함께 3대 반도체 수요처로 자리 잡을 것 같다. 시장조사업체 IHS는 세계 차량용 반도체가 2023년 760억 달러(약 98조8,000억 원)에서 연평균 11%씩 증가해 2029년 1,430억 달러(약 185조9,000억 원)로 커질 것으로 전망한다.

　그동안 차량용 반도체 시장은 사실 '돈 안 되는 시장'이었다. 차에 들어가는 대다수 반도체가 단순 제어 역할만 하는 1달러 안팎의 싸구

려 칩이었기 때문이다. 그러다 자동차업체들이 자율주행, 인포테인먼트 등의 기능을 강화하면서 고성능 반도체 수요가 폭발한 것이다. 세계 완성차 업체들이 반도체 칩을 구하지 못해 비상이 걸리기도 했다.

이 시장은 우리가 평정한다

삼성전자가 차량에 장착되는 최첨단 메모리 반도체 UFS 3.1 양산에 착수했다. 낸드 플래시인 UFS는 스마트폰과 인포테인먼트에 들어가는 반도체로 사진·영상을 저장하는 데 쓴다. 저전력·고성능 제품을 앞세워 차량용 반도체 시장 선점에 나선 삼성전자는 2025년까지 차량용 메모리 시장 1위를 차지할 욕심이다.

UFS 3.1은 앞세대 제품과 비교해 소비전력을 33% 줄인 만큼 전기

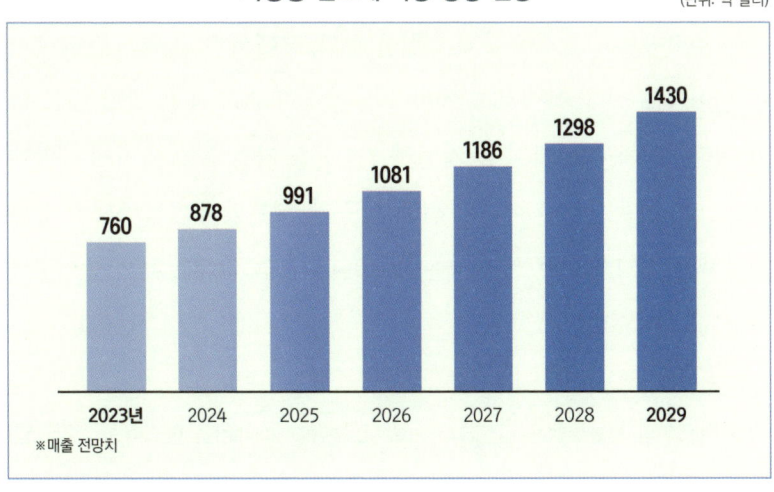

차량용 반도체 시장 성장 전망 (단위: 억 달러)

2023년	2024	2025	2026	2027	2028	2029
760	878	991	1081	1186	1298	1430

※매출 전망치

자료: IHS

차와 자율주행차에 특화한 제품으로 평가된다. 256GB 기준으로 메모리 칩에서 인포테인먼트 화면에 이미지 데이터를 불러오는 속도는 초당 2,000MB로, 메모리에 데이터를 저장하는 속도 700MB와 비교된다.

삼성전자가 차량용 메모리 시장에 진출한 것은 2015년이었다. 이후 2017년 업계 최초 차량용 UFS를 비롯해 차량용 SSD와 차량용 D램 등을 줄줄이 선보였다. 고성능 메모리 제품을 앞세워 2022년까지 해마다 최대 매출 기록을 갈아치웠다. 2025년까지는 차량용 메모리 시장 1위인 마이크론을 밀어내고 정상에 오른다는 목표다.

❶ 미래 차량의 두뇌, 자율주행 칩

미래 반도체 시장의 또 다른 주요 제품은 자율주행 칩이다. 이 반도체는 자동차를 비롯한 모빌리티 전반에 장착돼 서버, 센서 등과 데이터를 주고받으며 기기의 두뇌 역할을 한다. 그래서 역시 뜨거운 각축전이 벌어지고 있다. 삼성전자, 엔비디아, 퀄컴, TSMC 등은 말할 것도 없고 현대자동차, 테슬라 같은 자동차 기업들도 자율주행 칩 자체 개발에 열중이다. 자동차뿐만 아니라 선박, 항공기, 로봇까지 자율주행 기술을 적용하면서 자율주행 칩 시장은 2030년 290억 달러(약 37조 원) 이상으로 커질 전망이다.

○ 대표적인 자율주행용 칩 개발사는 Mobileye(모빌아이)라는 이스라엘 스타트업. 첨단운전자보조시스템(ADAS)의 선두주자다. 이들이 개발해 차량용 반도체 기

업이나 자동차 1차 부품사에 공급하는 'EyeQ(아이큐)'는 카메라 기반 자율주행 칩이다. 2025년부터는 라이다 센서에 기반한 자율주행 칩을 출시할 계획이다. 모빌아이에 버금가는 카메라 기반 자율주행용 칩을 개발하는 Ambarella(암바렐라)도 이 분야에서 잘 알려진 미국의 팹리스다.

○ 일찌감치 2023년에 '스냅드래곤 라이드 플렉스' 칩을 공개한 Qualcomm(퀄컴) 역시 자율주행 칩 비즈니스에 눈독을 들이고 있다. 퀄컴은 현대모비스에 자율주행 칩을 공급하고 소프트웨어를 함께 개발한다고 발표하기도 했다.

○ 엔비디아는 자율주행 칩에다 소프트웨어까지 얹어 구축한 '자율주행 플랫폼'을 공급하는 데 공을 들이고 있다. 벤츠, 볼보 등에는 이미 판매하고 있디. 기술이나 데이터 확보 면에서 뒤처진 유럽 완성차 업체들이 이런 자율주행 플랫폼의 주 고객으로 알려져 있다. 2024년에는 이 자율주행 플랫폼 공급을 전기차 업체 Lucid(루시드), Jaguar Land Rover(재규어랜드로버) 등으로 확장할 계획이다.

❷ TSMC에 일격을 가하라

'HW 5.0'로 알려진 테슬라의 차세대 자율주행 칩의 생산은 초기 단계부터 파트너였던 TSMC 대신에 삼성전자가 맡게 되었다. 삼성의 약점으로 꼽히던 최첨단 공정 수율을 TSMC와 비슷한 수준까지 끌어올리고 가격이나 서비스 면에서 '거부하기엔 너무 매력적인 조건'을 제시함으로써 반전을 이루었다. 대충 2년 뒤 테슬라의 프리미엄 차량부터 적용된다. 자율주행을 위한 두 기업의 동맹이 결성되어, 이 분야 경쟁에서는 삼성전자가 TSMC에 일격을 가했다는 평가가 나온다. 물론 앞으로 모든 물량을 삼성이 독차지하리라고 보긴 어렵지만 말이다.

이미 모빌아이와 암바렐라에 자율주행 칩을 공급하는 삼성전자는 테슬라의 HW 5.0 수주가 확정되면서 '빅3' 모두를 고객사로 확보했다. 2023년 2월에 이미 미국 암바렐라의 자율주행용 칩을 5㎚ 공정에서 양산한다고 발표했고, 석 달 뒤엔 모빌아이의 고성능 반도체 생산 계약을 따냈다고 밝혔다. 삼성전자 파운드리사업부는 2028년까지 전체 수주액 가운데 모바일기기용 칩 비중을 28%로 낮추고 대신 자동차용과 고성능 컴퓨팅용 칩의 비중을 높일 계획이다.

❸ 차량용 AP '엑시노스 오토' 개발

차 안에서 영상 콘텐트나 게임을 즐기려는 수요가 늘면서 인포테인먼트 시장도 함께 급성장하고 있다. 자동차에도 고성능 AP가 있어야 고용량 영상, 게임, 자동차의 실시간 운행 정보 등을 구동할 수 있다는 뜻이다. 삼성전자가 2021년 폭스바겐과 아우디에 납품한 '엑시노스 오토 V7'이 바로 그런 인포테인먼트 프로세서다.

삼성전자는 2023년 상반기에 현대차 차량에 처음으로 '엑시노스 오토 V920'을 공급한다고 밝혔다. 이 AP에는 운전자 음성을 인식하고 상태를 감지하는 모니터링 기능, 주변을 파악해 안전한 주행 환경을 조성하는 기능, 연산을 가속하는 NPU 성능 등이 장착돼 있다. 2025년 공

○ 삼성전자 차량용 시스템 반도체 엑시노스 오토

급이 목표다. 2021년 현대차 제네시스에 이미지 센서(카메라의 눈 역할을 하는 고성능 반도체) 등을 공급한 바 있다.

차량용 반도체 개발 기술을 가다듬어온 LG전자도 차량용 반도체와 소프트웨어 사업을 본격화한다. 독일 인증 전문업체 TÜV Rheinland(라인란트)로부터 차량용 반도체 개발 프로세스에 대한 'ISO 26262' 인증(장치오류로 발생하는 사고를 방지하자는 취지로 제정된 표준규격)도 받았다. 또 캐나다 AI 칩 스타트업 Tenstorrent(텐스토런트)와도 차량용 반도체를 공동 개발하고 있다.

Part Two. On Semiconductor | K-반도체
04

2024년 한국 반도체가 위험하다

1980년~1990년대 세계 최강으로 군림했으나(D램 시장점유 1980년 25%, 1987년 80%) 지금은 점유율 10% 미만으로 쪼그라든 일본 반도체 산업. 2023년 현재 일본 반도체 산업의 성적표를 간결하게 보여주는 것은 '세계 10대 반도체 기업 하나도 없음'이다. 그러나 이렇듯 일본 반도체를 '녹다운'시켰던 미국이 지금 일본 반도체를 되살리고 있다. 미국-중국의 갈등이 날카로워지며 일본의 지정학적 가치가 엄청난 강점으로 인식되고 있어서다. 기시다 정부는 반도체 강국의 지위를 되찾겠노라고 공식 선언했다. 반도체 거인들의 생산 공장을 일본에 유치하고, 최첨단 반도체를 자체 개발해 '산업의 쌀'을 공급한다는 양면 작전이다. 지금 글로벌 반도체 기업들은 일본에 하나둘 생산라인과 연구소를 세우고, 일본은 막대한 보조금으로 화답하고 있다. 1990년대의 미국은 일본의 반도체 장악을 '제2의 진주만 공습'이라며 억눌렀고, 그 덕분에 한국-대만 반도체 산업이 도약했었다. 이제 물길은 반대로 흐른다. 미·중 갈등으로 깊어진 공급망 위기가 다시금 일본을 전 세계 반도체 허브로 만들고 있다.

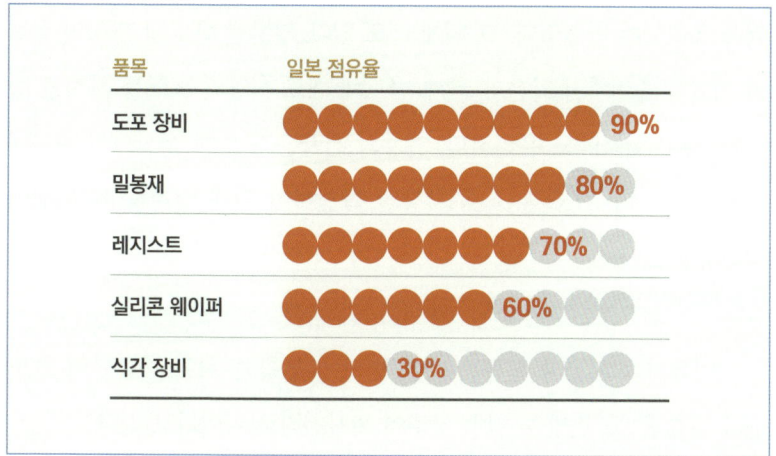

자료: 노무라증권·일본 경제산업성

    2022년 말부터 일본 최대 반도체 장비 업체의 주가가 8개월 만에 2배 가까이 급상승하고, 중국에 물건을 못 팔게 된 일본 반도체 장비 기업에 오히려 돈이 몰린다. 그 배경엔 지정학 측면에서 일본이 누리는 강점, 일본 정부의 강력한 반도체 부흥 정책에다, 30년 만에 찾아온 '슈퍼 엔저' 현상이 있다. 마이크론, TSMC, 삼성전자 등 글로벌 반도체 기업들이 일본에 투자하면서 이들에게 장비와 소재를 공급하는 효과까지 거두게 됐다. 그리고 미국이 동맹인 일본의 제조업 부활을 자신들에 득이 된다고 판단해, 엔저 현상조차 묵인하는 모양새다.

    무엇보다 지정학적 요충지로서 일본의 잠재력을 미국이 높게 평가한 것이다. 그리고 그 평가를 기반으로 글로벌 반도체 기업들의 투자가 일본에 쏠리면서 일본 장비 업체들이 고스란히 혜택을 누리고 있는 것이다. 경제-안보 측면에서 '반도체 생산거점'을 자국에 확보해야 한다는 인식이 커진 것도 한몫했다. 30년 만의 놀라운 '수퍼 엔저' 역시 상황을 더욱 유리하게 만들었다. 그 외에도 또 있다. 일본엔 반도체 재료의 글로벌 기업이 즐비하지 않은가. 세계 반도체 재료 시장의 50%를 차지할 정도다. R&D 협력에도 유리하다. 일본의 전략은 단순히 생산시설 확보에 그치지 않는다. 반도체 소재 시장을 독점하기 위해 업계를 확 뒤집어 재편하고 있다.

어쨌거나 미국과 일본은 마치 반도체 부활을 위한 10년짜리 로드맵을 짜놓은 듯, 손발을 척척 맞추어 일사천리로 나아가고 있다.

- 미국 아니면 독일에 해외 추가 공장을 검토하던 TSMC가 결국 일본의 두 번째 공장 건설을 공식화했다. 엔저 덕분에 건설 비용이 예전보다 20%나 줄었다.
- 삼성전자, 마이크론, 인텔, 등 다른 주요 반도체 기업들도 앞서거니 뒤서거니 '일본행'을 추진하고 있다. 지정학적으로 미국만큼 안정적이어서 매력적이라는 얘기다.
- EU와 반도체 분야 협력의 공동성명까지 발표한 일본은 IBM과 벨기에 IMEC로부터 최첨단 반도체 제조 기술을 전수할 수 있는 근거까지 확보했다.
- 이어 차세대 반도체 생산기지로 떠오르는 인도와도 반도체 동맹을 맺었다. 기술과 소재 공동 개발은 말할 것도 없고 보조금 지원 대상 정보를 공유하는 등 최적의 공급망을 구축한다는 계획이다.

❶ 첫 상대는 한국

　30년 만의 '반도체 부흥'을 꿈꾸는 일본은 맨 먼저 한국과 맞붙을 것 같다. 일본 8대 기업이 뭉쳐 설립한 '라피더스'는 현재 40나노 수준에서 2027년 2나노 반도체 생산을 목표로 내걸었고, 이를 실현할 '기술 파트너'로 IBM이 합류했다. 세계 반도체 파운드리 시장에 '미·일 연합군'이 뛰어든 것이다.

　반도체 기술은 발전에 발전을 거듭한 끝에, 초미세 나노 공정을 더 이상 고도화할 수 없는 한계에 이르렀다. 패키징, 검사 같은 후공정 분야에서 돌파구를 찾아야 할 상황이 되었다. 이런 후공정은 시스템 반도체에서 가장 주목받는 분야이며, 일본이 주력하는 것도 바로 이 후공정 분야다. 실제로 일본에는 이비덴, 신코덴키, 레조나크 같은 최고의 후공정 분야 기업들이 즐비하다. 그렇다면 한국은? 웨이퍼에 미세 회로를 새기는 전공정과 후공정 양쪽에서 일본과 한판 경쟁이 불가피하다. 그런데, 일본이 미국-대만과 '칩3'를 굳히고 있단 말이 나올 정도로 활발히 협력하는 동안, 한국은 상대적으로 어정쩡하게 소외돼 있다. 글로벌 협력에서도 지고 있는 형국이다. 이렇게 되면 반도체 생태계 중심이 일본으로 쏠리지 않겠는가. 일본의 소재-장비 기업의 협력·공급 우선순위에서 한국이 밀려나지 않겠는가. 더 걱정스러운 점이다.

　현 단계에서 일본의 '2나노 도전'은 비현실적이라고 보는 반도체 전문가들도 많다. 그렇다고 일본의 노력이 무조건 실패할 거라고 예단할 근거는 무엇인가? 미국은 설계, 일본은 소재·장비, 대만은 첨단 제조에서 세계 최고다. 이들의 긴밀한 3각 컬래버레이션이 이루어지면, 일본의

2나노 반도체 생산은 뜻밖에도 빨리 이루어질 수 있다.

이 난장판에 인텔까지

어떤 부문이든 지정학적 리스크 활용은 물론 일본의 전유물이 아닙니다. 서버용 CPU 시장을 90% 장악한 인텔이 5년 전 철수했던 파운드리에 다시 진출했다. '파운드리 강자'의 꿈을 버리지 못했나 보다. 파운드리 사업부에 강력한 독립성을 부여했다. 인텔 설계 사업부로부터 받는 주문만으로도 삼성전자를 제칠 수 있다. 지정학적 리스크가 적은 미국과 유럽을 거점으로, 미국에도 라인을 건설하고 있으며, 유럽에는 800억 유로 장기 투자도 진행하고 있다.

또 인텔은 250억 달러를 들여 이스라엘 남부에 반도체 공장을 짓기로 했다. 게다가 폴란드에 반도체 패키징 및 테스트 같은 후공정 라인을 지을 계획도 밝혔다. 독일과 아일랜드에도 첨단 반도체 공장을 건설한다.

인텔은 2030년 삼성전자를 제치고 TSMC에 이어 파운드리 2위로 도약하겠다는 목표다. 이를 위해 반도체 설계 회사 ARM과 손을 잡았다. PC용 칩에서 선두인 인텔과 스마트폰용 칩 시장의 선두 ARM은 2024년부터 1.8나노 반도체를 생산해, 모바일 기기용 시스템 반도체를 시작으로 자동차, IoT, 항공-우주 등 폭넓게 적용해나간다는 계획이다.

반도체가 어찌나 소중한지

반도체 부흥을 위해 본격적인 삼각 동맹에 들어간 미국-일본-유럽은 반도체 보조금과 공급망 관련 정보를 공유한다. 이제 반도체는 전자 부품이 아니라 전략물자이기 때문이다. 한 몸처럼 정보를 나누고 기업과 인재를 육성하자는 것이다.

미·중·일·EU 등 주요국의 반도체 산업 지원 보조금은 도대체 얼마나 될까? 지금까지 발표된 것만도 385조 원 이상이다. 방법은 각양각색이지만 어쨌든 나름의 목적 아래 그냥 기업에 돈을 주는 거나 다름없다. 가령 일본은 2024년 1조3,000억 엔의 반노제 지원 기금을 짜고, 마이크론이 히로시마에 10나노급 첨단 D램 라인을 설치하는 데 대한 보답으로 2,000억 엔(약 1조8,400억 원)의 보조금을 지급했다.

❷ "그런데, 한국은 뭘 하고 있습니까?"

삼성전자나 하이닉스 등의 거인들에게 팹리스나 소-부-장 기업들은 한낱 '을'에 지나지 않는다. 한국 반도체가 오래오래 성장하려면 이들 '을'에 대한 지원을 아끼지 말아야 한다. 대규모 시설 투자에 집중된 정부의 지원도 방향을 좀 틀어야 한다. 그래야 설비가 필요 없는 팹리스가 어깨를 펼 수 있다. 메모리 반도체 세계 1위, 파운드리 2위인 한국이 유독 팹리스 점유율은 왜 1%에 불과한가 말이다. 팹리스 전용 투자 펀드를 수천억 원대로 조성하고, 탄탄한 기술을 갖춘 기업에는 융자 규모도 대폭 늘려줘야 한다. 세계 1위 TSMC를 보라, 팹리스 기반이 잘 갖춰져야 이들의 설계를 바탕으로 생산하는 파운드리도 훨훨 날 게 아닌가.

중국에선 팹리스 사업을 한다고 하면 사무실, 전기료, 인건비 보조금까지 지원이 참으로 풍부하다. 2014년 수백 개였던 중국 팹리스가 현재 3,800개로 폭증한 게 놀랍지 않다. (한국 팹리스는 기껏 150개 정도, 그나마 자금난을 견디지 못하고 중국 업체에 매각된 곳도 많다) 그 정도는 바라지 않는다고 하더라도, 한국이 계속 지금 같은 구조라면, AI 붐을 타고 시총 1조 달러를 이룩한 엔비디아 같은 기업이 어떻게 나오겠는가. 다행히도 한국은 제조 인프라만큼은 안정적이다. 이제 팹리스와 소부장에 대한 지원으로 반도체 생태계 전체를 키워야 할 것이다.

❸ "세상 참 많이 바뀌었습니다"

급기야 인도까지 반도체 경쟁에 나섰다. 'SemiconIndia(세미콘인디아)'라는 프로그램 아래 90억 달러(11조5,000억 원)의 지원금 실탄을 마련했다. 파격적으로 반도체 기업 투자금의 50%까지 지원하겠다고 나서자, 폭스콘, 타워 세미컨덕터 등이 참여 의사를 밝혔고, 마이크론은 공장 투자금(약 3조 원)의 70%를 인도 정부에서 지원받기로 이미 약속받았다.

세상이 변해도 너무 변했다. 예전에는 어떤 나라가 반도체 기업의 투자를 직접이든 간접이든 지원했다가는, 자유무역 질서를 위반했다느니, 50% 보복성 관세를 매기겠다느니, 보복하겠다느니, 난리가 났었다.

그러나 지금은 멀쩡한 선진국들이 반도체 보조금을 수조 원씩 지급해도 WTO에 제소하겠다는 으름장조차 들을 수 없다. 자유무역 질서가 완전히 무너졌다는 이야기가 어찌 나오지 않겠는가.

2024년 우리 반도체 산업, 살얼음을 걷기 시작할지도 모르겠다.

Part Three

On Secondary Cell Batteries
K-배터리

2024
BUSINESS
TREND
KOREA

Part Three. On Secondary Cell Batteries | K-배터리

01

세계 전기차의 절반은 K-배터리로 달린다

❶ 반도체 능가하는 효자 될까?

우리나라 배터리 3사의 (중국을 제외한) 시장점유율은 2022년에 53%로 절반을 넘었다. 한국을 주축으로 북미, 중국, 폴란드, 인도네시아 등 5개 지역에서 단독 또는 합작 배터리 공장을 건설, 확보해놓은 생산거점도 세계에서 가장 많다. 또 K-배터리의 위상은 셀을 넘어 소재와 장비 등 배터리 생태계 전반으로 확장되고 있다. 2030년 전기차 생산이 5,400만대로 크게 확대될 거란 전망이 우세한 가운데, 배터리 시장은 반도체보다 더 큰 무려 815조 원 규모가 될 것이다. 이 정도면 반도체 신화를 이을 산업이라 해도 과언이 아니다.

"한국의 배터리 수출은 2030년까지 해마다 평균 33%씩 증가할 것이다." 2023년 5월 골드만삭스도 그렇게 전망했다. 우리 기업의 미국-유럽 내 생산능력이 늘어나고, 압도적인 기술적 우위가 유지되며, 미국의

글로벌 2차전지 Top 5 (2023년 상반기 기준/ 중국 시장 제외)

기업	사용량 배터리	배터리 점유율
LG에너지솔루션	41.1GWh 28.7%	28.7%
CATL	38.9GWh 27.2%	27.2%
파나소닉	22.7GWh 15.8%	15.8%
SK온	15.8GWh 11.1%	11.1%
삼성SDI	12.5GWh 8.7%	8.7%

자료: SNE리서치

세액공제 혜택이 있다는 점을 급성장의 이유로 들었다. 미국과 유럽의 2차전지 수요도 비슷한 속도로 성장할 터인데, 한국이 다른 어느 나라보다 이러한 수요 증대의 수혜자가 될 유리한 위치에 있다는 것이었다.

아닌 게 아니라, 배터리는 대한민국을 먹여 살릴 차세대 산업으로 봐도 좋다. 우리가 세계 최고 기술력으로 이 산업을 주도하고 있기 때문이다. 그리고 그건 결코 우연이 아니다. 그동안 막대한 손실을 감수하면서도 먼 미래를 내다보고 과감하게 투자해온 결과다. 게다가 한국의 배터리 경쟁력은 소재, 배터리(셀), 완성차에 이르기까지 골고루 확산해 있다. 아직 우리가 제힘을 다 발휘하지 못했거나 이런저런 제약에 묶여 있음에도 선두를 지키고 있으며, CATL로 대표되는 중국과 파나소닉 등 일본 배터리는 우리를 추격하고 있는 모양새다. 다른 산업 분야에선 흔히 볼 수 없는 상황이다.

글로벌 공급망이 중국에 의존하는 비중을 줄이려고 미국이 고안한 IRA는 국내 배터리 업체들에 커다란 전략적 전환점을 제공했다. 세액공제 형태의 보조금은 북미에서 조립된 전기차에만 지급하고, 그 밖의 여러 가지 공제 혜택도 약속한 IRA에 맞추어, 우리 배터리 제조사들은 북미에 공장을 짓고 증설에 앞장서 왔다. 2024년 이후 예상했던 IRA 공제 혜택을 모두 받는다면, 몇 년에 걸쳐 누적으로 19조 원 상당의 세제 혜택을 누릴 것으로 보인다. 배터리 3사가 미국에 신-증설하는 공장 투자액이 약 40조 원이니까, 대충 절반을 공제받는 셈이다.

세계 시장을 주도하다

직접 전기차 배터리를 만들어 공급하는 LG에너지솔루션-삼성SDI-SK온 '삼총사'의 일취월장은 말할 것도 없거니와, 완성차 업체인 현대차 그룹도 배터리 기술 내재화와 차세대 배터리 개발에 정성을 기울이고 있다. 그리고 종합 전지 소재 회사를 추구한 LG화학, 세계에서 가장 얇은 동박을 가장 길게 만드는 SK넥실리스, 글로벌 아연 생산 1위로 전구체-동박 사업을 확대하고 있는 고려아연, 양극재의 전 단계인 전구체를 직접 만들어 중국 의존도를 낮추겠다는 LS와 엘앤에프, 2차전지 장비 사업을 본격화하는 한화의 모멘텀 부문 등 수많은 관련 업체로 이루어진 배터리 생태계가 이 삼총사를 든든하게 받쳐주고 있다.

앞으로 세계 배터리 시장은 어느 정도의 규모로 성장할까? 조사기관 SNE리서치는 앞서 언급했던 것처럼, 2035년 즈음에 글로벌 배터리 시장이 815조 원의 크기가 될 거라고 본다. 2022년 말 기준 반도체 시장 규모가 630조 원이라는 통계치를 고려한다면, '제2의 반도체' 시장이 열린다고 해도 과언이 아닐 것이다.

그렇다면, 막상 이 모든 배터리를 장착하게 될 글로벌 전기차 시장은 어떨까? 최근까지도 미국의 전기차 침투율(자동차 판매량 대비 전기차 비중)은 4% 수준에 그쳐, EU(14%)와 중국(11%)보다 낮은 수준이었다. 그만큼 미국 전기차 시장의 성장 잠재력이 높다는 얘기다. 글로벌 전기차 배터리 수요 중 미국이 차지하는 비중도 2021년 3% 수준에서 2025년 44%로 크게 높아질 전망이다. 참고로 글로벌 시장의 전기차 침투율은 2025년 26%, 2028년 42%, 2030년 56%, 2035년 88%로 늘어날 것으로 보인다.

02

배터리의 종류와 K-배터리 삼총사

❶ 전기차 배터리의 종류

2차전지는 크게 원통형, 파우치형, 각형으로 구분된다.

ⓐ 원통형 배터리 (Cylindrical Cell)

문자 그대로 원통 모양으로 만든 전기차 배터리다. 가령 언론에 자주 오르내리는 원통형 배터리 4680은 기존 테슬라 2170의 차세대 버전인데, 지름 46mm, 길이 80mm라고 해서 그렇게 부른다. 4680은 기존 버전보다 에너지 용량이 5배, 출력이 6배 크고, 주행거리는 16% 길다. 충전 속도도 빠르다.

테슬라 4680의 공급을 선점하기 위해 한국과 일본이 양산 속도전을 뜨겁게 펼치고 있다. LG에너지솔루션은 청주시에 테슬라에 납품하

○ 삼성SDI의 원통형 배터리

는 4680 원통형 배터리 라인을 구축하고 있으며, 미국 애리조나에도 4조2,000억 원을 들여 원통형 배터리 공장을 지을 계획이다. 세계 최초로 원통형 리튬이온 배터리를 개발한 파나소닉은 주도권을 빼앗기지 않기 위해 빠르게 움직이고 있지만, 앞서 2024년 3월까지 4680 배터리를 공급하겠다고 밝혔다가 양산 시기를 몇 달 연기했다. 덕분에 LG에너지솔루션이 신형 배터리를 먼저 공급할 수도 있게 생겼다. 먼저 테슬라의 공급사가 되기 위한 두 기업의 쟁탈전 결과는 2024년에 드러나지 않을까.

원통형 배터리가 주목받자 삼성SDI도 천안에 원통형 양산 라인을 구축하고 있으며, BMW가 2025년부터 양산할 차세대 전기차 플랫폼 'Neue Klasse(노이에 클라세)'에 납품할 가능성이 크다. 각형만 사용했던

BMW가 처음 원통형 배터리를 채택한 것이다.

원통형 배터리에는 어떤 장점이 있을까?

- 크기가 표준화되어 있어, 대량 생산에 유리하다. 제조가 수월한 기술적 측면도 있고, 생산 비용이 낮다는 경제적 측면도 있다. 고객의 특정 수요에 맞춰 제작되는 각형이나 파우치형보다 수급이 쉽다는 뜻이 된다.
- 만들기 수월하니까 공급사도 어렵잖게 바꿀 수 있다. 공급사 입김에 휘둘리지 않아도 된다는 얘기다. 중요한 장점이다. '제2의 테슬라'를 꿈꾸는 루시드, 리비안 등의 신생기업들이 원통형 배터리를 선호하는 이유다.

전기차의 왕자 테슬라는 최초의 차량 로드스터(2008년)부터 원통형 배터리를 사용해왔다. LG에너지솔루션뿐 아니라 삼성SDI, 일본 파나소닉, 중국 CATL도 차세대 원통형 배터리 개발에 속도를 내고 있다.

ⓑ **파우치형 배터리**(Pouch Cell)

파우치 배터리는 이름처럼 필름 주머니에 담겨 있는 배터리다. 각형이나 원통형과 달리 소재를 층층이 쌓아 올려 내부 공간을 빈틈없이 꽉 채울 수 있어서, 배터리 내부 공간 효율이 개선되면서 에너지 용량도 커진다.

파우치형의 특성은 어떨까?

◯ SK이노베이션의 파우치형 배터리

- 외관이 단단하지 않아 다양한 크기-모양으로 제작할 수 있고, 구부리거나 접을 수도 있어 활용도가 높다. 생산 속도가 빠르고 유지-보수도 쉬운 편이다.
- 에너지 밀도가 높아 주행거리가 길다는 게 최대 장점이다.
- 상대적으로 가볍고 폭발하는 일이 거의 없어서 좀 더 안전하다.
- 제작 사양에 융통성이 넉넉하고, 사용 기한이 끝났을 때 리사이클링 하기에 유리하다.
- 10년간 사용해도 효율이 10% 정도만 떨어지는 등, 배터리 수명이 더 길다.
- 대단히 가볍다. 같은 용량의 리튬 배터리보다 거의 40%가량 더 가볍다.
- 케이스가 단단하지 않아 모듈이나 팩으로 만들 때 이를 만회할 수 있는 기술이 필요하다.

현재 LG에너지솔루션과 SK온이 생산하고 있으며, 현대차를 비롯해, GM, 포드, 볼보, 닛산 등이 파우치형 배터리를 채택하고 있다.

ⓒ **각형 배터리** (Prismatic Cell)

각형 셀은 납작한 금속 캔에 넣은 배터리다. 내구성이 뛰어나고 상대적으로 저렴해서 파우치형(20%)과 원통형(14%)보다 훨씬 높은 시장점유율(65%)을 자랑한다. 중국이 만드는 리튬인산철(LFP) 배터리의 대다수가 각형이다.

○ 삼성SDI의 각형 LFP 배터리

현재 각형 배터리를 생산하는 회사는 삼성SDI와 CATL, BYD 등이며 BMW, 도요타, 혼다, 벤츠, 폭스바겐 등이 이 타입을 채택하고 있다.

- 셀이 알루미늄 캔에 들어가기 때문에 외부 충격을 잘 견디고 내구성이 좋다.
- 그러나 단단히 각진 셀에 넣어야 해서 공간 효율이 떨어지고, 다른 형태보다는 에너지 밀도도 다소 떨어진다.

- 대량생산 공정이 단순해 원가가 많이 절감된다. 그래서 원통형이나 파우치 형태에 비해서 가격이 상대적으로 낮다.

지역별로 크게 보면 중국은 각형, 유럽은 파우치형, 미국은 원통형 배터리를 주로 선호하는 상황이다. 종류마다 장-단점이 있기 때문에, 꿈의 배터리라고 불리는 전고체 배터리가 상용화되기 전까진 배터리 표준을 둘러싼 논쟁은 계속될 것이다.

❷ '꿈의 전고체 배터리'

전고체 배터리는 전해질을 액체에서 고체로 바꾼 배터리다. 널리 알려졌듯이 전기차 배터리의 4대 소재는 양극재-음극재-전해질-분리막이지만, 전고체 배터리가 상용화되면 고체 전해질이 분리막 역할까지 담당해 전해질과 분리막의 구분이 사라진다. 지금 대중화되어 있는 리튬이온 배터리보다 1) 적은 용량으로도 주행거리 1,000km 이상을 구현할 수 있고 2) 더 많은 에너지를 저장할 수 있으며 3) 다소 충격이 가해져도 화재 위험성이 낮은 데다 4) 수명도 더 길어 '꿈의 배터리'로 불린다. 워낙 넘어야 할 산이 많아 한동안 관심이 잠잠했으나, 한-중-일의 경쟁이 불붙으며 다시 화제가 되고 있다.

- 우리나라에서 전고체 배터리 개발에 가장 앞서 있는 삼성SDI는 황화물계 전고체 배터리 상용화를 목표하고 있다. 양극만으로 배터리를 만들고 처음엔 음극재가 없다가 충전할 때 음극이 생겨나는 (화재와 수명 단축의 원인인 '덴트라이트' 현상이

음극에서 생기는 것을 차단한) 세계 최초의 '무음극' 기술이 핵심이다. 배터리 3사 중 가장 도전적인 목표를 잡았다. 국내 최초로 2023년 3월 말 파일럿 공장을 갖췄고, 6월에 이미 샘플 제작에 성공했다. 핵심 기술을 선점해 2027년 대량 생산에 들어가는 게 목표다. 일본 도요타가 제시한 양산 시점과 비슷하다.

- 세계 최고 배터리 업체 LG엔솔은 원래 전고체 상용화 시점을 2030년 이후로 잡았다가, 최근 2026년으로 앞당겨 놓은 상태다. 이대로 실현된다면 삼성SDI보다 빨라지는 셈이어서, 가뜩이나 뜨거운 전고체 개발 경쟁에 한층 더 불이 붙을 것 같다.

- 2028년 양산을 타킷으로 정한 SK온도 2024년 상반기엔 파일럿 라인을 완공할 계획이다. 이를 위해 대전 연구소 R&D에만 4,700억 원을 투자한다. 고무 형태 고체 전해질을 개발한 전문가를 영입하고, 이 분야에서 가장 앞서 있다는 미국 스타트업을 파트너로 삼기도 했다.

- 현대차도 배터리 업체는 아니지만, 전고체 배터리 관련 자체 기술 확보에 열심이다. 이미 2년 전에 '배터리개발센터'를 개설해 배터리 설계와 함께 전고체 배터리를 연구해오고 있다. 2023년 6월 '현대차 모터 웨이'라는 전기차 전략을 발표하면서, 앞으로 10년간 9조5,000억 원을 전고체 선행 기술 개발과 배터리 성능 개선에 쓰겠다고 했다.

전고체 배터리의 글로벌 생산능력은 얼마나 될까? 시장조사기관인 SNE리서치에 따르면 2022년에 불과 0.06GWh였지만 2025년 1GWh, 2030년 149GWh, 2035년 950GWh로 급격히 늘어날 것으로 예상된다.

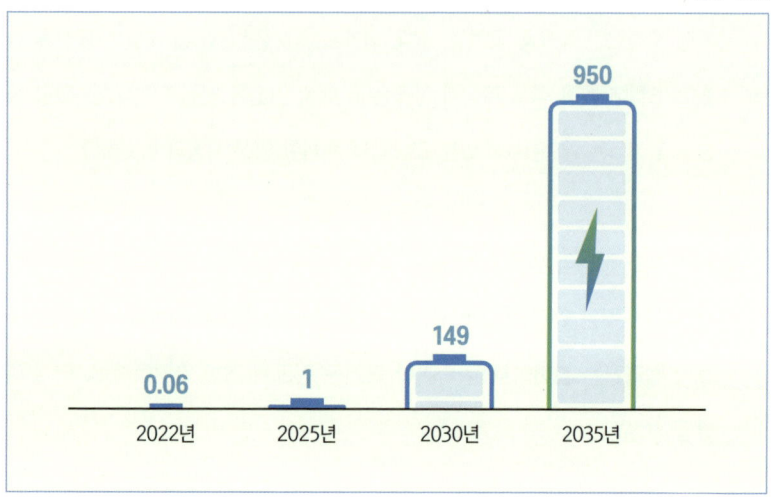

자료: SNE리서치

　리튬이온 배터리가 그랬던 것처럼, 전고체 배터리에서도 한·중·일 3국의 경쟁이 치열하다. 그러나 지금까지 전고체 배터리를 가장 깊게 연구해왔고 기술력이 가장 앞선 국가는 바로 일본이다. 2000년 이래 전고체 배터리 특허를 가장 많이 보유한 것도 도요타, 파나소닉, 이데미츠코산 등 일본 업체다. 우리나라가 미래 배터리 시장 주도권을 계속 가져가려면 일본을 따라잡아야 한다. 그들은 리튬이온 배터리 개발을 사실상 주도해놓고도 그 활용에서 한국과 중국에 밀렸던 뼈아픈 경험이 있기에, 정부와 기업이 손을 맞잡고 같은 실수를 반복하지 않기 위해 개발에 매진하고 있다. 일본은 이미 소형 전고체 배터리를 양산하고 있고, 전기차용 중-대형 개발도 토요타가 한발 앞서 2022년에 이미 세계 최초로 시제품을 공개했다.

일본을 따라잡아라

전고체 배터리 분야에서 한국 기업의 최대 경쟁자는 일본이다. 도요타는 일본이 주도권을 놓친 리튬이온 배터리를 아예 포기하고 오래전부터 전고체에 집중해왔다. 보유한 특허도 가장 많고, 최근엔 2027년~2028년 전고체 배터리 전기차를 선보이겠다고 선언했다. 전고체로 단박에 역전하겠다는 노림수다. 이런 일본을 한국도 바짝 뒤쫓고 있다. K-배터리 3사는 전고체 배터리 최첨단 제품 생산과 연구개발의 핵심인 '마더 팩토리'를 국내에 두고 미래 경쟁력을 확보할 요량이다. 삼성SDI와 LG에너지솔루션이 상당한 기술 수준까지 올라온 것으로 평가받고 있으며, SK온도 가세해 있다. 2024년엔 한국이 전고체 배터리 분야에서 어떤 돌파구를 마련할지 주목할 만하다.

중국의 CATL도 뒤질 생각이 없다. 이미 2019년에 '21세기 랩'을 건설해 전고체를 연구해왔다. 1,000명도 넘는 연구원이 달라붙어 있다. 한국에서 연구원 500명이 하루 500번 실험해 1년에 한 가지 기술을 개발한다면, 1,000명을 보유한 중국은 6개월 만에 해낼 수 있다는 단순 계산이 가능하다. 소재까지 넉넉히 장악하고 있는 중국, 전고체 부문에서도 예의 주시해야 한다.

미국의 Solid Power(솔리드 파워) 같은 스타트업도 탁월한 기술력으로 전고체 배터리 경쟁에 앞서 있다. 이 기업에는 SK온과 현대차 등이 지분을 확보하고 협력 관계를 맺고 있으므로, 미래 파트너가 될 수 있어서 다행이다. 한국의 삼총사와 현대차 등이 전고체 연구에 속도를 내는 동시에 리튬이온 배터리에서 누리고 있는 기득권을 잘 활용한다면, 기술 패권도 지키면서 과도기도 슬기롭게 넘어갈 수 있을 것이다.

전고체 배터리가 중국을 제치는 동시에 일본에 주도권을 헌납할 양날의 검이란 이론도 있지만, 막상 업계는 기대나 불안감을 일으킬 엄청난 변화는 없을 것이라 입을 모은다. 전고체를 전기차에 탑재하려는 움직임은 활발하지만, 생산 단가가 워낙 비싸 가격 경쟁력을 갖추기까지 상당한 시간이 소요되고, 또 개발된 전고체 용량-출력에 맞춰 차량 시스템을 정립하는 데 최소 2년~3년이 걸리는 등, 보급에 여러 가지 걸림돌이 남았기 때문이다. 출시되더라도 우선은 고가의 프리미엄 모델에만 장착될지 모른다. 그래서 전고체가 시장의 주류로 떠오르는 시점을 2040년 이후로 보는 견해도 적지 않다. 어쨌거나 전고체는 일본보다 양산력에서 앞서고, 중국보다 기술력이 뛰어난 K-배터리의 새로운 무기 정도로 볼 수 있을 것이다.

❸ 'LG엔솔'이라 불리는 기업

1992년 2차전지 개발에 뛰어든 LG에너지솔루션은 끊임없는 혁신을 이룩해온 세계 최고 수준의 배터리 제조사다. 2023년 현재 이 분야 지식재산권만 2만8,652건, 출원 특허를 포함하면 5만여 건을 보유하고 있다. 그 덕분에 2차전지에서는 참으로 드물게 한국이 특허 기득권을 갖고 산업을 주도하고 있다. LG엔솔은 우리나라와 중국, 미국, 유럽에서 R&D 센터를 운영하며 2023년 상반기에만 지난해보다 24.4% 증가한

4,707억 원을 투자했다.

현재 LG에너지솔루션은 미시간과 오하이오에 공장을 운영하고 있으며, 이에 덧붙여 애리조나, 테네시, 미시간, 오하이오, 캐나다 온타리오 공장 등은 2025년 완공을 목표로 건설 중이다. 이같이 막대한 설비 투자 확대를 위해 LG에너지솔루션은 창사 이후 최초로 1조 원의 회사채 발행에 나서기도 했다.

❹ 차세대 배터리는 내게 맡겨

과거 삼성SDI는 생산시설 증대에 다소 소극적이었다. 소위 '프리미엄 전략' 아래 양보다는 질을 내세우며 최고 성능의 배터리 개발에 몰두한 것이다. 장기적으로 전고체 배터리라든지 에너지 저장 장치(ESS)에서 압도적인 격차를 보이겠다는 셈법이었다. 그래서 설비 투자에 주력하는 경쟁사들과는 달리 비교적 조용한 모습이었다. 그러나 최근에는 IRA라는 인센티브에 대응해 Stellantis(스텔란티스) 및 GM과의 합작법인 설립에 나서는 등, 양적 확대에도 본격적으로 임하면서 수요처를 늘려 나가고 있다. 주력이었던 각형 배터리뿐 아니라 원통형 개발에도 적극적이다. 차세대 2차전지의 하나인 46파이(지름 46㎜) 원통형의 경우, 2023년 8월에 이미 천안에서 만든 시제품을 GM에 공급하고 수주 협의 단계를 바라보고 있다. 전고체 배터리에서도 미래 시장 주도권을 잡기 위한 준비가 착착 이루어지고 있다.

스텔란티스와 함께 2025년 1분기 가동을 목표로 건설 중인 인디애나 합작 공장에서는 각형 배터리를 생산한다. 상신이디피, 신흥에스이씨, 상아프론테크, 솔브레인, 재원산업 등 관련 소재와 부품 협력사도 공장 가동에 빠르게 대응하기 위해 현지 생산 준비에 나섰다. 삼성SDI의 미국 전기차 시장 본격 진입이 코앞에 다가왔다.

최근 삼성SDI가 공개한 '삼성 배터리 박스(SBB)'는 ESS에 들어가는 내부 배터리 셀과 모듈 등을 미리 담은 제품으로, 전력망에 연결하면 바로 사용할 수 있다. 하이니켈 NCA(니켈·코발트·알루미늄) 양극재를 적용해 400가구가 하루 동안 쓸 수 있는 업계 최고 수준의 용량으로 높였다. 2024년 들어 ESS의 글로벌 성장이 본격화되면, 삼원계 ESS 시장의 강자인 삼성SDI가 최대의 수혜자가 될 수 있다. 또 충전-방전 과정의 실리콘 팽창 문제를 풀어 음극재 내 실리콘 함량을 높이는 것이 업계의 과제인데, 삼성SDI는 'SCN'라는 실리콘 음극 소재로 이에 대응하고 있다.

❺ 하이니켈 배터리의 선두주자

SK온에 관한 가장 최근의 뉴스는 배터리 출력과 충전 속도를 크게 높여주는 고체 전해질을 개발했다는 내용이었다. 그만큼 차세대 전고체 배터리에 한발 더 다가섰다는 얘기다. 이 새로운 '고체 전해질'은 화학적 안정성이 우수한 데다, 세계 최고 수준의 리튬이온 전도도를 갖춘 것이라 한다. 기술적인 용어지만, 쉽게 말해서 배터리 출력이 커지고 충전 또한 고속으로 이뤄진다는 뜻이다. 아울러 배터리의 사용 전압이 최대 5.5V까지 늘어나 배터리 용량도 최대 25% 커진다.

이번에 개발한 고체 전해질은 품질 높은 전고체 배터리 생산에 필수인 혁신 기술이다. 그러므로 SK온의 전고체 배터리 경쟁력에 상당히 기여할 것으로 전망된다. 현재 SK온은 두 종류의 전고체 배터리를 개발하고 있는데, 모두 2028년 상용화하는 것을 목표로 하고 있다.

원래 SK온은 '하이니켈 배터리' 기술에 관한 한 선두주자였다. 고성능 하이니켈 배터리를 이미 2018년에 최초로 상용화했으며, 이듬해엔 니켈 함량이 90%에 육박하는 배터리를 세계 최초로 개발했다. 미국 조지아에 2개 공장을 가동 중이고 테네시의 켄디기에 합작 공장을 싯고 있는데, 2024년에도 고급 배터리 생산을 위한 몸집을 계속 키울 계획이다.

SK온 역시 유상증자와 차입 방식으로 각각 2조 원씩 투자금을 확보했을 뿐 아니라, 미국 에너지부로부터 최대 1조8,000억 원의 정책지원자금까지 확보했다.

Part Three. On Secondary Cell Batteries | K-배터리

03

K-배터리 소재

'전구체 ➡ 양극재 ➡ 배터리'로 이어지는 가치사슬

전기차 배터리인 2차전지는, 쉽게 말해서, 충전할 수 있는 전지다. 배터리가 충전될 땐 리튬이온이 양극에서 음극으로 이동한다. 반대로 방전될 때, 즉, 배터리를 사용할 때는 리튬이온이 다시 양극으로 돌아가며 외부 회로를 통해 낮은 전류를 흐르게 한다.

배터리 셀을 만드는 데 꼭 필요한 4대 소재는 양극재, 음극재, 전해액, 그리고 분리막이다. 그중 40%~50%가량의 비중을 차지하는 양극재는 배터리의 용량과 전압을 결정하는 핵심 소재이며 가장 비싼 소재다. 그리고 다시 양극재를 만드는 핵심 소재는 '전구체'인데, 이 전구체가 양극재 제조비의 약 60%를 차지한다.

전구체는 어떤 물질대사나 화학반응에서 얻는 특정 물질이 되기

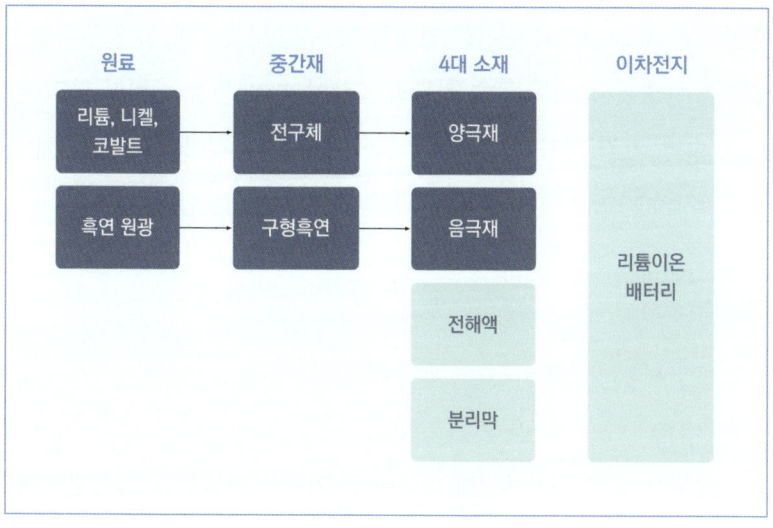

2차 전지의 가치사슬

전 단계의 물질인데, 니켈-코발트 등을 녹인 금속 용액에 화학반응을 일으킨 뒤 침전-세척-건조를 통해 미세한 분말로 만들어진다. 이 전구체에 수산화 리튬을 섞어 구우면 양극재가 된다. 그러니까, 전구체는 니켈, 코발트, 망간, 알루미늄 등 원자재를 배합해 만드는 중간재라고 이해하면 되겠다. 그동안 전구체의 공급은 광산이 많고 인건비가 저렴한 중국이 우리 양극재 제조사들의 수요 90% 이상을 점유하는 양상이었다. 그래서 전구체 공장은 한국 배터리 가치사슬을 완성하는 데 중요한 퍼즐이다. 미·중 갈등과 글로벌 공급망 재편의 혼란 속에서 지금 전구체의 국산화가 너무나도 절실해진 것도 그 때문이다.

매크로웨이브 측면에서 볼 때 글로벌 배터리 산업에는 세 가지 큼직한 지향점이 감지된다. 배터리의 수명(사용 기간) 연장, 고속 충전, 주행거리 확대를 위한 용량 높이기다. 이와 관련해서 1) 니켈은 에너지 밀도를 결정하고, 2) 코발트와 망간은 안정성 및 수명을 높이며, 3) 알루미늄은 출력을 향상한다. 이들 금속 성분의 조합에 따라 용량, 에너지 밀도, 안정성, 수명, 가격 경쟁력이 달라진다는 얘기다. 더 깊이 들어갈 것 없이, 여기까지의 기초 지식만 갖추어도 일반인에게는 충분할 것이다.

❶ 양극재

흔히들 양극재가 배터리 성능을 좌우한다고 말한다. 성능을 높인다는 것은 에너지 밀도를 끌어올린다는 뜻, 다시 말해서 '양극활물질'의 에너지 밀도를 최대로 높인다는 뜻이다. 이 양극활물질에는 Ni(니켈), Mn(망간), Co(코발트), Al(알루미늄) 등이 있으며, 이들 물질을 적당한 비율로 섞어 양극재를 만드는 것이다. 현재 양극재는 크게 NCM(니켈-코발트-망간)과 NCA(니켈-코발드-알루미늄) 두 종류가 시장을 주도하고 있다.

특히 니켈이 중요한 요소다. 니켈 함량이 높을수록 배터리 용량이 커지기 때문에, 전기차용 배터리에는 주로 니켈 함량이 높은 양극재가 쓰인다. 그러나 반대로, 니켈 함량이 높으면 안전성이 뚝 떨어진다. 그래서 니켈 함량을 높이면서도 안정성을 얻는 게 양극재 기술의 핵심으로 꼽힌다. 어쨌거나 이 점을 기억해두자, 우수한 배터리의 기술 경쟁력은 양극재와 음극재에서부터 시작된다는 것. 그리고 리튬이온전지 재료비에서 양극재가 40%~45%의 비중을 차지한다는 점을.

○ 현재 양극재 생산 국내 1위는 에코프로비엠이다. 2022년 기준 양극재 생산능력이 연 18만t으로 전년도에서 2배 이상 늘었다. 배터리 3사의 북미 진출에 동반하여 2026년까지는 추가로 북미에서만 20만t 가까운 규모의 생산능력을 갖출 계획이다.

○ LG화학은 연산 4,000t 규모인 익산의 양극재 공장이 규모의 경제에 못 미친다고 판단해 매각을 결정했다. 대신 청주 인근에 새 부지를 알아보고 있는데, 이미 보유하고 있는 청주(7만t)와 구미(6만t)로 양극재 생산기지를 모은다는 전략이다. 또 미국에 가장 먼저 진출 계획을 밝히고, 2027년까지 테네시주에 연산 12만t 규모의 양극재 공장을 지을 계획이어서, 궁극적으로 총 47만t까지 생산능력이 늘어날 전망이다. 생산거점은 한-중-미-유럽의 '4각 체제'를 갖추되, LG에너지솔루션 이외의 고객 비중을 40%까지 늘릴 계획이다. 품질 면에서도 니켈 함유율을 95%로 높인 '울트라 하이니켈' 양극재를 수년 내 양산하는 반면, 중-저가 배터리와 LFP에 쓰일 양극재도 개발해 제품을 다양화할 예정이다.

전구체 분야에서도 공격적인 확장을 도모하고 있는 LG화학은 에코프로와 손잡고 1조2천억 원을 투자해 새만금에서 연 10만t 규모의 전구체를 생산할 계획이다.

○ 포스코퓨처엠은 20만t이 채 안 되는 양극재 연간 생산능력을 2030년까지 100만t(고성능 전기차 1,000만 대 생산용)으로 늘리고, 배터리 소재에 관한 한 글로벌 초일류 기업이 된다는 야심만만한 꿈을 품고 있다. 캐나다 퀘벡주 등에도 양극재 공장을 건설 중이다. 양극재 초격차를 꿈꾸면서, 2023년에만 삼성SDI, LG에너지솔루션, Ultium CAM(얼티엄 캠) 등과 총 83조5,000억 원 규모의 양극재

공급 장기계약을 맺었다. 2차전지 시장이 급성장하면서 양극재 수요는 앞으로 더 폭발할 것으로 예상한다. 아울러 현재 연산 5,000t 규모의 전구체 공장도 5만t으로 증설한다.

○ LCD TV용 백라이트 유닛을 제조하던 소기업 엘앤에프는 2005년부터 양극재 사업에 뛰어들어 2020년 니켈 함량 90%인 니켈·코발트·망간·알루미늄(NCMA) 양극재 양산에 성공한 K-배터리의 신데렐라다. '전기차 빅뱅'으로 지방의 군소 중소기업에서 글로벌 회사로 급성장했다. 2024년 이후엔 95% 하이니켈 양극재를 연 9만t 생산할 계획이다. 참고로 니켈 비중이 1%포인트 높아지면 전기차 주행거리가 통상 약 10㎞ 늘어난다.

엘앤에프로부터 양극재를 공급받기 위해 직접 본사를 찾았던 테슬라는 배터리 내재화를 위해 3조8,000억 원의 양극재를 2년간 공급받는 계약을 맺었다. 2026년 양극재 생산 목표를 연 43만t으로 잡아놓은 엘앤에프는 앞으로 배터리 종합 소재 기업으로 약진할 청사진을 만들고 있다. 아울러 리튬을 가공하고 전구체를 만드는 공장도 신설해 원료 단계까지 양극재 공급망을 강화하려는 구상이다. 전기차 배터리 수요가 쏟아지며 엘앤에프의 매출은 불과 2년 사이에 10배 정도 늘어나 2022년 3조8,838억 원을 기록했다.

○ 세계 최대 배터리 제조사 CATL의 주력 공급사인 容百科技(롱바이)처럼 국내에서 양극재를 만들어온 중국 기업도 있다. 한·중 조인트벤처로 설립된 롱바이의 자회사 재세능원은 그동안 삼원계 양극재만 생산하다가, 최근 2공장을 짓고 LFMP(리튬인산철+망간) 양극재를 2만t 규모로 생산한다. 앞으로도 고급 전기차종에는 하이니켈 삼원계 양극재가 주도하겠지만, 중급기종에서는 에너지 밀도

가 개선된 LFMP가 대세로 자리 잡을 것이라고 한다. 국내에서는 아직 LFP나 LFMP 배터리를 양산하는 곳이 없다. 재세능원은 2025년까지 3공장도 추가해 연간 10만t 이상 삼원계 양극재를 생산할 계획이다. IRA가 시행되면서 한국 투자를 더 키워가는 롱바이는 국내 자본시장 진입도 계획하고 있다.

○ 앞서 언급한 전구체의 국산화는 어떻게 진척되고 있을까? 우선 LS와 엘앤에프가 새만금 산업단지에 전구체 합작 공장을 2023년 내 착공한다. 국내 기술과 자본을 바탕으로 무려 1조 원을 투자하며 2025년부터 공장을 가동할 계획인데, 전량 엘앤에프에 납품된다. 계획대로라면 엘앤에프는 현재 양극재 생산량의 60% 이상을 국산 전구체로 제조할 수 있게 된다. 테슬라에 양극재를 직접 납품하는 엘앤에프로선 전구체 내재화가 꼭 필요했는네, 한국 기업끼리 뭉쳐 소재 국산화를 일궈냈으니, 의미가 크지 않은가. 추가로 포스코퓨처엠은 포항, 구미, 광양에 1조7천억 원을 들여 전구체와 고순도 니켈 원료 생산시설을 건설할 계획이다.

❷ 음극재

음극재는 양극에서 나온 리튬이온을 저장-방출하면서 외부 회로를 통해 전기를 발생시키는데, 충전할 때는 리튬이온이 양극에서 음극으로 이동한다. 2차전지 재료비 원가의 14%~17%를 차지하며, 배터리의 저장 용량과 충전 속도(시간)와 수명을 좌우한다. 전기차 주행거리와 배터리 출력을 좌우하는 양극재만큼 중요한 소재다.

지금까진 주로 흑연 음극재

이런 음극재의 활성 물질로 흑연이 많이 쓰인다. 전 세계 흑연 채굴량 가운데 65.4%를 차지하는 중국이 음극재의 무려 84%를 공급하는 것도 그 때문이다. 흑연은 크게 천연흑연과 인조흑연으로 나뉘는데, 지금은 고온 열처리되어 구조가 균일하고 안정된 인조흑연이 좀 비싸지만 주로 음극재 생산에 쓰인다. 천연흑연은 리튬이온을 보관할 수 있는 안정적이면서 저렴한 재료지만, 사용 중 팽창 문제로 안정성이 떨어지고 오래 쓰면 용량이 감소하는 단점이 있다. 2025년엔 음극재 생산에 쓰이는 흑연 중 60%가 인조흑연일 거란 전망도 있다.

현재 국내 흑연 음극재 양산 업체는 포스코퓨처엠뿐이다. 물론 양극재와 음극재를 모두 생산하는 유일한 기업이기도 하다. 2024년 하반기에 2공장이 완성되면 연간 1만8,000t(전기차 47만 대 공급분) 규모의 생산체제를 갖추게 된다. 2030년까지 연 37만t의 음극재를 만든다는 목표를 세웠다.

앞으로는 실리콘 음극재

하지만 음극재의 차세대 원자재는 흑연보다 에너지 밀도 10배가량 높은 실리콘이다. 실리콘으로 음극재를 만들면 용량이 흑연의 4배 수준이어서, 전기차 업계의 최대 관심사인 주행거리가 그만큼 늘어나고 급속 충전에도 유리하다. 그래서 2022년 4억 달러였던 실리콘 음극재 수요가 2030년 54억 달러까지 늘어날 것이란 전망이 나온다. 게다가 실리콘은 친환경적이고 매장량도 많아 경제적인 소재다. 다만 실리콘 음극재는 충전 과정에서 부피가 많이 팽창하고, 팽창한 음극이 방전할 때 이전 형태로 돌아오지 않아 폭발 위험이 상존한다. 가격이 흑연 음극재보다 10배가량 비싸다는 점도 풀어야 할 숙제다.

중국의 흑연 공급 독점과 72%나 되는 음극재 시장점유율은 실리콘 음극재 개발을 한층 더 서둘러야 할 이유다. 배터리 핵심 소재에서 생기는 부가가치가 크다는 점도 또 다른 이유다. 지금은 실리콘이 흑연 음극재에 4%~5%가량 첨가될 뿐이지만, 앞으로 실리콘 함량은 높아질 것이다.

실리콘 음극재 기술 확보 전쟁

- 포스코는 실리콘 산화물(SiOx) 제조 기술을 개발해온 국내 기업 테라테크노스를 인수하며 차세대 음극재에 발을 들였다. 2030년까지 연 3만5,000t까지 생산량을 늘려 고객사 수요에 따라 다양한 실리콘 음극재를 공급할 방침이다. 별도로 포스코실리콘솔루션과 포스코퓨처엠도 산화물계 및 탄화규소계 실리콘 음극재 공장을 포항에 구축하고 있다. 광산부터 재활용에 이르는 완전한 가치사슬을 구축함으로써 경쟁력을 확보해가는 포스코퓨처엠은 2030년까지 매출 43조 원, 영업이익 3조4,000억 원의 당찬 목표를 세웠다.

- LG화학은 100% 실리콘으로 구성된다는 뜻의 퓨어 실리콘(Pure Silicon) 음극재 기술을 개발하고 있다. 지금은 실리콘이 5%만 들어가고 있다는 점을 고려하면 배터리 용량을 획기적으로 늘릴 수 있지 않을까.

- SK머티리얼즈는 실리콘 음극재 기술을 보유한 미국 Group14 Technologies (그룹14 테크놀로지즈)와 합작해 상주에 공장을 완공하고 2023년 말부터 생산에 들어간다. 실리콘 음극재의 핵심 원료인 모노실란(SiH_4)도 함께 생산한다.

- SKC는 영국 Nexeon(넥시언)에 8,000만 달러(약 950억 원)를 투자해 2024년부터 실리콘 음극재 생산에 돌입한다. 넥시언은 실리콘 비중을 10% 이상으로 높인 2세대 실리콘 음극재 기술로써 기존 배터리의 에너지 밀도를 최대 50% 높인다.

- 롯데에너지머티리얼즈는 프랑스 음극재 기업 Enwires(엔와이어즈)에 79억 원을 투자하고 그들이 보유한 기술로 연 2.5t 규모의 시범 생산라인에서 고성능 실리콘 음극재를 생산하고 2027년부터 상업 생산에 나선다. 하이엔드 동박과 차세대 음극재의 시너지를 내겠다는 목표다.

- 한솔케미칼 역시 익산시에 연산 750t 규모의 실리콘 공장을 짓고 탄화규소계 실리콘 음극재 생산에 나섰고, 역시 산화물계 실리콘 음극재를 생산하는 대주전자재료는 2025년 2만t을 목표로 공장을 신-증설하고 있다.

음극재에 들어가는 동박

2차전지를 위한 동박(elecfoil)은 음극재에 들어가는 얄팍한 막을 가리킨다. 이 동박이 얇으면 얇을수록 리튬이온을 더 많이 넣을 수 있어서, 결국 배터리 성능이 올라간다. 최근 중국 업체의 증설 물량이 쏟아지면서 공급과잉으로 국내 동박 업체들이 수익성 하락이라는 곤욕을 치렀지만, 2024년부터는 동박 수요가 되살아나면서 실적도 개선될 전망이다.

○ SKC의 동박 사업 투자사로 글로벌 1위인 SK넥실릭스는 말레이시아, 폴란드에 이어 미국 내 생산거점 마련에 분주한 가운데, 유럽 최대 배터리 제조사 Northvolt(노스볼트)와의 장기계약에 이어 독일의 배터리 강호 Varta(바르타)에도 전기차용 배터리 첫 프로젝트에 필요한 동박을 단독 공급하게 됐다. 일반 제품보다 인장강도가 40% 이상 높은 고품질 동박을 공급한다. 그밖에 일본 도요타통상과는 공동 투자로 북미 시장에서 동박을 생산할 합작회사도 설립했다.

2023년 9월 초에는 SK넥실리스가 일본 배터리 제조사 인비전AESC와 2조 원에 달하는 동박 공급 계약을 맺었다는 뉴스가 배터리 업계의 관심을 끌었다. 공급 기간은 2025년부터 10년간이며, 인비전AESC가 운영하는 글로벌 공장에 들어간다. 이처럼 「대규모 동박」 계약을 연달아 네 빈이나 체결함으로써, 특히 1m 이상의 광폭 동박에서 최고의 가성비를 자랑하는 SK넥실리스는 글로벌 동박 시장에서 '톱 티어'가 되었다.

○ 국내 2위 롯데에너지머티리얼즈는 약 5,600억 원을 투자해 2025년 완공을 목표로 스페인 카탈루냐에 연산 3만t 규모의 동박 공장을 짓는다. 말레이시아 공장에 이어 2차전지용 초고품질 동박을 만드는 '스마트 팩토리'라는 점에서 눈길을 끈다. 유럽 고객사의 현지화 요구를 만족시키고 하이엔드 동박 수요를 만족시키는 핵심 거점으로 운영된다.

○ 솔루스첨단소재는 아직 점유율이 낮긴 하지만 룩셈부르크 동박 업체를 인수하고, 헝가리 공장을 증설하며, 캐나다 퀘벡주에 공장을 건설하는 등, 진취적으로 투자와 개발을 진행 중이다.

❸ 전해질(전해액)

배터리가 전기를 만드는 것은 리튬 이온이 양극재와 음극재 사이를 이동하면서 화학적 반응을 일으키면서 이루어진다. 이때 배터리 내부의 양극-음극 사이에서 리튬 이온이 원활하게 이동하도록 도와주는 일종의 '이동 수단' 역할을 바로 전해질이 수행한다. 현재 배터리에 쓰이는 전해질은 대개 전해질 염을 녹인 액체 상태이어서, 그냥 '전해액'이라고도 부른다. 어떤 전해액을 사용하느냐에 따라 배터리의 효율이 달라지며, 배터리 전체 생산 비용에서 전해질이 15% 내외를 차지한다.

전해질이나 분리막 시장은 현재 중국이 대충 70%를 점유하고, 나머지를 한국과 일본이 나눠 갖고 있다. 국내 공급업체들은 생산과 매출 확대에 적극적이며, 고객사를 따라 북미로도 진출하고 있다. 전해질과

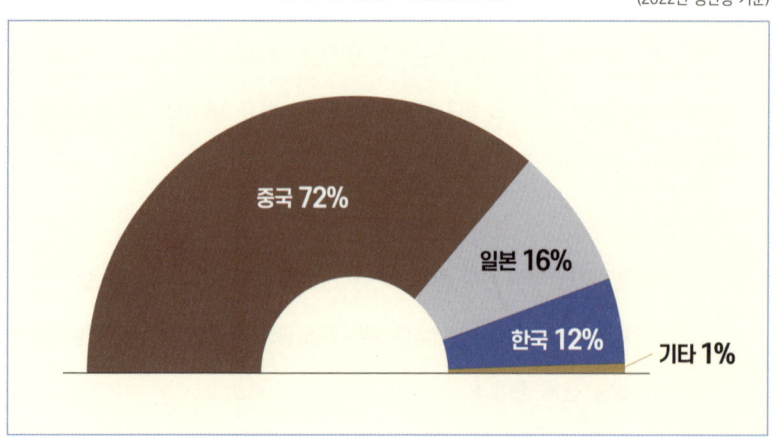

세계 전해질 시장점유율 (2022년 생산량 기준)

중국 72%
일본 16%
한국 12%
기타 1%

자료: SNE 리서치

분리막도 IRA 세부 지침에서 '배터리 부품'으로 분류되며, 북미에서 제조-조립된 부품 비율이 50%를 넘어야 세액공제를 받을 수 있다.

흥미롭게도 전해질 시장은 신규 진입이 어렵다. 배터리 제조사가 사용하는 양극재와 음극재에 특화된 전해액을 함께 개발하므로, 이미 실력이 검증된 전해질 업체가 아니면 대단히 어렵다. 또 유통기한이 3개월 정도로 짧으며, 이동할 때도 특수 용기에 담아 냉장 컨테이너에 실어야 한다. 게다가 폭발이나 화재 위험성까지 높다. 그래서 전해액 업체는 고객사 근처에 생산 설비를 갖추는 게 보통이다.

- 전해질 선두주자 엔켐의 경우, 현재 천안, 제천, 중국, 미국, 폴란드 등 총 9만 5,000t의 생산능력을 갖추고 있다. 이 정도면 전기차 약 143만 대에 들어가는 양이다. 특히 2024년에는 미국 조지아 공장의 생산량을 확대할 뿐 아니라, 추가로 4개 주에서 증설을 앞두고 있어 2023년 북미지역 전해액 생산능력만도 28만t으로 급증할 전망이다. 폴란드 공장 역시 생산량을 늘리고 헝가리에는 공장을 신설한다. 그 위에 튀르키예 공장 신설, 중국과 인도네시아 대규모 증설까지 2024년 계획에 들어 있다.

- 동화일렉트로라이트는 국내 논산 외에도 중국(톈진)과 말레이시아 및 헝가리에 전해액 공장을 두고 있다. 또 2024년 3분기까지 완공 계획으로 미국 테네시주에 연산 8만t 규모의 전해액 공장을 짓고 있다. 이후 국내외 총 생산능력은 연간 15만t에 달할 전망이다.

④ 분리막

분리막은 합선(단락)이 일어나지 않도록 하는 소재인데, 양극과 음극이 바로 접촉하지 못하도록 차단하면서 리튬 이온만 이동하게 만드는 일종의 '검문소'다. 그 표면에 아주 미세한 기공(pores)이 있어 리튬만 통과시킨다. 분리막에 결함이 생겨 양극과 음극이 만나버리면 화재가 발생한다. 분리막에는 크게 습식과 건식의 두 종류가 있으며, 습식 분리막이 건식보다 제조단가가 비싸긴 해도 두께가 얇고 기공이 균일해서 품질이나 강도에서 훨씬 우월하다. 현재 습식 분리막이 세계 시장의 70%가량을 차지한다. SNE리서치는 분리막 수요가 계속 커지면서 2030년에는 연 219억 달러(29조 원)의 시장이 될 것으로 전망한다.

○ 고품질 습식 분리막 점유율 26.5%로 글로벌 1위인 SK아이이테크놀로지(SKIET)는 국내, 중국, 폴란드 공장에 이어 베트남의 Vin(빈) 그룹과 합작하여 미

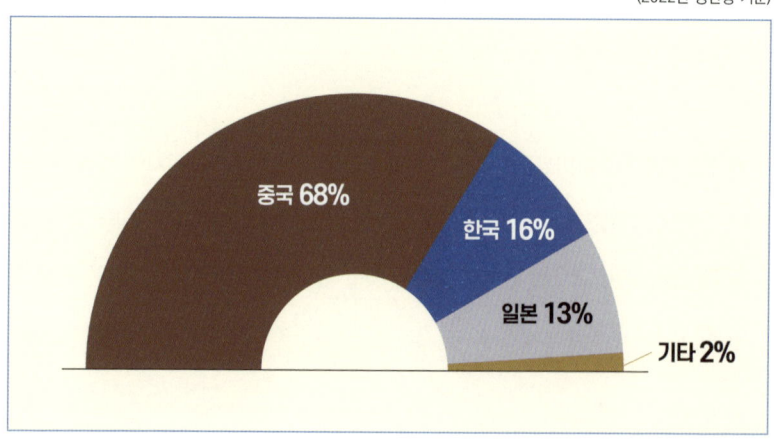

세계 분리막 시장점유율 (2022년 생산량 기준)

중국 68%
한국 16%
일본 13%
기타 2%

자료: SNE 리서치

국에도 공장을 구축하고 있는데 2024년에는 양산이 시작될 전망이다. 전체 생산능력은 전기차 약 204만 대 분량에 이른다. 세계 최초로 박막 제품을 개발했고 양면 동시 코팅 상업화 등, 기술 면에서도 압도적으로 시장을 선도한다.

o 충주에 공장을 가동하면서 주로 삼성SDI에 공급해오고 있는 국내 2위 분리막 업체 더블유씨피(WCP)는 헝가리에 2025년까지 7억 유로(1조130억 원)를 추가로 분리막 공장을 세울 계획인데, 완공되면 23억㎡의 생산능력을 확보하게 된다. 또 2024년에는 북미 진출과 관련한 구체적인 계획도 수립한다. 세라믹 코팅 분리막도 생산한다.

o 미주제강으로부터 물적 분할된 유에스디(USI)는 건식과 습식을 결합한 하이브리드 분리막을 개발했다.

o 울산과 온산 석유화학공업단지에 수직 계열화된 제조시설을 보유한 대한유화는 안정된 원료 공급을 기반으로, 분리막에 들어가는 초고분자 PE 및 PP를 만들어 공급한다. 이 밖에도 LG화학이나 에스에이티이엔지 등도 분리막 관련 기업으로 분류된다.

Part Three. On Secondary Cell Batteries | K-배터리

04

배터리 원료까지 장악하라

❶ 리튬

　리튬 이온이 양극과 음극을 오가면서 에너지를 발생시키는 것, 그것이 2차전지의 기본 개념이다. 따라서 리튬이 가장 중요한 배터리 원료일 수밖에 없다. 수산화리튬이라든지 탄산리튬 같은 리튬 화합물은 바로 배터리 제조의 근간이 되는 원자재다.

○ 2차전지의 가치사슬 전반을 아우르는 포스코의 야망은 핵심 원료인 리튬에서부터 시작한다. 이미 호주(매장량 1위)와 아르헨티나(4위)에 리튬 채굴지를 구축함으로써 직접 자원 개발에 뛰어들었다. 가령 포스코아르헨티나가 2030년부터 연 42만 3,000톤의 리튬을 생산해 이를 탄산리튬으로 1차 가공한 뒤, 한국으로 들여와 순천에 세우고 있는 공장에서 수산화리튬으로 만드는 식이다. 이는 국내 최초의 염수 기반 생산으로, (전기차 60만 대를 만들 수 있는) 연간 2만5,000t 생산 규모다. 수산화리튬은 니켈과 함께 배터리 용량과 수명을 결정하는 핵심 소

재인데, 지금까지는 전량을 수입에 의존하고 있다.

○ 글로벌 전기차 배터리 수요가 폭발적으로 늘어나는 가운데, 중국 광물 의존도를 낮추고 북미 시장 공급망을 강화하는 것은 새로운 공급망 체계에서 불가피한 전략이다. 이런 전략에 발맞추어 LG에너지솔루션은 세계 최대 리튬 화합물 생산업체인 칠레 SQM과 기존 계약을 세 배 늘린 장기 구매 계약을 맺고 2029년까지 10만t 규모의 수산화리튬과 탄산리튬을 공급받는다. 역대 최대의 리튬 단일 구매 계약으로, 고성능 전기차를 200만 대 넘게 만들 수 있는 양이다. 아울러 고성능 전기차 하이니켈 배터리용 수산화리튬뿐 아니라 보급형이나 에너지저장장치에 쓰이는 탄산리튬도 대량 확보했다. SQM은 칠레와 호주 등에 광산을 보유하고 있어서, 그들의 리튬은 IRA에 따른 배터리 핵심 광물 세부 요건도 충족할 수 있다.

❷ 니켈

니켈은 리튬, 망간, 코발트, 알루미늄과 더불어 양극재의 핵심 원료다. 리튬만큼이나 기업들이 확보에 애를 태운다. 니켈 사용 비중이 높을수록 배터리 저장 용량도 올라가 전기차의 주행거리가 늘어나므로, 세계 전기차 시장 확대에 따라 수요도 늘어나는 추세다. 세계 니켈 매장량은 9,400만t으로 인도네시아, 호주, 브라질, 러시아 순으로 많으며, 연간 생산은 인도네시아(76만t), 필리핀, 러시아 순이다.

○ 포스코는 니켈 세계 1위 인도네시아에 4억4,100만 달러(5,900억 원)를 투자해

니켈 제련 공장을 신설한다. 여기선 니켈을 함유한 광석을 녹여 배터리 소재로 사용하는 니켈 중간재를 연간 5만2천t(전기차 100만 대) 생산한다. 아울러 광양에다 아예 니켈-리튬 가공공장을 지을 계획이며, 리사이클링을 통해서도 리튬, 니켈, 코발트 등을 연 7만t 생산한다. 유럽 국가들은 리사이클링된 원료를 많이 찾는다.

포스코퓨처엠은 필리핀에 합작사를 세우고 니켈 혼합물 공장을 지어 양극재 핵심 원료인 니켈 공급망을 넓힌다. 일반 기술보다 공정 프로세스가 단축돼 원가 경쟁력이 높고, 탄소 배출량이 50% 이상 줄어드는 환경친화적인 제련 기술을 활용한다. 필리핀은 미국과 FTA를 체결했기 때문에, 이 니켈 중간재로 양극재로 만들면 IRA의 '적격 핵심 광물' 조건을 충족할 수 있다. 또 호주 기업 지분 30%를 인수해 2024년부터 연 3만2,000t(전기차 18만 대)의 니켈 가공품을 공급받는가 하면, 뉴칼레도니아로부터는 니켈 광석을 공급받아 연산 2만t(전기차 50만

국내 기업, 글로벌 니켈 공급망 현황

(단위: 톤)

기업		국가	규모
포스코홀딩스	POSCO HOLDINGS	인도네시아	5만2000
		뉴칼레도니아	2만
		호주	7500
LG에너지솔루션	LG에너지솔루션	중국	2만
		호주	14만1000
		캐나다	2만(재활용)
SK온·에코프로	SK온 EcoPro	인도네시아	3만
삼성SDI	SAMSUNG 삼성SDI	호주	6000

자료: 각 사

대)의 니켈 공장을 국내에 설립한다는 방침이다.

○ 고려아연은 2023년 하반기 국내에 니켈 제련소를 착공해서 급속도로 성장하는 전기차 배터리 시장의 원료 측면을 공략할 계획이다. 2020년 호주 QPM과 3년~5년간 해마다 니켈 6,000t을 공급받기로 한 삼성SDI의 움직임도 배터리 원료 확보 차원이었다. LG에너지솔루션 역시 북미, 중국, 호주에서 니켈 공급망 확보 계약을 맺어왔다.

❸ 구리, 코발트, 망간, 알루미늄

○ 동전, 전선, 총알까지 다양하게 쓰이던 구리. 지금은 2차전지 음극재를 감싸는 전지박(동박) 생산에 꼭 필요한 핵심 광물이다. 화학반응에서 생긴 전자를 모으거나 공급하는 '집전체' 역할을 하는 전지박은 가벼우면서 균일도가 높아야 한다. 구리는 전도성이 높고 무른 성질이어서, 전지박 제조에 적격이다.

○ 콩고에서 글로벌 물량의 80%가 나온다는 코발트는 양극재 부식과 폭발을 제어하는 데 필수다. 그래서 전기차 산업의 핵심인 리튬이온 배터리 제조의 핵심 소재다. 리튬, 니켈보다는 시장 규모가 작아도 수요는 확실히 늘어날 것이다. 코발트는 구리나 니켈 광산의 부산물로 얻어져, 희소성이 높고 가격이 대단히 비싸 배터리 제조 원가의 20% 이상을 차지할 정도다.

콩고가 수출하는 코발트는 대부분 중국으로 간다. 중국은 콩고 코발트 광산의 70% 정도를 보유하고 있기도 하다. 자원의 편재와 원활하지 못한 수급도 문제지만, 채굴과 생산 과정, 환경오염으로도 쟁점이 되어 있다. 향후 2년~3년간은 코발트 시장이 공급과잉으로 전환할 수 있다는 지적도 없진 않지만, 신규 투자가 없다면 2020년대 후반부터 공급 부족이 심화할 것이다.

LG화학과 포스코퓨처엠이 세계 최대 코발트 생산기업인 중국 浙江华友钴业(화유코발트)와 각각 1조 원이 훨씬 넘는 규모의 투자 협약을 맺어놓은 상태다.

○ 망간은 주로 배터리의 안정성을 높이는 역할을 한다. 전기차 배터리에서 가장 많이 쓰이는 NCM 타입의 양극재에 바로 망간이 들어간다. 원래 NCM은 니켈, 코발트, 망간 비중이 1:1:1이었지만, 최근 에너지 밀도를 높이려고 니켈 비중을 높이고 알루미늄을 추가해 안정성을 강화한 NCMA 개발이 늘고 있다.

○ 알루미늄은 금속 원소 중 가장 흔하다고 한다. NCA와 NCMA 타입의 양극재 소재로 사용되는 알루미늄은 배터리 출력 개선에 관여하고, 전기 화학 반응이 일어나도록 전자를 전달하는 집전체로도 쓰인다. 최근 주식시장에서 삼아알미늄의 급속한 인기 상승(과 주가 상승)을 보면, 배터리용 알루미늄이 얼마나 중요해지고 수요도 높아졌는지를 실감할 수 있다. 삼아알미늄은 국내 최초로 배터리용 알루미늄박 개발에 성공해 배터리 3사의 러브 콜을 받고 있다.

05

쓰고 남은 폐배터리는 어떡하나?

어떤 물건이든 처음 사서 쓸 때는 좋지만 오래 쓰고 수명이 다해서 버릴 때가 되면 골칫거리가 되기 일쑤다. 선기차라고 크게 다를 바 없다. 특히 그 동력원이 되는 배터리에는 여러 가지 귀한 광물 원료와 인간의 피땀 어린 노력의 산물들이 담겨 있어서, 다 쓴 배터리를 어떻게 처리할 것이냐, 하는 문제는 배터리의 개발과 맞먹을 정도의 중요성으로 다가온다. 그리하여 폐배터리 관련 산업은 빠르게 성장하고 있다. 폐배터리로부터 새 배터리 제작에 필요한 핵심 광물을 어느 정도라도 가져온다면, 소재 확보의 안정성도 확보하고 제조 원가도 줄일 수 있기 때문이다. 가령 자동차 업계는 폐배터리를 재활용하면 배터리에 들어가는 리튬, 코발트 등 핵심 광물의 30%~40% 정도를 마련할 수 있다고 전망한다.

배터리 재활용 시장 600조 원

내연기관차에서 전기차로의 전환이 빨라지면 수명이 다한(참고로 전기차 배터리의 수명은 7년 정도임) 전기차에서 쏟아지는 폐배터리도 어마어마할 텐데, 폐배터리 재활용 글로벌 시장 규모는 얼마나 될까? 시장조사업체 SNE리서치는 2023년의 규모가 7,000억 원이며 2030년엔 12조 원, 2050년엔 600조 원까지 성장할 것으로 봤다. 다른 식으로 표현해보자. 2030년 즈음 폐차로 처분되는 전기차가 3,000만 대를 넘길 거라고 하는데, 여기서 발생하는 폐배터리 용량은 하루 평균 50km를 주행하는 새 전기차를 3억3,400만 대나 만들 수 있는 에너지와 같은 양이다. 이처럼 폐배터리 재사용-재활용이라는 선순환이 이뤄지면 막대한 양의 에너지를 다시 사용할 수 있게 될 뿐 아니라, 새 배터리 생산 과정에서 발생하는 온실가스를 감축하고 자원 고갈을 방지하는 효과도 기대할 수 있다.

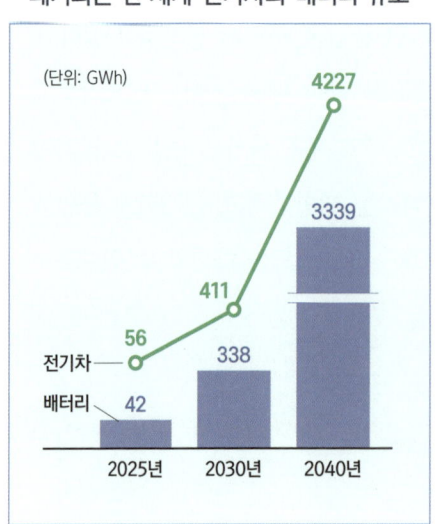

폐기되는 전 세계 전기차와 배터리 규모

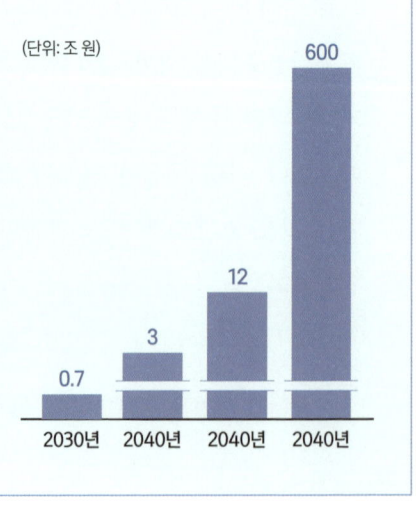

폐배터리 재활용 글로벌 시장

자료: SNE리서치

폐배터리의 재사용 혹은 재활용

배터리의 '재사용'과 '재활용'은 어떻게 다를까? 재사용은 수명이 남은 폐배터리를 진단-선별한 다음 재가공해서 새로운 전기차에 다시 사용하는 것을 말한다. 이에 비해 재활용은 폐배터리를 모두 분해하고 용해해서 니켈, 리튬 등 다양한 원재료를 뽑아내서 이를 다시 새 배터리 제조에 활용하는 것이다. 물론 다시 사용하기가 어렵다고 진단된 폐배터리만 재활용한다. 평균적으로 폐배터리를 재활용하면 기존 배터리의 40%를 건질 수 있다고 한다.

2030년이면 지구상 모든 차의 10% 혹은 2억4,000만 대 정도가 전기차일 것이다. 국제에너지기구(IEA)의 추산이다. 이렇게 되면 지금부터 7년 안에 공급난이 심해질 거라는 리튬을 비롯해 배터리 제조에 필요한 광물의 수요도 급증할 수밖에 없다.

광물 무기화와 IRA에도 대비

공급망 확보라는 측면에서도 폐배터리 활용은 의미가 깊다. 자원 보유국들이 갈수록 핵심 광물을 무기화하고 있기 때문이다. 예를 들어 세계 리튬 매장량의 60%를 차지하는 칠레-아르헨티나-볼리비아는 OPEC을 닮은 '리튬판 OPEC'을 준비하고 있다. 폐배터리 재활용을 늘리면 조금이나마 원료 수급 안정성을 확보하지 않겠는가. 자원국에 대한 의존도도 낮추고 우리가 주력하는 삼원계 배터리의 제조 원가도 절감할 수 있지 않겠는가. 순환형 생태계 구축이 더욱 시급한 이유다.

배터리의 핵심 광물 공급처에 따라 보조금을 결정하는 미국 IRA도 폐배터리를 그냥 버릴 수 없게 만드는 재활용 산업의 성장 동력이다. 폐배터리에서 추출한 광물을 북미에서 재가공하면, 그 원산지가 미국 혹은 '미국과의 FTA 체결국'으로 되기 때문이다.

○ 배터리 업체나 완성차 기업 모두가 배터리 재활용률을 끌어올려 원자재 회수율을 높이기 위해 투자를 아끼지 않는다. LG에너지솔루션과 LG화학은 배터리 재활용 업체 Li-Cycle Holdings(라이사이클)에 총 600억 원 규모의 지분투자를 단행했다. 그런 다음 GM와 세운 합작법인 Ultium Cells(얼티엄셀즈)에서 발생하는 폐배터리를 라이사이클에 공급하고 코발트, 니켈, 리튬, 흑연, 알루미늄 등 다양한 원재료를 확보한다.

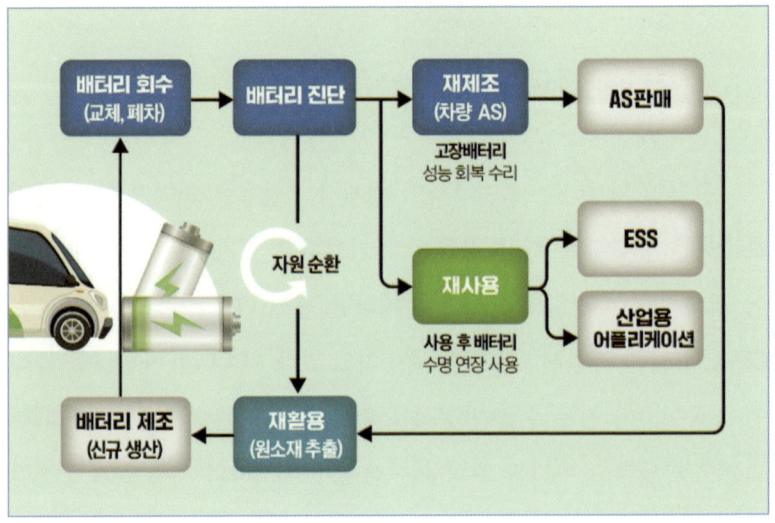

배터리 선순환 체계

(단위: %, 전년 대비)

자료: 중국 국가통계국

○ 삼성SDI는 국내 공장에서 발생한 스크랩을 회수해 재활용하는 시스템을 완성해놓았다. 해외 거점에서도 비슷한 형태의 협력을 통해 원자재 재활용을 확대할 생각이다. 또한, 국내 최대 폐배터리 재활용 업체 성일하이텍의 지분(8.79%)도 보유하고 있다. 배터리 핵심 소재인 탄산리튬과 인산리튬을 양산하고 있는 성일하이텍은 2024년에는 수산화리튬을 양산하는 기술까지 개발해서 선을 보일 예정이다.

우리나라의 폐배터리 처리 방법

전기차를 5년~10년 운행하면, 배터리 성능은 보통 최초 용량 대비 70%~80% 수준으로 감소한다. 다 쓴 전기차 배터리의 처리에 관해서 우리나라는 어떤 규정을 만들어놓았을까? 대기환경보전법에 따라 2021년 1월 1일 이전에 등록되고 구매 당시 보조금을 지원받은 전기차를 폐차하면, 반드시 폐배터리를 지자체에 반납해야 한다. 이런 폐배터리의 회수와 재활용을 지원하기 위해 한국환경공단은 전국에 일종의 수거센터를 운영하고 있다. 폐차 당시 배터리의 남은 수명이 60% 이상이면 재사용, 60% 미만이면 재활용 대상이다. 공단은 수시로 전기자동차 폐배터리 매각 입찰을 통해서 수거한 폐배터리를 수요자에게 판다.

상황이 위에서 설명한 바와 같으니, 전기차 폐배터리 몸값은 급등세다. 재사용과 검사 기술개발 등의 목적으로 수요는 급증하는데, 정작 물건은 구하기 어렵다. 공단의 매각 입찰에서도 예정가격 대비 4배~5배 높은 가격에 낙찰이 이뤄지고 있다. 최근의 기록에 의하면 2018년 출시된 니로EV의 64kWh 용량 폐배터리가 785만 원에 낙찰됐고, 동일 용량의 코나EV 폐배터리는 1,150만 원에 낙찰됐다.

폐배터리 반납 의무에도 불구하고, 중고 전기차를 수출하는 경우엔 이 의무가 적용되지 않아, 2년 의무 운행 기간만 채우면 수출할 수 있다. 2023년 상반기 국내에서 등록 말소된 전기차 3,200여 대 중 2,800여 대(87%)가 수출되었다는 것이 업계의 통계치다. 전기차 구매자에게 대당 수백만~수천만 원의 보조금을 줬는데, 중고 전기차가 수출되면서 배터리도 대부분 해외로 반출되는 건 큰 문제다. 중고차가 수출되면 정부가 보조금 형태로 보유한 소유권 일부를 영영 회수할 길이 없다. 배터리 원료뿐만 아니라 폐배터리조차 자원화하려는 것이 글로벌 추세다. 국내에서도 배터리 반출을 규제해서 최소화해야 한다는 목소리가 나온다. 전기차를 2년~3년 운행하다가 수출하려고 등록을 말소하면, 보조금 절반을 다시 반납하게 만든 환경부의 조치가 그런 예다. 그밖에 보조금 자체를 낮추는 것도 필요해 보이고, 전기차 성능이 크게 개선됨에 따라 의무 운행 기간도 늘려야 할 것 같다.

중고 전기차의 수출은 자원 활용 측면에서도 손해다. 그래서 유럽에서는 폐배터리를 자원화하려는 움직임이 보인다. 2차전지 기업들은 폐배터리를 유해 폐기물로 지정해 수출을 금지해달라고 요청하고 있다. 우리나라도 너무 늦지 않게 다양한 정책과 규제를 연구해야 한다. 전기차 배터리 생애주기 전반에 대한 관리 체계를 합리화해야 한다. 2022년 말 기준 국내 전기차 보급 대수는 40만 대를 넘겼다. 발생하는 폐배터리도 2024년 1만4,000개, 2026년 4만2,000개, 2030년에는 10만 개 이상으로 급증할 거란 전망이다.

On Bio and Healthcare
K-바이오

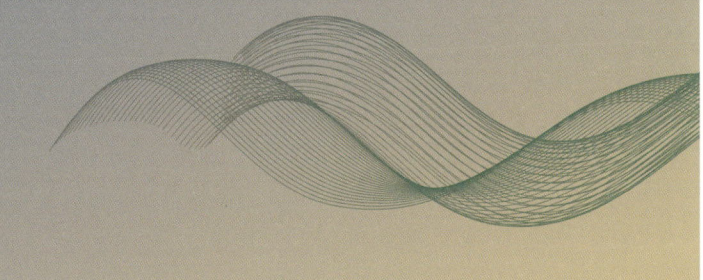

**2024
BUSINESS
TREND
KOREA**

Part Four. On Bio and Healthcare | K-바이오

01

바이오를 제2의 반도체로

- 한국 바이오산업에 2022년은 혹한기였다.
- 2023년 상반기 비로소 훈풍이 불기 시작했다.
- 2024년 K-바이오는 한층 더 회복할 것이다.
- 양과 질, 모든 측면에서 바이오산업은 선전할 것이다.

삼성바이오로직스의 2023년 상반기 매출(1조5,871억 원)이 최고 실적을 기록했다. 글로벌 제약사들과 대형 위탁 생산 계약을 잇달아 체결하면서 누적 수주 2조 원을 넘어섰다. 2023년 전체 매출은 3조5,000억 원을 넘을 거란 예상이다. 셀트리온도 상반기 매출 1조 원을 넘겼다.

전통 제약사들 역시 신약 판매가 순조로이 성장하고 전문 의약품 비즈니스도 가세해 매출이 성장했다. 유한양행과 종근당은 모두 매출과 영업이익이 역대 최대를 기록했다. 한미약품이나 보령도 준수한 매출 성장을 누렸다.

R&D 투자에서도 주요 제약 바이오 기업들은 적극적이고 공격적이다. 모두 차세대 성장 동력을 확보하기 위해 매진하고 있다. 셀트리온의 골다공증 바이오시밀러, 한미약품의 지방간염 치료제, GC녹십자의 희소 질환 분야 국제 신약 등 다양한 개발 프로젝트가 눈길을 끈다.

첨단 바이오산업을 바라보는 정부의 태도도 긍정적이다. K-바이오를 '제2의 반도체'로 육성한다는 각오로 2025년까지 1조 원 규모의 메가 펀드를 조성할 계획이다. 데이터 기반의 디지털 헬스케어 산업을 완성하기 위해 100만 명 규모의 바이오 빅 데이터를 구축하겠다는 비전도 바람직하다. 2024년부터는 그 빅 데이터의 일부를 만나볼 수 있다.

❶ 바이오 초격차

반도체에서 쌓은 '노하우'를 바이오에

바이오산업 구축에는 어마어마한 비용이 든다. 그에 비해 성공률은 썩 높지 않다. '리스키한(위험도 높은)' 사업으로 통하는 이유다. 삼성그룹은 이런 바이오산업을 미래 핵심 산업으로 낙점했다. 왜? 소위 '삼성 경쟁력'이 먹힐 거라고 봤기 때문이다. 메모리 반도체에서 삼성은 자타 공인 글로벌 1위다. 반도체 생산이 요구하는 극한의 정밀성, 추호도 실수를 용납하지 않는 정확성, 제한된 공간에 최대의 정보를 담는 기술력. 이런 장점이 바이오에도 고스란히 작동할 것 아닌가. 반도체 공정의 초정밀 노하우가 바이오산업에서도 경쟁력이 되지 않겠는가.

창사 11년째를 맞는 삼성바이오로직스는 정확하고 빠르고 세밀하다. 생산능력은 압도적이다. 그 장점으로 2023년 들어 7월까지 2조 원이 넘는 바이오의약품 위탁 생산(CMO) 계약을 수주했다. 이 책이 출간될 때를 기준으로 2023년 누적 수주액은 2조4,000억 원이다. 이름만으로도 벅찬 화이자나 노바티스 등과의 초대형 계약이 성사됐을 뿐 아니라, 존슨앤드존슨, 브리스톨 마이어스 스큅, 글락소스미스클라인, 아스트라제네카 등 글로벌 제약사를 고객으로 확보했다. 앞으로 상당한 기간 CMO 세계 1위를 놓칠 것 같진 않다.

빠른 데다 품질경쟁력도 글로벌 넘버 원

바이오의약품은 살아있는 세포를 다룬다. 먼지는 물론 세균, 바이러스까지 철저히 걸러내야 한다. 다른 산업보다 공장 짓기가 훨씬 어려워 보통 공장 하나에 4년 이상 걸린다. 하지만 삼성은 프로세스 혁신으로 이를 2년으로 줄여 세계를 놀라게 했다. 수치로도 증명된다. 삼성의 연간 생산능력은 현재 60만4,000L로 세계 1위다. 2025년 송도 5공장이 완성되면 78만4,000L로 늘어나, 2위인 독일 베링거인겔하임을 2배 가까이 압도하게 된다.

CMO 고객사(발주사)가 CMO 업체에 생산의 필수 비법을 전하는 데 보통 반년 정도가 소요되는데, 이 기간을 '기술이전 기간'이라 부른다. 하지만 삼성바이오로직스는 이 기간조차 그 절반인 3개월로 단축했다. 또 생산되는 의약품 1회분을 batch(배치)라 부르는데, 삼성의 배치 성공률은 98%에 달해 100배치를 만들면 불량이 2배치에 불과하다. 그만큼

품질경쟁력이 우수하다.

여건이 어려워도 억세게 밀어 붙여온 삼성바이오로직스의 선제적 투자도 빛난다. 미·중 무역 갈등으로 중국 경쟁사들이 주춤하자 반사이익도 누렸다. 2024년과 그 이후도 삼성은 치매 치료 신약 같은 미래 먹거리를 탐구하고 품질과 가격 면의 경쟁력을 키워나갈 것이다.

국내에는 수십 년 역사의 제약사들이 많지만, 세계적으로 성공한 기업은 한 곳도 없다. 규모로 본다면 바이오산업은 반도체의 두 배 이상이지만, 워낙 인간의 생명과 직결돼 있어 이 산업에 들어가기부터가 도무지 쉽지 않다. 그렇기에 10년을 겨우 넘긴 삼성바이오로직스-삼성바이오에피스가 세계 최고의 CMO-바이오시밀러 업체로 성장한 것은 유례가 없는 일이다. K-바이오의 미래를 보여주는 일면이다.

CMO에 머물지 말고 신약 개발을

CMO는 제약사(고객)가 원하는 의약품 공정을 받아 그대로 생산한다. 반도체 분야의 '파운드리'와 비슷한 개념이다. 이에 비해 신약 개발은 말하자면 직접 반도체를 설계하는 일에 비유된다. 따라서 실패율과 진입 장벽이 얼마나 높을 것인지, 설명이 필요하지 않다. 괜히 신약을 바이오산업의 꽃이라고 부르겠는가. 글로벌 대형 제약사들은 해마다 각각 R&D에 평균 6조2,000억 원을 쏟아붓는다. 이에 비해 우리나라는 20개 제약사의 R&D 투자를 모두 합쳐도 겨우 1조 원 정도다. 아직 초라한 수치지만 세계 시장에서 계속 밀려나지 않으려면 신약 개발은 선택이 아니라 필수다.

- CMO 시장에 안착한 삼성바이오로직스는 과감한 투자와 압도적 기술력으로 이미 신약 개발에도 발을 들였다. 2024년에 어느 정도의 성과를 볼 수도 있다. 위탁개발생산 분야는 일찌감치 정복했고, 시총으로 봐도 전 세계 14위인 이 기업이 신약 개발에서 과연 어떤 모습을 보여줄지 궁금하다.

- SK바이오사이언스는 지금까지의 배양 방식과 전혀 다른 방식의 독감백신을 개발해 세계 최초로 상용화까지 이뤄냈다. 코로나 백신을 위해 중단했다가 2년 만에 독감백신 생산을 재개한 것이다. 전통적인 배양 방식보다 높은 수율과 가동률이 핵심 기술이다. 지금은 일본 뇌염에 대한 백신도 개발하고 있다.

- 앞으로는 AI를 이용해 신약을 개발하는 기업들이 크게 주목받을 것 같다. AI 기반의 신약 개발은 시간과 비용을 대폭 절감할 수 있어서다. AI를 잘 활용하면 개발 기간을 3년 이내로 줄이고 비용도 약 6,000억 원 절감할 수 있다는 얘기도 나온다. 어쨌거나 AI 시대의 큰 흐름에 어울린다. 이런 기업으로는 맨 먼저 AI 신약 토털 솔루션 서비스와 AI 신약 클라우드 서비스를 선보인 신테카바이오를 예로 들 수 있다. 그 외 파로스아이바이오, 인세리브로(양자역학 기반의 신약 개발), 바스젠바이오(AI 기반 바이오 빅 데이터), 넷타겟(항암제 신약후보물질 개발) 등도 기억해둘 만한 이름이다.

❷ 미국도 중남미도 직접 팔겠습니다

K-바이오는 해외 진출도 물론 활발하고 수출 실적도 매년 증가세다. 2024년의 '일기'도 '매우 밝음'으로 예보하고 싶다. 특히 내년에 달라질 모습은 해외 직판(직접 판매)이다. 놓칠 수 없는 초거대 시장 미국뿐만 아니라 중남미에서 중개인이나 대리인을 거치지 않고 의약품 직판에 도전하는 기업이 점점 많아지고 있다.

미국서 직접 판매 확대하는 제약사들

2022년 미국의 의약품 시장은 약 5,900억 달러(790조 원)로, 단일 국가로는 세계 최대. 그러나 복잡한 보험 체계와 합법적 리베이트 활동 같은 현지 조건 때문에 국내 제약사들은 애를 먹었다. 그래서 지금까진 수출 제품이 있어도 세계적 제약사들이 미국에 펼쳐놓은 판매망을 이용할 수밖에 없었다. 그 대신 턱없이 높은 수수료를 지급하고서 말이다. 딜레마에 빠졌던 국내 제약사들 가운데 직판이라는 '모험'을 거는 기업이 두드러지게 늘고 있다. 초기 네트워크 구축에 들어갈 막대한 비용이야 말할 필요도 없지만, 그래도 일단 자리를 잡으면 인내와 고통이 충분히 보상받기 때문이다.

- 셀트리온은 이미 항암제 바이오시밀러와 자가면역질환 치료제 바이오시밀러 등을 미국에서 직판하고 있다. 유럽에서는 훨씬 이전인 2019년부터 자가면역질환 치료제 직판을 시작해 2022년부터는 모든 제품을 직판으로 돌려놓은 상태다. 회장이 스스로 "셀트리온의 1등 영업사원"을 자처하며 직접 매출 목표까

지 제시하는 기업답게 2024년에는 미국, 캐나다, 호주 등 주요 시장에도 직접 판매망을 갖춘다. 특히 5년 내 1조 원이 넘는 시장으로 클 것으로 전망되는 캐나다 공략에 공을 들이고 있다. 연 24조 원 규모인 미국 휴미라 바이오시밀러 시장 진출에도 긍정적이다. 현지 점유율 14%의 주요 유통기업 Optum(옵텀)의 공보험에 등재됐고, 추가 협상을 통해 2024년에는 현지 40% 시장에 진입할 계획이다. 또 곧 FDA 승인이 기대되는 렘시마SC의 미국 브랜드 Zymfentra(짐펜트라)가 2030년까지 매출 3조 원을 달성할 것으로 본다. 참고로 셀트리온은 전체 매출의 60%를 바이오시밀러에서, 40%를 오리지널 신약에서 구현할 계획이다.

o '미국 직판'하면 SK바이오팜도 빼놓을 수 없다. 자체 개발 신약인 뇌전증 치료제 'Cenobamate(세노바메이트)'를 미국 법인 SK라이프사이언스가 이미 2020년부터 직판하고 있다. 앞으로는 이미 구축해놓은 영업망을 확대하면서 수익성도 높여 흑자전환을 목표로 하고 있다.

o 2023년 초 미국의 AVEO Oncology(아베오)를 인수해 항암 신약, 세포 치료제를 중심으로 '2030년 글로벌 톱-티어' 제약사로 도약하기 위한 전략을 가다듬고 있는 LG화학 역시 바이오 관련 기업-기관 2,000여 개가 밀집해 있는 '바이오 산업의 메카' 보스턴을 중심으로 영업망을 확보했다. 언젠가 항암 신약 개발이 끝나고 출시할 땐 직판이 가능할 것이다. 아직은 LG의 바이오 사업이 작은 씨앗에 불과하지만, 그룹은 바이오를 미래 핵심 사업의 하나로 지목했으니 꾸준한 발전을 이룩할 것이다.

o 삼성바이오에피스는 2012년부터 공동 투자해온 파트너 Biogen(바이오젠)의 바이

오시밀러 사업부를 인수할 수 있다. 그동안 바이오젠의 매출 규모가 충분히 커져 인수 대상이 된 것이다. 300여 명의 의약품 판매 전문인력을 보유한 이 사업부는 현재 주로 삼성바이오에피스가 개발한 바이오시밀러 제품을 팔고 있다.

중남미 시장 발굴

잘 알려지진 않았지만, 중남미에 진출하는 제약사도 적지 않다. 미국이나 유럽만큼 의약품 시장 규모가 크지는 않아도 (2022년 560억 달러) 중남미 시장의 매출은 거의 연 13%의 성장률을 자랑하는 매력적인 시장이다.

○ 예컨대 최근 대웅제약은 현지 파트너사를 통해서 브라질과 멕시코에 당뇨병 신

약을 판매할 네트워크를 갖추었다. 또 에콰도르와 칠레에서는 대웅의 위·식도 역류 질환 치료제에 품목 허가가 떨어져 출시를 준비하고 있다.

o 한편 GC녹십자는 브라질 현지 파트너사와 최근 계약을 맺고 면역 글로불린 혈액 제제를 2028년까지 공급할 수 있는 준비를 마쳤다.

덧붙여 멕시코, 콜롬비아, 쿠바 등을 아우르는 통합 의약품청이 설립되었다. 의약품 평가와 감독 그리고 의약품-의료 기기 전반에 대한 규제가 이 기구로 일원화된다는 얘기다. 그렇게 되면 중남미 각국 의약품 시장을 일괄적으로 공략할 수 있게 돼, K-바이오의 수출시장 개척 노력에 적잖은 보탬이 될 것 같다. 앞으로 브라질, 아르헨티나, 칠레 등도 참여할 계획이라 그 영향력은 커질 것으로 보인다.

❸ K-바이오의 아킬레스건

바이오 CMO 세계 2위라지만 소·부·장은?

세계 2위 바이오 의약품 제조 역량을 자랑하는 한국이지만, 바이오 소재-부품-장비(소·부·장)는 부끄럽게도 대부분 수입에 의존하고 있다. 우리나라가 매년 해외에서 들여오는 바이오 소·부·장 구매 비용만 연간 2조 원이 넘는다.

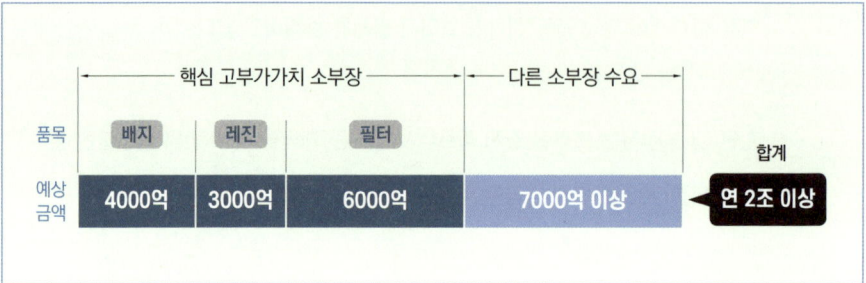

삼성바이오로직스는 바이오 의약품 위탁개발생산(CDMO) 사업에서 2023년 상반기에만 원부자재 매입 비용으로 4,739억 원을 지출했다. 상반기 CDMO 매출의 무려 42%다. 미국 Thermo Fisher Scientific(써모 피셔), 독일 Merck(머크)와 Sartorius(자토리우스) 등으로부터 세포 배양에 필요한 배지, 정제에 필요한 레진과 필터 등 소재를 사야 했다. 자회사 삼성바이오에피스까지 포함하면 원부자재 비용은 5년간 다섯 배 뛴 5,231억 원에 달한다. 사상 최대 수주를 기록해도 해외로 나가는 소·부·장 비용 역시 역대급이다. 셀트리온도 바이오 의약품 매출의 9%를 원부자재 매입 비용으로 썼다.

바이오 소·부·장 국산화 비율은 겨우 6%로, 자동차 부품(99%)이나 반도체 소재(50%)와 비교해 눈물겨울 정도로 턱없이 낮다. 중국에도 뒤처진다. 해외에서 원재료를 공급받지 못하면 바로 셧다운된다는 소리가 나온다. 바이오 핵심 장비를 국산화한 기업이 국내 기업의 주문을 받아놓고 막판에 외국 소·부·장 업체에 일감을 뺏긴 일도 있다. 해외 업체가 턴-키로 100억 원 규모 장비를 공짜로 깔아줄 테니 소모품만 5년~10년 구매해달라는 조건을 내놓자, 국내 발주처가 마음을 바꾼 것이다. 해외 업체의 물량 공세와 백화점식 영업을 당해낼 재간이 없다. 이래서 국산 소·부·장은 아직 '찬밥' 신세다. 수십조 원 매출의 글로벌 '공룡'을 무슨 수로 당하겠는가. 자동차나 스마트폰과는 달라서, 삼성바이오로직스는 아직 국내 협력업체를 키울 능력이 없다.

해외 의존도가 100%에 가까운 핵심 소·부·장에는 어떤 게 있을까? '배지'(세포주가 먹는 영양분), '레진'(단백질을 정제할 때 사용), '바이오 필터'(세균 바이러스 등을 걸러냄) 등이다. 모두 엄청난 고부가가치 제품이다. 바이오의약품 제조 원가에서 이들이 차지하는 비중은 60%다. 현재 배지 시장은 머크와 써모 피셔 등이 장악했으며, 레진 역시 Cytiva(싸이티바)의 독점 상태, 그리고 필터는 자토리우스, 머크, 싸이티바가 점령했다. 국내 기업으론 아미코젠이 유일하게 항체의약품용 배지와 레진의 생산기술을 보유하고 있으며, 세포-유전자 치료용 배지와 레진 시장에선 셀라토즈테라퓨틱스와 엑셀세라퓨틱스가 두각을 나타낸 정도다.

소재-나노 기술과 바이오 헬스케어 기술에 있어 한국은 미국에 3년~3년 반 정도 뒤처진 것으로 평가받는다. 참고로 2022년 글로벌 CDMO 시장은 202억8,000만 달러(25조7,799억 원)이고, 소·부·장 가운데 가장 큰 비중을 차지하는 배지 시장은 2019년 6조7,000억 원에서 2024년 10조 원대를 넘본다.

바이오 소·부·장의 국산화와 자립을 키울 방법이 없을까? 어쨌거나 대형 바이오 기업이 소·부·장 업체에 적극적으로 기술을 컨설팅해주면서 동반 성장하는 길뿐이다. 나약한 소·부·장 국내 후발주자로서는 그것이 가장 빠른 추격 방법일 것이다. 그래서 초기 산업생태계 형성에 정부와 대기업의 역할이 크다. 우리 정부에 그런 의지도 대책도 없다면, 세계 2위 CMO 국가라는 명성도 빛 좋은 개살구가 될지도 모른다.

02

마이크로바이옴 치료제 급성장 예약

Microbiome(마이크로바이옴)은 미생물이라는 뜻의 'microbe'와 생태계를 뜻하는 'biome'의 합성어로, 물리·화학적 특성도 뚜렷하고 서식지도 확실히 정해진 미생물의 군집을 가리킨다. 쉬운 말로 하자면, 우리 몸속에 사는 미생물을 말한다. 인체 내 미생물은 수십조 개에 이르며 대부분 소화기관에 서식한다. 마이크로바이옴은 사람의 생활 조건, 식습관, 약물 복용 등에 따라 달라지고 우리의 건강과 밀접하다.

미국 FDA가 먹는 마이크로바이옴 치료제를 최초로 허가한 때가 2023년 4월. 예전에 건강기능식품이나 화장품으로만 쓰여왔던 마이크로바이옴은 이때부터 치료제로 확대되었고, 2024년부터는 급성장을 예고하고 있다. 특히 미생물은 염증 조절과 면역 활성화를 돕기 때문에 마이크로바이옴을 항암제로 개발하려는 시도가 주목된다. 국내외 제약사들이 마이크로바이옴을 이용해서 대장 관련 질병, 유방암 등 치료제를 330개 이상 개발하면서 경쟁하는 이유다. 시장조사업체 Grand View

Research(그랜드 뷰 리서치)는 세계 마이크로바이옴 치료제 시장이 2030년까지 10억 6,680만 달러(1조 4,306억 원)로 급성장할 것으로 내다본다.

국내 스타트업도 마이크로바이옴 도전

국내에서도 마이크로바이옴 치료제 개발에 매진하는 바이오 스타트업이 적지 않다. 가령 지놈앤컴퍼니는 먹는 마이크로바이옴 면역항암제에 주력하면서, 아토피 같은 피부 질환과 뇌 질환, 희소 질환 치료제도 개발하고 있다. 또 고바이오랩은 모두 10개의 마이크로바이옴 파이프라인을 갖춘 것으로 알려진다. CJ제일제당이 천랩을 인수해 출범한 CJ바이오사이언스는 2024년에도 비소세포폐암, 흑색종 등 전이성 암 환자를 대상으로 마이크로바이옴 면역항암제 임상을 이어간다.

 바이오의약품의 아주 특별한 유통

제품마다 다르긴 해도 바이오의약품의 품질 유지에는 '저온 유통'이 필수다. 가령 화이자의 코로나-19 백신은 영하 70℃ 이하 환경이 필요했다. 저온 유통에 실패해 상온에 노출된 독감백신이 전량 폐기된 사례도 있다. 이처럼 의약품 생산부터 출하 ⇨ 유통 ⇨ 투약 전 과정에 적합한 온도를 유지하고 습도 제어, 충격 방지 등 안전한 환경을 보장하는 것이 콜드 체인(정온 물류) 시스템이다.

글로벌 거인들이 장악한 바이오 콜드 체인 시장에서 국내 후발주자들이 도

전장을 냈다. 한국의 바이오-CDMO 기업들이 두각을 보임에 따라 콜드 체인 기업들의 브랜드 인지도도 덩달아 빠르게 올라가고 있다. 이 분야의 선두인 LX판토스는 용기-냉매-포장재 공급사들과 협력해 고객 맞춤형 용기와 최적의 솔루션을 제공한다. 친환경 패키징 기업 써모랩코리아는 블루투스 기반으로 패키징 위치를 파악하고 내부 온도, 습도, 충격 등을 실시간 보여주는 콜드 체인 모니터링 설루션을 선보였다.

적극적으로 지원하는 정부

우리 정부는 마이크로바이옴 이니셔티브 사업을 재정비해 2025년부터 2032년까지 총 4천억 원의 자금을 조성, 우선 인체질환 중심 사업으로 범위를 좁힌다. 임상-전임상 시료와 관련 데이터를 구축하고 관련 정보를 자원화하는 인프라를 확립할 계획이다. 이런 인프라를 주춧돌 삼아 원천기술을 개발하고, 치료제 후보물질을 발굴해낼 것으로 보인다. 국내 마이크로바이옴 업계의 2024년 기대감도 커지고 있다.

무엇보다 마이크로바이옴 시장은 세계 최초 마이크로바이옴 기반 '경구용' 장염 치료제에 대한 FDA의 승인을 기다리고 있다. 지금까지는 대개 직장으로 주입하는 방식이라 환자 거부감이 커서 문제였다. FDA가 알약 제품을 승인한다면 마이크로바이옴 대중화에도 속도가 붙을 것이다.

Part Four. On Bio and Healthcare | K-바이오

03

바이오-헬스케어에 스며드는 AI 서비스

국내 의료 AI 기업들이 해외에서 연이어 호평받고 있다. AI 근원 기술에선 미국-유럽 등에 뒤처졌지만, 의료 AI 분야에선 이야기가 다르다. AI 서비스를 활용하는 의료업계에 쏟아지는 증시 자금도 폭발적이다. 의료 분야에서 초거대 AI가 가장 빠르게 활용될 수 있다는 기대가 깔려 있다. 챗GPT와 생성 AI가 혜성처럼 등장하면서 AI 관련 종목이 연초에 급등했다가 몇 달 안에 다시 폭락했지만, 의료 AI 기업들은 승승장구하고 있다. 다만 건강보험 수가를 제대로 못 받아 나라 안에선 제 역할을 못 한다는 지적도 있다.

AI로 무장한 국내 의료 기업들이 유난히 진단-분석에 집중하는 것은 왜일까? AI를 활용해 신약 개발에 집중하는 미국 거대 의료업체들과의 경쟁을 피할 수 있기 때문이다. 의료 AI 기업 중에는 지나친 밸류에이션도 있지만, 중장기적으로 AI 의료 서비스의 지속 성장에는 의심의

여지가 없다. 다만 정말 차별화된 기술력을 갖추었는지, 재무구조는 상대적으로 견실한지, 매출이 증가하고 영업이익도 실현 가능한지, 등을 조심스럽게 확인해야 할 것이다.

- 의료 AI 기업 루닛은 항암치료 확률을 예측하거나, 적절한 치료법을 제안하는 등 암 진단-치료에 특화된 AI 기술을 보유하고 있다. 2023년 상반기 매출은 164억1,600만 원. 이것만으로 전년도 전체 매출액을 훌쩍 뛰어넘었다. 전체 매출의 85.8%를 차지하는 해외 사업 성장이 매출 급증의 이유다. 주가도 7개월 사이 500% 넘게 올랐다. 2024년 예상 매출이 500억 원일 정도로 초고속 성장이니 개인투자자들이 매료되지 않을 수 없을 것이다.

- AI 진단 기업인 뷰노도 매출 규모(상반기 47억 원)는 작지만, 실적 상승은 인상적이다. 업계 최초로 비급여 시장을 뚫은 AI 심정지 예측 의료 기기 '뷰노메드 딥카스'가 매출을 이끌었다. 주가 역시 연초보다 500% 이상 올랐다. 특히 뷰노는 국내외 병원과 기업 등에 공급하는 치매-뇌 질환 조기 진단 AI라는 무기를 장착하고 있다. 아직은 영업적자를 벗어나지 못하고 있지만, AI 진단 기술력에 대한 입소문이 업계에 퍼지면서 매출이 가파르게 늘고 2024년과 그 후의 전망도 장밋빛이다.

- 이 밖에 주목할 만한 의료 AI 기업으로는 진단 및 데이터 분석 기업인 제이엘케이와 딥노이드를 꼽을 수 있을 것이다. 특히 딥노이드는 흉부 엑스레이 판독 보조 솔루션인 '딥체스트'라든지, 뇌 MRA 판독 보조 솔루션 '딥뉴로' 등을 갖추고 있다.

❶ 한국보다 해외에서 더 뜨거운 호평

○ '진단을 넘어 치료에까지 AI 적용'을 목표로 삼은 루닛은 최근 세계 최고 권위의 American Society of Clinical Oncology(미국임상종양학회) 연례 회의에서 16편의 연구 초록을 발표했다. 함께 모인 쟁쟁한 의료 AI 기업 중 가장 많은 숫자다. ASCO가 루닛의 연구 성과를 그만큼 인정했다는 뜻이 아닐까.

○ 심혈관 진단 설루션을 공급하는 코어라인소프트는 '에이뷰 CAC'라는 서비스를 미국 UCLA에 공급한다. 이 설루션은 해마다 9만 명의 환자가 찾는 대형병원 의료진이 심장 컴퓨터단층촬영(CT) 영상을 판독하는 데 활용된다.

○ 태국, 대만, 말레이시아, 사우디아라비아, 싱가포르 등에서는 국내 1세대 의료 AI 기업 뷰노가 2022년 흉부 엑스레이 판독 설루션을 허가받은 바 있다. 최근엔 미국에서 AI 기반 의료영상 분석 기술에 대한 특허를 받기도 했다.

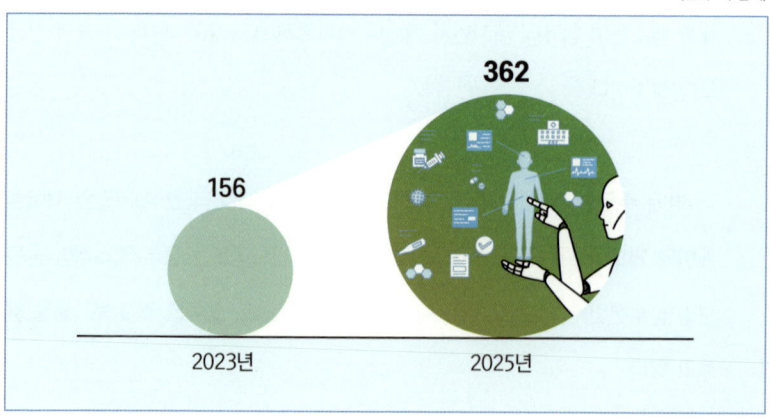

AI헬스케어 세계 시장 규모 (단위: 억 달러)

자료: 마케츠앤드마케츠

"경쟁력의 뿌리는 양질의 의료 데이터"

우리 기업들이 의료 AI 기술력을 인정받는 배경을 이해하려면 한국의 의료 환경을 알아야 한다. 주요 선진국과 견주어 의료비가 저렴한 덕에 다양한 의료 정보가 축적돼 있어서다. 꼼꼼하게 전산화된 이 의료 데이터는 기업이나 대학들이 연구 목적으로 활용할 수 있다. 대체로 환자 개개인의 엑스레이, CT, 자기공명영상(MRI) 같은 데이터가 모두 보관돼 있고, 그 품질도 다른 국가와 비교했을 때 매우 우수한 데이터다. 즉, 영상분석 AI를 고도화하기에 무척 유리한 환경이란 얘기다.

글로벌 의료 AI 시장이 커지면서 이 분야 우리 기업들도 2024년의 빠른 성장을 기대한다. MarketsandMarkets(마케츠앤마케츠)라는 시장조사기관은 2023년에 세계 의료 AI 시장이 156억 달러에 이를 것이며, 2024년에도 50% 이상의 고성장을 이룩해 2025년이면 362억 달러 규모로 확대할 거라고 예상한다. 전체 매출의 80%를 해외에서 벌고 있는 루닛 등 국내 의료 AI 업체들은 해외 판로 확대를 통해 몸집을 키우고 있다.

베트남에 건강검진 센터 짓는 통신사

KT는 통신사지만 베트남 하노이에 종합 건강검진 센터를 짓고, AI 기술을 활용한 원격의료 서비스 사업에도 뛰어든다. ICT 기업이 해외 건강검진 사업에 뛰어드는 첫 사례인데, 통신 데이터와 AI 기술을 의료 분야에 적용해 국내외 비非통신 신사업으로 디지털 헬스케어를 키운다는 큰 그림이다. 우선 현지의 한국인 7만 명과 함께 하노이 인구 900만 명 중 상위 10% 고소득층을 주 고객군으로 본다. 현재 베트남에서 종합 건강검진을 제공하는 병원은 8곳에 불과하다.

사업 첫해인 2024년 검진 목표는 3만 명 정도다. KT 측은 현지의 건강검진 단가를 고려할 때, 투자 비용은 빠르게 회수할 것으로 추산한다. 의료기업도 아닌 KT가 이 시장에 뛰어든 것은 단연 파격적이지만, 승산이 있다고 믿는 모습이다. 고령화에다 만성질환 환자가 늘고, 진단과 치료 위주였던 의료 시장이 '예방' 중심으로 바뀌고 있으므로, 데이터와 AI 주도로 맞춤형 의료를 제공하면 성공할 거라는 논리다.

베트남은 시작에 불과하다. KT는 나라 안팎에서 다양한 디지털 헬스케어 사업을 확대할 계획이다. 예를 들어 암과 만성질환 환자 비대면 케어는 베트남에서 이미 시범 서비스에 들어갔다. 베트남 국립암센터, 하노이 의대 병원 등이 협력한다. 건강관리 앱을 활용해서 이들에게 원격진료, AI 진단, 건강관리 서비스를 지원한다. 언젠가 우리나라에서 원격의료 서비스 규제가 모두 풀리면, 그때 소중한 경험과 자산이 될 것이다.

❷ AI로 정확도 높인 영상 판독

전 세계 사망 원인 1위는 심혈관 질환이다. 국내에서는 암에 이어 사망 원인 2위다. 누가 뭐래도 치명적인 질환이며 환자 수도 급격히 증가하는 추세다. 특히 심장에 혈액을 공급하는 관상동맥이 막혀 심장이 손상되는 심근경색증 환자는 30%나 늘었다.

심장질환 환자와 검사 수요는 함께 늘고 있는데, MRI나 CT로 심장의 모양을 보는 기존 검사 기술에는 별 진전이 없다. 비용, 시간, 인력의 부담도 클 뿐만 아니라, 눈으로 영상을 판독해야 해서 의사마다 진단이 제각각이란 문제도 있다. 판독하는 의사가 경험도 지식도 풍부해야겠지만, 폭증하는 검사를 소화하기에도 인력은 태부족이다.

개선의 해답은 바로 AI에 있지 않을까. 의료 인프라 대부분이 디지털로 전환 중인데, 심장질환 영상 판독만큼은 여전히 의사의 주관에 좌우된다. 빠르고 정확하게 판독하도록 AI를 이용해 자동으로 영상을 분석하고 진단하는 기술이 나와야 한다.

미국 진출보다 더 중요한 것은

영상 촬영만으로 심장 기능 변화에 대한 바이오마커(생체지표자)를 AI로 자동 분석해 알려주는 '마이오믹스(Myomics)' 같은 소프트웨어가 좋은 예일 것이다. MRI 영상을 찍으면 AI가 수천 장의 이미지를 자동으로 분석하는 아시아 최초 심장질환 자동 분석 소프트웨어다. 전문가가 30분 이상 걸리던 판독 시간도 단 5분으로 대폭 줄였다. 국내 허가에 이어 미 FDA의 시판 전 허가도 따냈다. 국내 상급종합병원 15곳에서 이미 사용 중이다. 태국과 대만 시장에서도 인허가 절차를 밟고 있다. 하지만 개발사 팬토믹스는 최대 시장인 미국 진출보다도 완전히 차별화된 경쟁력을 갖추기 위해 기술 고도화를 택했다. MRI 실험 결과 진단 정확도 90.9%, 분석 성공률 99.3%를 기록해 마이오믹스의 미래는 대단히 긍정적이다. 2024년부터는 다국적 의료 장비 회사와 협력해 유통망을 확보한 다음 미국에 본격 진출할 계획이다

팬토믹스는 급성 심근경색을 선별 진단하는 '안지오믹스(Angiomics)'도 개발하고 있다. 심근경색의 원인을 평가해 수술이 필요한 응급환자를 선별하는 원리가 기반이다. 골든 타임이 3시간에 불과해 가장 사망률이 높고 치명적인 질환인 만큼 신의료기술로 인정받을 가능성이 크다. 그 외 바이오마커를 AI로 자동 분석-진단하고 지방량, 섬유화, 간 경화, 간 기능을 모두 평가해 간세포암종, 간 경화 등 간 질환을 진단하는 기술도 개발 중이다.

04

비만증에 걸린 '비만 치료제' 시장

❶ 비만의 개념부터

제약사들도, 과학자들도 이런 얘기를 한다. "개발만 하면 떼돈도 벌고 노벨상까지 받게 되는 의약품이 바로 비만 치료제와 탈모 치료제잖아." 틀림없는 말이다. 수요는 분명히 어마어마한데, 먹어서 살을 빼주거나, 머리칼이 생기게 하는 약은 아직 없다. 하지만 2024년 의약품업은 비만 치료제 이야기로 떠들썩해질 것 같다. 비만 치료제가 제약의 차세대 신데렐라로 떠오르고 있어서다. 놀라운 신약들이 시장을 달구며 곧 비만 치료제는 항암제들을 매출 상위권에서 몰아낼 기세다. 오죽하면 덴마크 기업의 제품이 너무 잘 팔려 덴마크 통화인 크로네 가치가 오른다느니, 금리가 떨어지고 일자리가 늘면서 경제가 들썩한다는 얘기까지 나오겠는가!

개념부터 확립하자. 비만의 정의는 정확히 무엇인가? 체중을 키

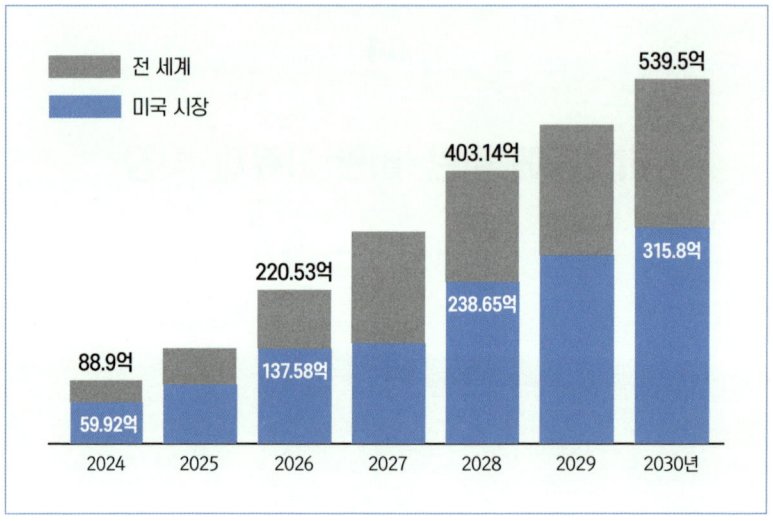

세계 비만 치료제 시장 규모 (단위: 달러)

자료: 모건 스탠리

의 제곱으로 나눈 값인 BMI(Body Mass Index; 체질량지수)가 비만을 판단하는 척도로 가장 많이 쓰이는데, BMI가 25 이상이면 '과체중', 30 이상이면 '비만'으로 본다. 그럼, 비만인 사람은 도대체 얼마나 많을까? 2020년 World Obesity Federation(세계비만재단)은 세계 인구의 14%가 비만이며, 2035년엔 24%인 18억 명으로 늘어날 것으로 내다봤다. 그리고 같은 기간 과체중 인구는 38%에서 51%(40억 명)로 증가한다고 예상했다. 특히 비만 문제가 심각한 미국은 지금 비만 인구가 전체의 40%를 넘을 정도다.

비만이 불러오는 경제적 문제는 사회적 비용의 증가다. 2035년이면 비만으로 인한 사회적 비용이 연 4조 달러나 될 거란 전망이 나올 정도다. 더구나 소득도 낮은 아시아와 아프리카 국가에서 비만이 더 급격히 늘어나고 있어 걱정스럽다. 비만이 경제성장을 저해한다는 게 괜한 말이 아니다. 이것은 비만이 뇌졸중, 심장병, 당뇨 따위 성인병의 원인이어서 그렇다. 심하면 감염병으로 사망하거나 암에 걸릴 확률도 높인다고 한다.

그러니까 비만 치료제는 그냥 살찌는 병만 고치는 게 아니라, 심장마비나 뇌졸중도 줄여서 사회적 비용 절감에 공헌한다는 얘기다. 숫자로 표현해보자. 과체중과 비만 인구를 5% 낮추면 연간 4,290억 달러의 비용을 줄일 거라는 연구도 있다. 시장조사업체 Vantage Market Research(밴티지 마켓 리서치)에 따르면 세계 비만 치료제 시장이 2022년 116억 달러에서 2030년 390억 달러(약 52조1,000억 원)로 급증할 전망이다. 모건 스탠리는 540억 달러 시장을 예측하기도 했다.

❷ 2024년 비만 치료제 신드롬?

선두주자 위고비

미국과 서구 선진국들의 '위고비' 신드롬은 이미 우리에게도 잘 알려져 있다. 일론 머스크가 위고비로 날씬해졌다느니, 어떤 유명 배우가 위고비를 애용한다든지, 별의별 가십이 SNS를 달구었다. 위고비 품귀 현상 이야기도 자주 퍼진다.

하지만 비만 치료제가 갖는 의미는 단순히 '살 빼는 약' 정도에 그치지 않는다. 이들 치료제는 약으로는 불가능하다고 생각했던 효과, 수술에 버금가는 체중 감량 효과를 내면서 앞으로 의약품 시장의 패러다임도 바꿀 수 있다. 예를 들어 위고비는 심혈관 질환 위험을 20%나 낮춘다는 연구 결과가 있었다. 이런 식으로 고도비만 치료제가 여러 가지 위험을 줄인다는 사실이 입증되면 어떻게 되겠는가. 고혈압이나 수면무호흡증 등 고도비만과 밀접한 관련이 있는 질병의 치료 가능성이 개선될 것이다. 보험시장 진입도 수월해진다. 제품의 활용도도 커진다. 위고비 같은 약을 비만 치료제 이상의 의미로 바라보는 이유다.

덴마크 경제를 들썩인 비만 치료제

그렇다, 현재 비만 치료제 경쟁의 맨 앞에는 덴마크 당뇨약 전문 제약사 Novo Nordisk(노보 노디스크)의 'Wegovy(위고비)'가 자리 잡고 있다. 이 회사는 약 10년 전 'Saxenda(삭센다)'라는 제품으로 시장을 개척한 바

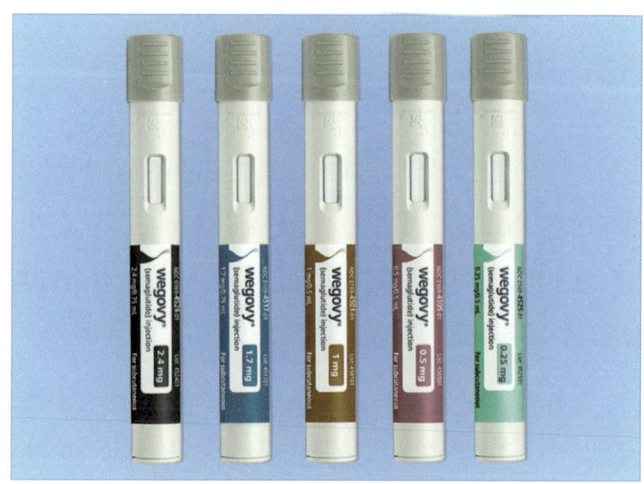

○ 노보 노디스크가 개발한 위고비

있다. 그 후 Ozempic(오젬픽)이라는 비만 치료제를 출시해 지금까지 판매하고 있는데, 이 역시 어마어마한 히트 상품이었다. 그리고 마침내 하루 한 번의 투약 횟수를 주 1회로 줄인 '위고비'를 출시하면서 시장을 석권해버렸다.

얼마나 팔렸기에 이토록 소란일까? 위고비는 2023년 2분기 동안에만 7억3,500만 달러(9,862억2,300만 원) 가까이 팔렸다. 전년도 동기에 비하면 6배 늘어났다. 이런 흥행 덕분에 노보 노디스크의 기업 가치가 폭등(시총 50% 증가)했음은 두말할 필요도 없다. 심지어 내년엔 노보 노디스크가 레고나 칼스버그 같은 전통 기업을 제치고 북유럽 경제를 뒤흔들 거란 얘기까지 나오는 실정이다.

1위 자리 위협하는 마운자로

하지만 선두는 언제나 외롭고 위태로운 법, 미국의 Eli Lilly(일라이 릴리)가 개발한 비만 치료제 Mounjaro(마운자로)가 최근 위고비의 대성공에 도전장을 내밀었다. 마운자로는 임상 3상 시험에서 72주 차 체중 감소율이 최대 22.5%에 달하는 것으로 밝혀져 업계를 깜짝 놀라게 했다. 수술이 아니라 치료제로써 체중을 감량하는 경우 '마의 벽'으로 인식되어오던 20%를 넘어섰기 때문이다. 이에 비해 위고비가 입증한 체중 감량 효과는 15%였다. 주사 빈도는 주 1회로 똑같은데 마운자로의 살 빼는 효과가 더 뛰어나다고 해서, 업계에서는 일라이 릴리의 블록버스터 마운자로가 머지않아 1위 자리를 차지할 것으로 보고 있다. 원래 제2형 당뇨 환자를 위한 치료제로 개발되었던 마운자로는 출시 1년 만에 분기 매출 10억 달러를 달성했으니, 2024년도 매출은 50억 달러도 쉽게 뛰어넘을 것 같다.

선두를 놓고 엎치락뒤치락 중인 일라이 릴리와 노보 노디스크는 후속 후보물질 확보를 위해 30억 달러 규모를 R&D에 투자할 계획이다. 국내 10대 제약사들이 한 해 내내 쓰는 R&D 비용의 두 배 정도다. 이들은 지금 비만 치료제 시장의 차세대 게임 체인저를 개발하기 위해 전력 질주하고 있다. 일라이 릴리는 Retatrutide(레타트루타이드)라는 이름의 후속 주자, 노보 노디스크는 CagriSema(카그리세마)라는 후속 주자를 준비 중이다. 참고로 알아두자, 100년 전 세계 처음으로 인슐린을 상용화했던 일라이 릴리나, 세계 인슐린 생산량의 50%를 차지하고 있는 노보 노디스크나, 모두 전통의 당뇨 명가라는 사실을.

존슨앤존슨의 독주는 여기서 그만!

2011년 이후 세계 제약·헬스케어 기업 시가총액 1위 자리를 굳게 지켜온 Johnson & Johnson(존슨앤존슨)의 독주 체제가 2023년 6월 무너졌다. 연초 3,476억 달러(약 453조 원)로 시작한 릴리의 시총이 상반기에만 28.1% 상승, 6월 말 4,452억 달러를 기록하면서, 같은 기간 6.9% 위축된 존슨앤존슨을 따돌린 것이다. 새롭게 왕좌에 오른 릴리의 무기는 물론 당뇨 및 비만 치료제 마운자로다. 노보 노디스크의 성장도 무서웠다. 세계 대표 제약사인 Pfizer(화이자)와 미국 Merck(머크)의 시가총액이 줄어들거나 주춤하는 사이, 이들을 누르고 세계 3위 제약·헬스케어 기업 자리에 올랐다. 자가면역질환 치료제와 면역항암제가 독주하던 시대가 저물고 비만 치료제가 의약품 시장 패권을 장악하는 시대가 온 것일까.

국내 제약사들도 비만 치료제 도전

비만 치료제 수요가 늘면서 국내 의료 현장에선 일라이 릴리와 노보 노디스크 제품의 품절 상태가 이어지고 있다. 국산 치료제가 개발되면 숨통이 트일 것이란 전망이 나온다.

o 개발 속도가 가장 빠른 기업은 '한국인용 비만약'이란 전략을 앞세운 한미약품이다. 한국인은 상대적으로 비만도가 낮으므로, 다른 글로벌 신약처럼 감량 효과가 높지 않아도 시장성이 있다는 셈법이다. 이미 비만 치료용 임상 3상 시험을 위한 계획을 식품의약품안전처에 제출했다.

비만약 개발 중인 국내 기업 현황

업체	계열	개발명	단계
한미약품	GLP-1	에페글레나타이드	국내 3상
동아에스티	GLP-1	DA-1726	전임상
일동제약	GLP-1	ID110521156	전임상
HLB제약	GLP-1	HP-P038	전임상
LG화학	MC4R	LR19021	미국 1상
대웅제약	SGLT-2	DWP306001	국내 1상
유한양행	GDF15	YH34160	전임상

- 동아에스티(DA-1726), 일동제약(ID110521156), HLB제약(HP-P038) 등 비만 치료제 도 출시를 준비 중이고, LG화학도 유전성 비만 치료제 LR19021을 개발하고 있는데 미국 임상 1상 단계다. 그 밖에 대웅제약, 유한양행 등도 치료제 개발에 나섰다.

- 독자적인 당뇨·비만 치료제 약효 지속성 전달 물질 스마트데포(SmartDepot)를 개발한 펩트론도 크게 주목받았다. 글로벌 시장을 주름잡은 위고비나 마운자로 가 주 1회 주사형인데, 스마트데포 기술을 적용하면 월 1회, 또는 2개월 1회까 지 지속력을 높일 수 있다는 논리다.

시장에 나와 있는 비만 치료제가 보여준 체중 감소 효과가 이미 넉 넉해서, 앞으로 경쟁은 감소 효과보다 편의성 측면으로 옮겨갈 것 같다. 국내 제약사들도 이런 점에서 혜택을 볼 수 있을 것이다.

미국 시장을 공략해야

위고비나 마운자로 등 비만 치료제는 얼마에 팔릴까? 나라마다 천 차만별이다. 미국의 보건전문 비영리기관 Kaiser Family Foundation(KFF; 카이저 패밀리 재단)이 공개한 1개월 처방 가격을 비교해보자.

독일: 328달러(43만 원)
네덜란드: 296달러(39만 원)
미국: 1,349달러(180만 원)

같은 약인데 나라마다 왜 이렇게 가격이 다를까? 보험 등의 제도적인 측면이 큰 이유다. 미국은 다른 나라보다 비만 환자가 많다는 점, 즉, 수요가 유난히 크다는 점도 한 가지 이유다. 아무튼 미국 내 판매가가 적게는 2배~3배, 많게는 4배 가까이 높다. 환자도 많고, 약값도 비싸고, 시장도 거대하니 미국은 반드시 진출해야 할 나라다. 당뇨약이나 비만 치료제를 개발하는 기업으로서는 가장 매력적인 시장이다. 2024년 이후로 미국을 공략해줄 우리나라 비만 치료제가 나올 수 있을까.

글로벌 제약사의 기술이전 방식으로 비만·당뇨 치료제를 개발하고 있는 유한양행과 한미약품이 가장 유력하게 보인다. 글로벌 제약사가 직접 개발하는 제품인지라, FDA 승인을 획득하고 미국에 진출할 확률이 상대적으로 높아서다.

Part Four. On Bio and Healthcare | K-바이오

05

치매, 고치기는 어려워도 늦출 수는 있다

2023년 7월 초 미 FDA가 알츠하이머 진행을 늦추는 치료제 'Leqembi(레켐비)'를 정식 승인했다. 미국 Biogen(바이오젠)과 일본 에자이가 공동 개발한 레켐비는 2주에 한 번씩 정맥 주사를 통해 주입하는데, 뇌에 축적되는 비정상 단백질을 제거해 기억력 악화 속도를 낮춘다. 임상시험 3상에서 치료제를 투여받은 환자의 인지 능력 감소가 27% 늦게 진행됐다. 18개월간 병의 진행을 5개월 정도 늦춘 것과 같은 결과다. 물론 아직도 진정한 의미의 '알츠하이머 치료제'라고 부를 수는 없다.

의학의 발달로 암도 치료하고 인간의 수명도 늘었건만, 알츠하이머는 여전히 난제다. 원인도 불분명하고 치료제 개발은 더 어려웠다. 단백질을 표적으로 한 치료제의 동물 실험에서는 효과가 좋았지만, 실제 임상에서는 효과가 작았고 부작용이 컸다. 지금까지 알츠하이머 치료제는 질병 자체를 치료하기보다는 증상을 완화하는 정도에 그쳤는데, 이제 환자와 가족에 오랜 고통이며 '가장 파괴적인 질병'이라는 알츠하이머를

레켐비	
성분명	레카네맙(lecanemab)
제약사	에자이, 바이오젠
현황	美 FDA 정식 승인
치료 원리	알츠하이머 발병에 관여하는 베타 아밀로이드 플라크 생성 방해
임상 결과(효과)	투여 18개월 후 인지 능력 저하 27% 지연
부작용	투약군의 13%가 뇌부종 또는 뇌출혈 겪어
가격	미국 기준 1년 치 2만6500달러(약 3341만 원)

자료: 미국의학협회지(JAMA), 로이터통신

근본적으로 치료할 전기가 마련됐다.

증상을 개선하는 것이 아니라 초기 단계 환자의 인지 능력-기억력 저하를 늦추는 수준이므로 갈 길이 멀긴 하지만, 레켐비는 알츠하이머 정복의 첫걸음이 될 수 있다. 이번 FDA의 승인 직전, 한국에서도 레켐비 시판 허가 승인 신청서가 제출되었다. 심사가 순조롭게 이루어진다면 2024년 하반기 승인이 떨어질 수 있다.

기억력과 인지 기능이 떨어지는 퇴행성 뇌 질환 알츠하이머 환자는 우리나라에서도 65세 이상 인구의 10% 정도이고, 세계적으로 2020의 5,500만 명에서 2030년 7,800만 명, 2050년 1억3,900만 명까지 급증할 전망이다.

여전히 남은 과제들

아직 인지 저하와 기억력 감퇴가 본격적으로 나타난 중증 환자에게 사용할 수 없고 단지 초기 환자에게만 적용된다는 한계를 뛰어넘어야 한다. 부작용도 워낙 심하다. "심각하게 생명을 위협하는 사건을 일으킬 수 있다"는 요지의 '블랙 박스 경고'를 레이블에 부착하도록 FDA가 규제할 정도다. 연간 3,500만 원(미국 기준)에 이르는 엄청난 비용 등도 해결해야 할 과제로 남아 있다.

이미 손상된 뇌는 회복할 수 없다. 그래서 당장 필요한 것은 알츠하이머의 진행을 멈추는 약이다. 신약은 질병 진행을 늦추는 방향으로 개발되어야 한다는 데 전문가들도 동의한다. 물론 저렴한 합성 신약을 만들어 지나치게 비싼 약값도 극복해야 한다. 병원에서 오랫동안 주사를 맞는 대신 환자가 편리하게 복용할 수 있는 경구용 치료제도 나와야겠다. 2023년 현재 전 세계적으로 개발되고 있는 알츠하이머 치료제 후보 물질은 141개로, 187건의 임상이 이뤄지고 있다.

알츠하이머에도 도전하는 일라이 릴리

레켐비의 뒤를 이을 알츠하이머 신약도 이미 모습을 드러냈다. 바로 일라이 릴리의 'Donanemab(도나네맙)'이다. 임상 3상 시험에서 인지력 저하를 35% 늦추는 것으로 나타나 기대를 모은다. 레켐비와 비슷한 결과다. 특히 극히 초기인 환자에게 투약하면, 인지력이 떨어지는 속도를 60%까지 늦춘다는 결과가 나왔다. 다만 진행성 알츠하이머병 환자들에게는 효과가 없었다. 일라이 릴리는 FDA에 도나네맙 승인을 신청한 상태다.

이 두 신약의 차이는 섬세하다. 레켐비는 알츠하이머 환자의 뇌에 플라크가 생성되기 전에 아밀로이드에 작용해 플라크가 되지 못하도록 방해하는 반면, 도나네맙은 이미 존재하는 플라크를 제거하는 효과를 낸다. 둘 다 아밀로이드 항체를 기반으로 한 치료제여서, 뇌부종이나 뇌출혈을 겪는 등의 부작용도 비슷하다. 약을 쓰더라도 엄격한 MRI 검사를 반드시 동반하라는 경고가 나온다.

Part Five

On Defense Industry
K-방산

**2024
BUSINESS
TREND
KOREA**

Part Five. On Defense Industry | K-방산

01

상상하기도 어려웠던 세계 4강의 꿈

❶ 이스라엘도 제쳤다

2022년 K-방산 수출은 이미 사상 최대인 173억 달러를 기록, 이스라엘의 무기 수출액 110억 달러를 뛰어넘었다. 방산 수출에서 한국이 이스라엘을 제치다니, 상상하기 힘든 사건이 벌어진 것이다. 생산 무기의 75%를 수출하고 각종 첨단 기술로 글로벌 시장을 석권해온 이스라엘은 항상 K-방산의 롤 모델 아니었던가!

"이미 메이저리그 수준이야."

국산 소총이 처음 생산된 게 1973년이었으니, 한국의 무기 제조 역사도 그럭저럭 50년이다. 특히 최근 2년~3년 새 유례 없는 속도로 무기 수출이 늘더니 이젠 무기 수출로 세계 9위가 됐다. 전 세계가 'K-방산'에 주목하는 중이다. 지난 10여 년간 20억~30억 달러 수준을 지켜오던 K-

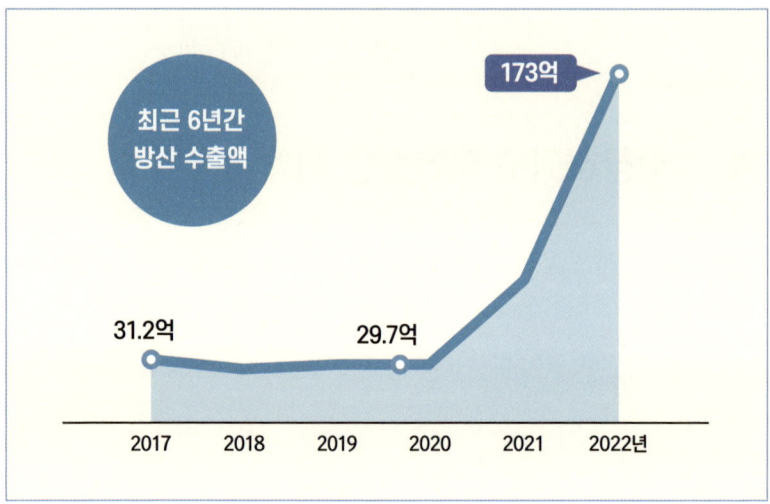

방산은 2021년 72억 달러에서 2년 사이 5배 이상으로 늘었고, 2023년엔 200억 달러를 넘어설 전망이다. 어느 언론의 표현처럼 '자유민주주의 진영의 무기고' 역할을 앞으로도 충실히 할 것 같다.

해외 언론도 K-방산을 호평하면서 긍정적인 2024년 전망에 힘을 실어준다. CNN은 K-방산의 활약을 두고 이미 '메이저리그에 진입했다'고 평한 바 있고, 한국을 자유민주주의의 무기고라고 부른 언론도 있다. 이에 호응해, 우리 정부도 방위산업을 미래 먹거리 신산업으로 선정하고 2027년까지 세계 4대 방산 수출국이 되자는 목표를 제시하면서, 200억 달러를 2023년 타깃으로 설정했다.

Stockholm International Peace Research Institute(SIPRI; 스톡홀름 국제평화연구소)라는 씽크 탱크는 한국이 2018~2022년 전 세계 방산 수출

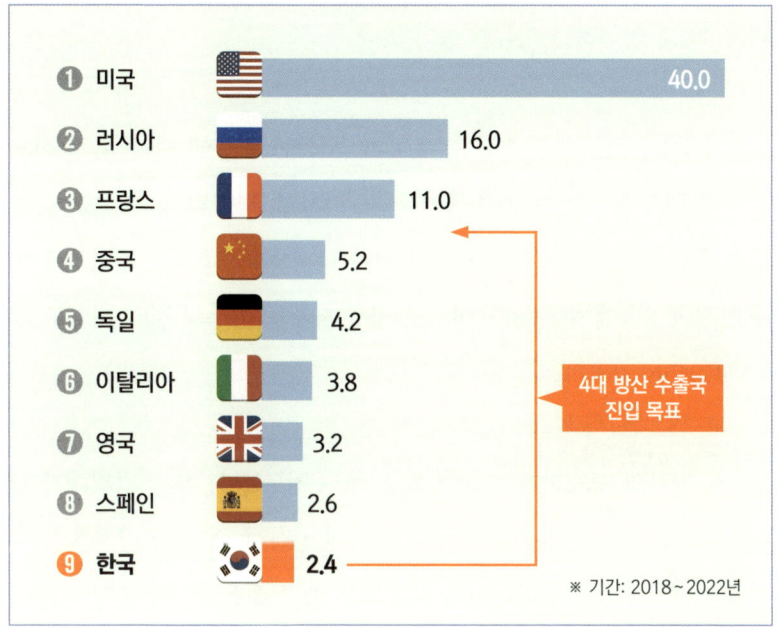

시장의 2.4%를 차지했으며, 이는 직전 5년보다 74%나 늘어난 것이라고 밝혔다. 이런 성장세는 압도적인 세계 1위다. 유럽·중동·동남아 등으로 무기 판매 지역을 넓히고 있는 'K-방산'의 수출은 2024년에도 계속 기분 좋은 성장세를 보여줄 전망이다.

다만 글로벌 순위로 봤을 때, 한국의 무기 수출은 5년간 꾸준히 상승한 끝에 2022년 세계 9위로 집계됐다. 수출 지역도 종전의 아시아-북미 중심에서 두드러지게 유럽, 중동, 중남미, 오세아니아 등으로 다양해지고 있다. 이런 성장에 고무된 한국 방산업계는 2027년까지 미국, 러시아, 프랑스에 이어 세계 4위 수출국을 달성하자는 야무진 목표를 세웠다. 국내 방산업 선두주자인 한화에어로스페이스가 2024년까지 생산능력을 3배로 늘리려는 이유가 여기 있다.

우리는 주로 어떤 방산 품목을 수출할까? 처음엔 탄약, 함정 정도로 시작했으나, 이제는 수출품이 전차, 미사일, 경공격기, 자주포, 다연장로켓 등으로 다양화-첨단화하고 있다. 특히 K9 자주포는 폴란드를 비롯한 세계 8국에 수출된다. 어느덧 세계 자주포 시장의 절반 이상을 장악해버렸다.

K-방산의 경제적인 파급 효과는 어느 정도일까? 우선 가격대가 남다르다는 사실은 전문가가 아니어도 쉽게 상상할 수 있다. 구체적인 수치를 보자. T-50은 우리나라가 최초로 수출한 초음속 훈련기인데, 단 1대 가격이 2,500만 달러(305억 원)다. 웬만한 중형차 1,500대의 수출 실적과 맞먹는 단가다. 그렇다면 수천억 원을 호가하는 잠수함이나 첨단 대형 함정이라면 어떻겠는가. K-방산의 성공이 왜 우리 경제에도 중대한 이슈인지, 감이 잡힐 것이다. 게다가 이런 무기에 따라가는 부품이나 관련 소재-장비 수출에다가, 정기 보수처럼 값비싼 A/S까지 고려하면 무시하지 못할 정도다. 기술의 이전까지 유료로 이루어진다면 부가가치 창출은 더 늘어난다.

❷ K-방산의 경쟁력

산업연구원에서 우리나라 각 무기체계의 경쟁력을 조사한 적이 있다. 그 결과 총 70여 개 품목 중 30여 개는 선진국을 100으로 봤을 때 우리가 90 이상 수준이었다. 특히 수출이 호조를 보인 K2 전차, K9 자주포, 천무, FA50 경공격기 등은 선진국에 거의 뒤지지 않는 95라는 점수를 얻었다. 그 외에도 탄약이나 천궁, 현궁 같은 무기체계의 경쟁력 역시 선진국 수준이라 해도 과언이 아니었다.

방산에 관심이 없는 사람들도 Lockheed Martin(록히드 마틴)이란 이름은 들어봤을 것이다. 자타 공인의 세계 최고 방위산업 기업이다. 한국은 록히드의 도움으로 KF-21이라는 초음속 전투기를 개발했다. 부품만 20만 개가 넘는 KF-21은 북한의 주력 전투기 미그29를 성능에서 압도한다. 나아가 유럽이 자랑하는 유로파이터와 견주어도 전혀 부족함이 없다.

명실공히 세계적 수준

글로벌 경쟁력을 갖춘 한국 무기는 KF-21 외에도 한둘이 아니다. 풍산이 생산하는 탄약은 세계 수준의 품질이다. LIG넥스원의 대전차 무기 '현궁'은 러시아 전차와 장갑차를 격파한 미국의 'Javelin(재블린)'과 성능이 비슷하면서 가격은 3분의 1에 불과하다. 그 외에도 우리의 70여 주요 무기 가운데 글로벌 수준이라 불러도 손색이 없는 것은 31종이나 된다. 한화에어로스페이스의 K9 자주포와 레드백 장갑차, KAI의 FA-50 경공격기 등도 품질-성능이 탁월하다.

그럼, 한국 방산 제품에는 어떤 강점이 있을까?

- 우선은 '가성비'다. 가령 품질에서 세계 최고인 K9 가격은 대당 40억~50억

원으로, 유사한 성능인 독일산 자주포 가격의 20~30%에 불과하다. K-방산의 '착한 가격'은 세계 무기 시장에서 최고의 매력이다.

o 제조 능력도 훌륭하다. 가령 현대로템은 예정 납기 시점보다 석 달이나 앞당겨 폴란드에 K2 전차 5대를 보냈다. 우크라이나 지원으로 생긴 전력 공백을 재빨리 메울 수 있어 폴란드를 비롯한 유럽 각국이 반겼을 테다. 북한의 위협이 일상인 우리나라 방산 업체들이 꾸준히 경쟁력을 확보한 결과다. 또 있다. 폴란드가 K2 전차를 구매할 때, 우리는 3년 만에 180대를 공급하겠노라고 약속했다. 그런데 독일은 10년이 걸려도 180대를 공급할 수 없단다. 그러니 안보가 위급한 동유럽 국가들은 독일 같은 기존의 무기 강국을 바라보는 대신 한국으로 선회할 수밖에 없다.

o 한국이 정치적으로 '담백한' 나라인 것도 방위산업에서는 이점이다. 우리나라엔 숨겨진 전략적 어젠더가 없다는 뜻이다. 그래서 다른 무기 수출국들보다 거래에 있어서 정치적으로나 전략적으로 '부담이 작다.' 수입하는 나라가 우리를 신뢰할 수 있는 파트너로 여기는 이유다.

o 우리가 주로 틈새시장을 노리는 점도 제대로 먹히는 듯하다. 한국의 무기 수출은 말하자면 전략적인 추구라기보다 상업적인 접근이다. 가령 동남아 국가들이 그다지 절실하게 원하지 않는 고급-고가 무기를 팔려고 드는 미국과는 영 딴판으로 접근하는 것이다. 그래서 인도네시아와 함께 차세대 KFX 제트기를 개발한 한국항공우주산업(KAI)은 미국 F-35의 비싼 스텔스 기능은 쏙 빼고 그 대신 저렴한 가격을 제시했다. 경전투기 FA-50의 가격은 대당 약 5,000만 달러로, 비슷한 사양의 미국이나 유럽 제트기의 절반 정도다.

❸ 폴란드 수출로 봇물이 터지다

2023년 K-방산의 꽃을 활짝 피운 주역은 단연 폴란드. 이미 2022년에 K2 전차 등 무기 4종에 대해서만 1차로 124억 달러를 계약해, 방산 수출액의 72%를 폴란드가 차지했다. 나머지 계약은 K2 전차, K9 자주포, 다연장로켓 천무와 탄약류인 것으로 알려졌다. 목표대로 이를 2023년에 모두 체결하게 되면, 200억 달러를 훌쩍 넘을 수 있게 된다. 현재 현대로템과 한화에어로스페이스가 진행 중인 폴란드와 2차 무기 계약도 무르익었다. 특히 폴란드에는 미사일, 장갑차, 잠수함 등을 추가 수출할 수 있는 데다, 다른 분야인 원전, 고속철, 공항 등에까지 협력 가능성이 열려 있다. 차제에 폴란드와 유럽 국가들이 믿을 수 있는 방산 수출금융 지원책이라든지 법적, 제도적 장치를 마련해야 한다.

물론 걸림돌이 없는 건 아니다. 무엇보다 한국이 제공하게 될 수출 금융에 관해 이견이 있어 협상이 지연되고 있다. 또 폴란드는 2023년 10월 총선을 앞두고 있어 10월 이전 2차 계약 체결에는 상당한 차질이 생길 수도 있다. 경제외적인 이유도 개재되어 있긴 하지만, 아무튼 폴란드 방산 수출이 활짝 꽃피려면 2차 계약 마무리가 중요하다.

동남아시아 지역에서도 인기

동남아시아 국가들은 우크라이나 전쟁이며 남중국해를 둘러싼 중국과의 갈등에서 국방비 투자 증대의 필요성을 절감했다. 2000년 이후 동남아에 무기를 수출해온 것은 주로 러시아였는데, 우크라이나 전쟁에서 보여준 그들의 터무니없는 성능 탓에 많은 것이 달라졌다. 중단기적으로 동남아 국가들의 러시아 무기 구매는 가능성도 작고 심지어 현명하지 않다.

- 말레이시아는 KAI로부터 FA-50 경공격기 18대를 포함, 22억8000만 달러(3조134억 원)어치의 무기 구매 계약을 체결했다. 한국은 2017년부터 2021년까지 동남아시아에 약 20억 달러어치 무기를 수출했다.

- 1992년 미군 철수로 경제도 안보도 모두 잃은 필리핀. 1997년 금융위기는 필리핀의 무기 도입 사업을 거의 완전히 좌절시켰다. 이후 2000년대 중국과의 남중국해 영유권 분쟁으로 다시 공군력 재정비가 절실해지자, 중고 전투기까지 훑어보다가 결국 한국의 FA-50이라는 작품, 저렴하면서도 우수한 성능까지 장착한 최강의 가성비 전투기-훈련기를 만난다. 최고 성능의 기계식 레이더, 육-

◯ 필리핀 공군에 인도된 한국산 경전투기 FA-50

해군과 전술 정보를 실시간 공유하는 데이터링크 시스템, 저렴한 가격과 유지비, 믿음직한 후속 군수지원, 2017년 테러 조직 지휘부 초정밀 폭격 등, 필리핀 공군에는 최상의 선택이었다. 이제 동남아 시장에서 FA-50이 자유 진영 표준 경전투기의 입지를 단단히 다지기를 기대한다.

나아가 필리핀 해군은 3단계 현대화 프로그램 아래 잠수함 2척을 도입할 계획인데, 사업 규모가 최대 18억 달러(2조3,800억 원)에 달하는 것으로 알려졌다. 한화오션, HD현대중공업 등 국내 잠수함 제조업체들은 수출 실적이 절실해서 공격적으로 수주전에 뛰어들 전망이다. 한화오션의 경우, 10여 년 전에 인도네시아에서 1400t급 잠수함 6척을 수주한 경력이 있으나, HD현대중공업의 잠수함은 아직 수출 실적이 없다.

호주까지 스며든 K-방산

폴란드와의 대규모(15조 원) 계약에 이어, 한화에어로스페이스는 2023년 8월 방위산업 강국인 독일을 제치고 호주로부터 약 5조 원 규모의 보병전투장갑차 계약을 따냈다. 호주군이 1960년대에 도입한 미국제 장갑차를 교체하는 현대화 보병전투차량(IFV) 우선협상대상 기종에 한화의 '레드백'이 선정된 것이다. 미국-영국-캐나다-호주-뉴질랜드는 'Five Eyes(파이브 아이즈)'라는 정보 공동체를 맺고 있어, 이들 중 하나에 무기를 공급하면 다른 동맹국에 대한 수출도 더 수월해질 것으로 기대할 수 있다.

최종 입찰전에서 한화의 레드백이 독일의 '링스'를 제쳤다는 점은

◐ 한화에어로스페이스 레드백 궤도 장갑차

특히 고무적이다. 더구나 독일의 입찰가가 더 낮았음에도 불구하고, 성능에서 앞선 레드백이 이겼으니! 세계 최고로 평가받던 독일 방산을, 선진국 시장에서, 그것도 가격이 아닌 성능으로 수주했으니 말이다. 2021년 한화가 호주에 수출한 K9 자주포가 호평을 받은 것도 큰 힘이 된 것으로 알려졌다.

이름부터 호주에 서식하는 '붉은 등 독거미'에서 따온 레드백은 애당초 호주 수출용으로 기획-개발한 장갑차다. 최종 수요자인 호주군이 요구하는 사양들을 일일이 확인하며 개발했다. 전투기 급의 최첨단 센서, 레이더, 헬멧 전시 기능 등, 한국군 장갑차에는 아예 없는 기능들조차 대거 탑재되었다. 예전의 방산 수출은 어땠는가. 한국군을 위해 제작한 무기를 여기저기 조금씩 개량한 정도 아니었던가. 이제 상대국이 요구하는 사양에 맞춰 개발할 수준의 체계를 갖추었으니, 수출 경쟁력은 한결 높아질 것이다.

중동 및 기타 지역

사우디아라비아와 UAE 등 중동 지역도 K-방산이 부지런히 공략해야 할 '큰손'이다. 이 지역에는 천궁-II 요격미사일, 비호복합 대공화기, 천무 다연장로켓 등의 수출이 희망적이라고 한다. 성사만 된다면, 그 규모도 60억 달러 이상에 달한다. 물론 워낙 변수가 많은 중동 지역인지라, 2024년에 어떤 성과가 구체적으로 나올지 장담하긴 어렵다. 2024년에는 수십조 원 규모의 캐나다 잠수함 사업 입찰도 시작된다. 또 한국항공우주산업은 미국에 FA-50 경공격기 납품을 본격 추진할 계획이다.

군과 정부까지 도와야 한다

이처럼 놀라운 성과가 어쩌다 생긴 K-방산의 '반짝 동화'에 그치지 않으려면 어떻게 해야 할까? 위에서 살펴본 한국 방산의 우수한 경쟁력을 바탕으로 '방산 4대 수출국'이 되려면 어떻게 해야 할까? 일단 '물이

	Exporter	Share of global arms exports (%)		Per cent change from 2013–17 to 2018–22ᵃ
		2018–22	2013–17	
1	United States	40	33	14
2	Russia	16	22	−31
3	France	11	7.1	44
4	China	5.2	6.3	−23
5	Germany	4.2	6.1	−35
6	Italy	3.8	2.5	45
7	United Kingdom	3.2	4.7	−35
8	Spain	2.6	2.5	−4.4
9	South Korea	2.4	1.3	74
10	Israel	2.3	2.6	−15

○ 스톡홀름국제평화연구소가 집계한 무기 수출국 순위. 미국이 압도적 1위를 지키는 가운데 한국은 9위에 올랐다. 특히 과거(2013-2017년)보다 최근(2018-2022년) 들어 한국의 점유율이 크게 높아진 게 눈에 띈다. 러시아는 시장점유율이 크게 하락했다.

자료: SIPRI

들어온' K-방산이 어떻게 '노를 저어' 이 기회를 최대로 활용할 수 있을까? 이 부문 전문가들의 말을 들어보자.

○ 방위산업 수출은 '락인(Lock-in) 효과'가 크다. 무기를 화장지처럼 쓰고 버리진 않는다. 소모품이 아니라, 여러 해(통상 30년~40년) 계속 사용해야 한다. 고장 나면 부품이 필요하고 정비도 해야 하는데, 이걸 아무 데서나 공급받을 수도 없다. 방산 수출은 끈기와 일관성이 필요한 초장기 비즈니스란 얘기다. 그래서 처음엔 이윤이 좀 적더라도 규모의 경제 확보를 위해 일단 어디엔가 납품해야 한다. 다른 어떤 부문보다도 '시작'이 중요하다. 그러므로 방산엔 컨트롤 타워가 필요하고, 군-업계-정부의 유기적 지원이 필수다. 국가안보실 산하에 사령탑을 신설해 효과적으로 가동한다면 수출에 도움이 되지 않을까.

○ 똑같은 이유로 법적-제도적 지원도 꼭 필요하다. 방위사업청이 추진해온 '신속 획득 프로세스'도 업계의 의견을 적극적으로 반영해 속도를 높여야 한다.

○ 2022년 5월 한·미 정상이 합의한 상호국방조달협정도 체결하면 도움이 될 터이다. K-방산의 도약을 위해선 꼭 추진돼야 한다. 미국과 이 협정을 체결하는 국가는 미국산 우선 구매법을 적용받지 않아 미군 등에 조달 제품을 수출할 때 세금 등으로 인한 가격 측면의 불이익을 피할 수 있다. 쉽게 말하자면 방산 분야의 한·미 FTA 같은 것이다. 무려 425조 원에 달하는 미국 국방 조달 시장 규모를 언급할 필요가 있겠는가. 미국 시장을 뚫어내야 비로소 정말 강력한 방산 수출국이 된다는 말을 되풀이할 필요가 있겠는가.

줄어들 겨를이 없는 방산 수요

지금 세계 주요국들은 경쟁이라도 하듯이 국방 예산을 늘리고 있다. '방산 골드러시'라는 일각의 표현이 실감 난다. 미국 Aviation Week(에비에이션 위크)는 10년 뒤 세계 국방 예산이 2조5,000억 달러(약 3,296조 원)까지 증가할 수 있다고 전망한다. 정말이지, 천문학적 수준이다. 2022년 실제로 집행된 국방 예산이 2조2,400억 달러(2,953조 원)였다고 SIPRI가 집계한 바 있으니, 과장으로 들리지 않는다. 우크라이나 전쟁, 미·중의 치열한 갈등, 대만 문제, 언제 터질지 모를 중동의 화약고까지, 국방 예산은 증가할 수밖에 없지 않겠는가.

Part Five. On Defense Industry | K-방산
02

K-방산 경쟁력의 마지막 퍼즐

❶ 무인기의 심장을 개발하라

　무인기가 미래 전장의 게임 체인저로 뜨고 있는 가운데, 그 생산비의 40% 이상을 차지하는 엔진은 방산업계가 아직 국산화하지 못한 마지막 영역이다. 게다가 엔진은 미사일, 전투기, 우주 발사체와도 깊은 관련이 있어서, 전문가들이 K-방산의 마지막 퍼즐이라 부른다. 1만5,000파운드 수준으로, 중형 무인 전투기에 장착할 수 있을 정도의 엔진은 아직 한 번도 국내에서 개발된 적이 없다. 이런 무인기 엔진을 국산화한다면, 2030년 386억 달러로 급증할 것으로 추산되는 글로벌 무인기 시장에 진입할 수 있다. 아울러 MRO로 알려진 엔진 수리-정비-분해-조립 분야에서도 많은 비즈니스를 창출할 수 있다.

　일단 한화에어로스페이스가 첫발을 내디뎠다. 무인기의 심장인 엔진을 10년 안에 국산화하겠다고 다짐했다. 이 정도만으로도 아주 도전

적인 목표다. 일단 이에 필요한 선행 기술을 개발한 다음 군과 방위사업청이 2025년부터 개발하는 무인기 엔진 프로젝트에 참여할 예정이며, 중기 목표는 위에서 언급한 1만5,000파운드급 엔진을 2035년까지 개발하는 것이다. 한화가 계획대로 엔진 기술을 확보하면, 군은 지금보다 더 다양한 종류의 무인기를 활용할 수 있고, 수입한 정찰 무인기가 아니라 자체 생산한 폭격-전투용 무인기를 투입하는 게 가능해진다.

한화에어로스페이스는 이 과정에서 얻은 기술을 바탕으로 유인기와 민간 항공기의 엔진 국산화에도 착수할 계획이다. 장기적인 관점이긴 하지만, 인구 감소로 전투기 조종사 인력도 줄어드는 추세다. 언젠가는 하나의 팀이 여러 대의 무인기와 한 대의 유인기로 구성돼 진술을 수행하는 때가 올 수 있다.

얼마든지 우리가 앞설 수 있었는데

중대형 무인기에 관한 한, 원래 최강국은 미국과 이스라엘이었다. 그러나 2018년 이후로 튀르키예가 무인기 수출 최강자로 등극했다. 현재 수출 순위는 튀르키예-중국-미국-이스라엘이다. 튀르키예는 Baykar Defense(바이카르)라는 개인 기업과 TAI라는 국영기업이 서로 앞서거니 뒤서거니 하면서 경쟁하다가 결국 세계 군용 무인기 시장을 석권한 특이한 케이스다. 사실 2000년대 초반까지만 해도 우리보다 10년쯤 뒤졌던 튀르키예가 이젠 우리보다 10년이나 앞섰다니, 착잡한 노릇이다. 우리에게 절박함이 모자랐을까.

튀르키예가 단기간에 무인기를 급속도로 발전시킨 '비결'에 대해선 몇 가지 이론이 있다. 우선 정치적 이유로 미국으로부터 수입이 제한됐고, 이스라엘 무인기는 정비 유지에 문제가 있어 자국산 무인기가 절실하게 필요해졌다는 점. R&D 비용을 정부 예산에 의존하는 대신 두 업체 스스로 부담했다는 점. 기술 측면의 이니셔티브를 자주국방이란 목표에 단단히 결부시켰다는 점. 개발 과정의 숱한 사고와 실패에도 사업이 중단되지 않았다는 일관성. 첫 비행을 한 후 채 1년이 안 돼 전력화할 정도로, 개발과 생산을 거의 동시에 진행해 전략적으로 신속했다는 점. 이런 것들이 거론된다. 우리 무인기 분야의 시행착오를 허심탄회하게 되짚어 봐야 한다. 수많은 절차와 의사 결정이 겹겹이 쌓여 보통 10년 이상 걸리는 우리의 무기 개발 및 도입 프로세스부터 뜯어고쳐야 한다는 생각이 들지 않는가.

❷ 고부가가치의 차세대 무기

우리 주요 방산 제품군은 세계적 수준에 올라와 있지만, 여전히 부가가치가 낮은 재래식 무기에 집중돼 있다. 미국과 프랑스 같은 방산 강국의 수출 제품 가운데 부가가치가 높은 전투기 등 항공기가 30%~60%는 차지하는 것과 대조된다. 이젠 고부가가치의 수출 주력 제품을 찾아야 할 때다.

방산 강국이 되려면 군-업계-정부의 유기적 협력이 꼭 필요하다고 이미 언급했다. 방산 수출길을 넓히기 위해서는 지혜롭고 적극적인 외교력도 요구된다. 가령 유럽의 방산업계는 지금 NATO와 영국 연방군을 중심으로 똘똘 뭉치려는 기운이 감지된다. 우크라이나 전쟁을 계기로 생긴 변화다. 그래서 NATO 가입국들이 독일의 방산 업체를 밀어주는 분위기가 뚜렷하다는 이야기도 흘러나온다. NATO 가입국인 노르웨이가 최근 독일의 레오파트 2A7 전차 54대를 주문한 것도 이런 맥락이다. 섬세한 외교의 측방 지원이 없이는 방산 4대 강국에 들기가 말처럼 쉽지 않을 것이다. 우리 무기들이 아무리 품질과 가격에서 경쟁력이 있다 하더라도, '한국산이 아니면 절대 안 되는' 제품은 단 하나도 없다.

❸ 다음 수출 주역은 군함?

"한국과 일본은 끊임없이 확장되는 중국 함대를 따라잡는 대안이 될 수 있다. 한국의 이지스함인 세종대왕함은 세계 최고 함정 중 하나다." CNN의 최근 보도는 대충 그런 요지였다. 흥미로운 내용이다. 중국 해군(군함 340척 보유)이 이미 미국(300척 미만)을 추월해 세계 최대 규모이며, 수적 우위는 점점 강화되고 있다고 했다. 또 미국 내 조선소로는 중국을 따라갈 수 없다는 해군 수뇌부의 경고도 덧붙였다. 미국이 함정 한 척을 건조하는 시간에 중국은 3척을 건조할 수 있다고 했다. 그 결과 중국 함정 수는 2년 이내에 400척으로 늘어도, 미국은 2045년에야 350척에 도달한다고 전했다.

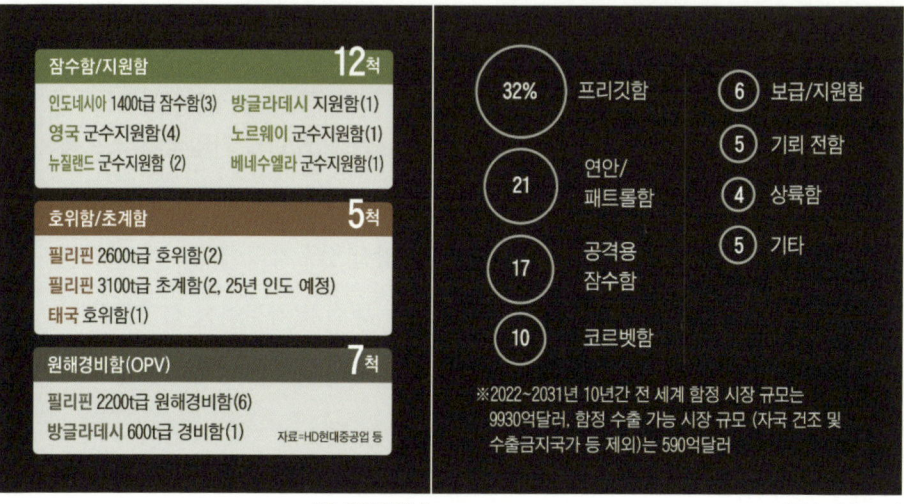

자료: HD현대중공업 등   자료: Jane's Forecast

캐나다 58조 잠수함 사업을 따내라

우리 함정 건조에 관심이 큰 나라는 미국뿐만이 아니다. 최근 HD현대중공업 및 한화오션 조선소에는 58조 원 규모의 차기 잠수함 사업을 추진 중인 캐나다 정부와 해군 관계자들이 찾아와 3000t급 잠수함과 건조 시설을 둘러봤다. 한국과 일본이 이번 캐나다 잠수함 사업에서 맞붙을 것으로 보인다. 우리 손으로 직접 만든 잠수함을 캐나다 정부가 채택했다는 뉴스가 기다려진다.

우리의 세계 최고 조선업 기술력과 미국이 절박하게 느끼는 신속한 해군력 건설의 필요성 등을 고려할 때, 함정 분야는 K-방산의 새로운 주역이 될 수도 있다. 그뿐 아니라 중국과 해양 관할권 분쟁 중인 동남아 국가들의 함정 수요도 늘어날 것으로 보인다.

청출어람의 사례도 있다. 독일로부터 잠수함 건조 기술을 배운 한화오션(옛 대우조선해양)은 독일과 경쟁 끝에 인도네시아에 잠수함 3척을 수출함으로써, 제자가 스승을 이긴 사례로 세계적으로 눈길을 끌었다. 세계 시장에서 우리가 경쟁력을 갖춘 분야로 군수지원함도 있는데, 종주국인 영국을 비롯해 노르웨이, 베네수엘라, 뉴질랜드 등에 수출한 경력이 있다.

특히 함정 수출은 10종 이상의 탐지 센서, 포·미사일·어뢰 등의 무기를 탑재한 복합 무기체계다. 그만큼 부가가치가 높고, 뒤따르는 군수지원 등 추가 사업도 많다. 전투기나 다른 군사 장비에 비해 수량은 적지만 연관 산업이 워낙 넓어 그 영향이 매우 크다. 함정을 수출하면, 관련 시스템과 공급망까지 한꺼번에 수출하는 셈이다. 가령 호위함 급을 수출하는 경우, 200여 협력업체와 160여 장비까지 수출하게 될 정도로 연관 범위가 넓다.

세계 함정시장은 얼마나 클까? 권위 있는 방산 컨설팅회사 Janes(제인스)의 전망을 빌자면, 2022년부터 10년간 세계 함정시장 규모는 9,930억 달러(약 1,290조 원)에 달한다. 이 가운데 수출-수입 금지 국가를 빼면 한국이 수출할 수 있는 함정시장만도 590억 달러(76조7,000억 원)에 이른다.

국내에서도 치열한 군함 수주전

2023년 7월 초 한화오션이 HD현대중공업을 간발의 차로 제치고 8,334억 원짜리 군함 수주 전쟁에서 5년 만에 승전보를 올렸다. 구형 호위함과 초계함을 대체할 3,500t급 최신형 호위함 6척을 건조하는 방위사업청의 3번째 배치(batch) 프로젝트 일부를 따낸 것이다. 한화오션, HD현대중공업, SK오션플랜트가 엎치락뒤치락 각 배치의 물량을 나눠 가지며 혼전을 벌이는 가운데, 최근 5년간 국내 수상함 시장점유율은 HD현대중공업이 52.4%로 1위였고, 한화오션이 25.4%로 뒤를 이었다. 다만 국내 잠수함 시장에선 97.8%를 차지하고 있는 한화오션이 압도적이다. 업그레이드된 호위함 공급을 맡게 되어 이전의 배치보다 훨씬 큰 금액을 수주한 한화오션은 일단 유리한 고지에 올랐다. 하지만 기술 점수에서 앞선 HD현대중공업과의 향후 경쟁은 결과를 예단하기 어렵다. 어느 쪽이 '수상함 명가'의 타이틀을 누리게 될지, 두고 볼 일이다.

방위산업 부문이 한화오션의 전체 매출에서 차지하는 비중은 겨우 10% 정도다. 그러나 이번 배치-3 오더를 따내며 방산 분야 매출은 더 늘어날 전망이다. 게다가 같은 그룹의 한화에어로스페이스, 한화시스템이 이미 한국 방산의 선두주자여서 다양한 시너지를 낼 것이다.

2024년 한화오션과 HD현대중공업은 총 7조8,000억 원 규모의 '차세대 한국형 구축함(KDDX)' 수주전에서 다시 맞붙는다. 선체부터 무장까지 완벽히 국내 기술로 만드는 최초의 국산 구축함 프로젝트다.

❹ 육·해·공 가리지 않는 'K-방산 두뇌'

코츠테크놀로지는 K-방산의 무기와 전차, 전투기 등을 제어하는 모듈과 시스템 같은 소프트웨어를 개발·생산한다. '임베디드 설루션'(특정 기능을 수행하도록 전용 SW를 내장한 컴퓨터 시스템)이라는 선진국형 비즈니스 모델을 통해 사실상 한국의 방산업 전체가 고객이다. K-방산의 '두뇌'가 되는 소프트웨어를 책임지고 무기체계 안정성과 성능을 보장하는 셈이다.

코츠는 저고도 탐지 레이더, 영상 표시기, 탐색기 제어, 전차의 차량제어 컴퓨터, 무인기용 표준 SW, 미사일 제어 메인보드 등을 공급해 왔다. 특히 잠수함의 초음파탐지 체계, 무장 통제체계, 전투기 임무 컴퓨터, 발사제어 패널 등 첨단 군수 분야에서 두각을 나타내고 있다. 이러한 코츠의 성과에는 해외에서 비싸게 도입하던 군사용 모듈과 시스템을 국산화했다는 의미가 담겨 있다.

'원 샷, 원 킬' 레이저무기

한화에어로스페이스는 3km 거리의 드론과 무인기를 타격할 수 있는 '레이저 대공무기 블록-1'을 양산한다. 2024년까지는 현장에 배치, 전력화할 것으로 보인다. 이어 한화에어로는 출력과 성능을 높인 '레이저 대공무기 블록-2'를 2030년까지 개발해 항공기, 함정, 차량 등에 장착할 계획이다.

레이저무기는 미래 전쟁 양상을 바꿀 잠재력을 갖추고 있다. 그만큼 개발 경쟁이 뜨거워, 레이저무기 사용을 두고 신경전도 만만찮다. 레이저 출력이 MW급으로 높아지면 소음조차 내지 않고 접근해 전차, 장갑차 등을 파괴할 수 있기 때문에, 우리가 알고 있는 군 작전 체계는 무용지물이 된다. 아무쪼록 이를 위한 핵심 부품을 개발하고 경량화하는 등, 우리도 전력화를 서둘러야 할 것이다.

03

인정하자, K-방산의 길은 멀다

❶ 인공위성-극초음속-미사일 방어

첨단 엔진에 관한 한 한국 방위산업 기업의 기술 수준은 구미 선진국의 60%에 그친다. 국방기술진흥연구소의 전략기술 수준 조사에서 적나라하게 드러난 현실이다. 세세한 기술 격차를 이 책에서 다룰 생각은 전혀 없지만, 방위산업의 특정 분야에서 우리의 기술이 얼마나 떨어져 있는지만 알아두면 될 일이다.

미사일 방어·정밀타격 분야 뒤처져

북한의 핵과 미사일 위협에 맞서는 '한국형 3축 체계(킬체인·미사일 방어체계·대량 응징)'는 어떨까. 이는 한반도 안보에 직결된 시스템인데, 이 경우도 마찬가지여서 기술 인프라가 꽤 부실하다고 한다.

방위산업 주요국과 견주어본 K-방산의 기술 수준

(단위: %, 연)

10대 분야	세부 기술	기술수준	격차연한	10대 분야	세부 기술	기술수준	격차연한
추진기술	첨단 엔진	60	20	에너지	지향성 에너지	77.8	5.1
	극초음속 추진	60	20		차세대 동력원	85.8	2.6
	수중 추진	50	15	AI	스마트 전력지원	85.9	1.8
우주	우주기반 감시정찰	75	5.3		국방AI플랫폼	83	2.5
	초정밀 인공위성	65.7	7.9	유·무인 복합	유·무인 협업 기술	80.2	4.3
	우주비행체	66	9.1		자율임무 수행기술	85.6	3.8
양자	양자 양자암호통신	76.5	3.4	첨단소재	극한환경 구조소재	76.2	4.2
	양자센서	72.8	3.9		특수기능소재	77.3	4.4
대량살상무기 대응	미사일방어	62.2	8.5	사이버·네트워크	사이버전 대응	80.3	3.8
	고위력 정밀타격	57.2	7.5	센서·전자전	차세대 센서	75.7	4.2
	지능형 화생방 방어	66.9	7.9		전자기전 대응	71.1	5.8

※ 민간 기준. 방위산업 선도국은 미국 영국 프랑스 중국 러시아 등
자료: 국방기술진흥연구소

- 미사일 방어; 민간 기준으로 봤을 때 미국과 비교해 8.5년가량 뒤진 62%밖에 못 미친다. 특히 극초음속 미사일, 탄도미사일 등 첨단 유도무기에 대한 방어 기술 수준이 상당히 미흡하다.
- 고위력 정밀타격; 적군의 핵심 무기와 시설을 파괴하는 것이 정밀타격이다. 이 분야에서도 민간 기준 기술 격차는 7.5년이다. '현무' 같은 탄도미사일이 개발돼 격차를 줄였지만, 아직 지상 및 함상 발사 무기에 치중돼 있다.
- 극초음속 추진 분야; 민간 기업의 기술 수준은 미국보다 20년 정도 뒤져 격차가 크다. 우리 군이 극초음속 미사일을 확보하면, 유사시 북한을 선제타격하는 '킬체인'에 활용할 수 있다. 국내에선 ADD 주도로 한국형 극초음속 비행체 '하이코어'를 개발 중이다.

❷ 갈 길 먼 엔진 기술

국방기술진흥연구소는 다양한 국방 기술 중 한국이 가장 취약한 분야가 '첨단 엔진'이라고 지적한다. 엔진의 핵심 소재나 부품과 시험 인프라 등을 개발해 성능-신뢰성이 높은 항공기 엔진을 개발하는 일에서 뒤진다는 얘기다. 이 분야에선 GE, P&W(Pratt & Whitney; 프랫&휘트니), 롤스로이스 3사가 시장을 장악하고 있어서, 한국형 초음속 전투기 KF-21의 심장인 엔진도 한화에어로스페이스가 GE와의 제휴를 통해 라이선스 방식으로 생산한다. 핵심 기술이 없다 보니 KF-21 엔진의 국산화율은 1호기 기준으로 39%에 그친다.

기술 격차로 인해 국산 전투기의 제3국 수출도 자유롭지 않을 수 있다는 것도 방산업계의 걱정이다. 미국은 자국 엔진이 사용된 제품이나 장비를 자국 승인 없이 제3국에 이전하지 못하도록 가로막고 있기 때문이다. 공군이 미국 엔진을 단 KF-21로 무장할 수는 있지만, 미국이 수출까지 허용할지는 예단할 수 없다. 우리가 원전을 수출하려 할 때마다 웨스팅하우스가 딴지를 거는 것과 같은 맥락이다.

우리나라 군용 엔진 기술은 국방과학연구소가 개발을 주도해왔다. 다만 무인기 엔진은 유인기 엔진보다 개발 수준이 아주 낮아 갈 길이 멀다.

❸ 방산 경쟁력의 요체, RAM-C

어쨌거나 과학기술 역량의 중요성을 잘 아는 군은 R&D에 한층 더 박차를 가하고 있다. AI에다 우주과학, 양자 기술 등의 개발이 빨라지면서 국방 분야에서도 R&D 체계를 손봐야 할 처지이기 때문이다. K-방산을 대표하는 전차, 유도미사일, 잠수함 같은 무기에 초고감도 센서 등을 장착해 데이터를 축적해야 한다. 이 데이터를 AI로 분석한다면 성능을 개선할 수 있을 것이다. K-방산 경쟁력을 높이려면, 무기 상태의 기반을 정비하고 무기의 소위 'RAM-C'(Reliability, Availability, Maintainability-Cost; 신뢰성·가용성·유지-비용)값을 개선해야 한다.

우리의 경쟁 상대인 독일이 NATO 회원국에 무기 수출을 늘릴 수 있는 것도, 결국은 RAM-C를 높였기 때문이다. 대충대충 되는 일은 없다, 특히 방산 분야에서는. 국가의 존폐가 걸린 문제 아닌가. K-방산이 수출을 시도하는 거의 모든 국가가 궁극적으로 높은 RAM-C값을 요구하는 경우가 많아졌다. 우리나라 국방 총예산(2022년 54조6,112억 원)의 9% 정도가 R&D에 쓰인다. 남북한이 대치하는 상황에서 현실적으로 더 급한 분야도 많겠지만, 이 비중을 좀 더 끌어올려야 하지 않겠는가.

Part Six

On Automobiles and Mobility
K-모빌리티

**2024
BUSINESS
TREND
KOREA**

Part Six. On Automobiles and Mobility | K-모빌리티

01

꾸준한 전진, 자동차 산업

2023년 상반기 자동차 수출액이 356억7,400민 달리로 역내 쇠ㅗ치를 경신하며, 연 수출 800억 달러를 예약했다. 북미와 EU 등을 중심으로 전기-하이브리드-수소차 같은 친환경 차의 판매량이 상반기 124억4,600만 달러로 빠르게 늘어난 덕분이었다. 작년 동기보다 70.4% 급증했는데, 수출 차량 4대 중 1대가 친환경 차였다. 지역별로는 북미가 가장 많았고, 이어 EU, 아시아, 중동 순이었다.

2024년에도 자동차 산업의 성장과 수출은 튼튼할 것으로 기대된다. 차량용 반도체를 비롯한 부품 공급도 정상화돼 생산도 무난할 듯하다. 참고로 2023년 상반기 생산은 팬데믹 이전인 2019년 이후 4년 만에 200만 대를 회복했었다.

국내 시장은 어떨까? 2023년 상반기 국내 시장에서는 작년 같은 기간에 비해 10.7% 증가한 89만4,000만 대의 차량이 팔렸다. 이 가운

데 국산 차는 8.7% 늘어난 75만9,000대가 판매된 반면, 수입차는 3.1% 줄어서 13만4,000만 대 팔렸다. 친환경 차의 국내 판매량도 가파르게 느는 추세다

❶ 현대차, 약진

인도 시장 잡는다

현대자동차는 1998년 인도 진출 이후 처음으로 GM의 탈레가온 공장을 인수했다. 기존 첸나이 공장 등과 함께 연간 100만 대 생산 체제를 갖추고, 인도 자동차시장에서 최상의 지위를 굳히는 전략에 돌입했다. 테슬라도 군침을 흘리는 시장이지만, GM은 글로벌 구조조정의 일부로 오히려 인도에서 철수했다.

인도 자동차시장은 2022년 476만 대가 판매돼 중국(2,320만 대), 미국(1,420만 대)에 이어 3대 자동차시장에 등극했다. 성장 잠재력은 더 크고 더 강렬한 매력이다. 세계 최대 '인구 대국'(14억 명)이면서도 자동차 보급률은 아직 전체 가구의 8.5%에 불과해 중국의 5분의 1 수준이기 때문이다. 글로벌 완성차 업체들이 눈독 들일 수밖에 없다. 급성장이 확실한 인도에서 현대차는 반드시 주도권을 확보한다는 비전이다. 인도의 지금 점유율 14.6%로 2위인 현대차는 2025년 탈레가온 공장이 본격 가동되면 일본을 제치고 선두로 도약한다는 계획이다. 인도 시장은 승용차만도 2030년 500만 대를 넘어설 전망이고, 전기차 판매 비중도

30%(100만 대)로 확대한다는 것이 인도 정부의 목표다.

인도에서 현대차의 인기는 가히 감동적이다. 최근 출시한 SUV 엑스터는 한 달도 채 안 돼 5만 대 이상 계약됐다. 보통 모든 차량의 한 달 총판매량에 버금간다. 차량 인도는 1년을 기다려야 해, 생산이 수요를 따라가지 못할 정도의 인기다. 현지 공장의 가동률이 102%를 넘어 생산능력보다 더 많은 차를 생산해내고 있지만, 여전히 역부족이다.

현재 생산시설의 일부는 급성장하는 전기차 생산으로 돌리고, 앞으로 전기차 5종을 시장에 투입할 뿐 아니라 배터리팩 조립 생산시설도 새로 구축한다. 마침 중국 BYD가 제안한 10억 달러 규모 전기차 공장 설립 계획에 인도 정부가 (아마도 정치적 긴장 때문에) 퇴짜를 놓은 상황이라, 현대차가 반사이익을 보게 됐다는 얘기도 나온다. 인도는 수입 관세율이 70%~100%나 되어 현지 공장 없이는 판매가 거의 불가능이다.

현대차 인도 공장은 수출 전진 기지로도 활용될 것이다. 이미 인도에서 생산된 차가 서아시아 및 멕시코와 남미 등에 수출되고 있다.

고성능 브랜드 'N'의 약진

"전기차는 영혼이 없는 '바퀴 달린 상자'에 불과하지만, 아이오닉 5 N은 다르다. 전기차도 자동차광들의 관심을 끌 수 있다는 확신을 준 첫 번째 차다." 현대의 기술력을 집대성한 아이오닉 5 N을 향한 미국 모터스포츠 전문지 Road & Track(로드 앤 트랙)의 찬사다.

'N'은 현대차의 고성능 브랜드다. 2017년 첫 번째 모델 'i30 N'을 출시하면서 N의 역사가 시작되었다. 그로부터 6년 뒤 2023년 6월까지 N 브랜드 6개 차종은 10만3,947대의 누적 판매를 기록했다. 그리고 10년 이상의 담금질로 탄생한 첫 번째 고성능 전기차 아이오닉5 N을 영국에서 선보이며 그 존재감이 절정이다. 2021년부터 전기 경주차를 개발해 친환경 모터스포츠 대회에도 참가하고 있다.

아이오닉5 N의 핵심은 최고 출력 650마력(478㎾)과 최고 속도 시속 260km라는 주행 성능이다. N 배지에 걸맞은 최고 수준이다. 가속력도 폭발적이어서 제로백(정지 상태에서 시속 100㎞까지) 3.4초에 불과하다. 아우디의 RS e트론 GT, BMW의 i4 M50, 심지어 고성능 전기차의 대명사인 포르쉐 타이칸 GTS와 견주어도 밀리지 않는다.

그보다 더 큰 매력은 내구성이다. 내연기관 차보다 열 관리가 워낙 까다로워, 오래 최고 속력을 유지하면서 배터리 과열도 막는 것이 전기차의 관건이다. 그런데 아이오닉 5 N은 독보적인 열 관리 기술로 무장했다. 주행 목적에 따라 스스로 배터리 온도를 최적으로 관리하는 'N 배터리 프리컨디셔닝' 기능 덕택이다. 전기차 전문가들이 너나없이 호평했다.

그뿐인가, 아이오닉 5 N은 가상 변속 시스템과 가상 사운드 시스템을 이용해 전기차에서 느낄 수 없었던 기어의 느낌과 웅장한 소닉 붐 엔진음도 장착했다. 밋밋한 전기차에 운전하는 재미까지 더해 드라이버의 감성을 자극한다.

아이오닉 5 N의 국내 출시는 2023년 9월로 예정되어 있고, 이후 북미, EU, 일본 등 세계 시장에 차근차근 진출한다. 가격은 다른 고가 브랜드에 비해 상대적으로 '착한' 1억 원 미만으로 정해질 것 같다. 2024년 이후 현대차의 전기차 리더십을 다지는 데 큰 역할을 할 것으로 보인다.

100만 대 판매 '제네시스'의 대반전

현대차의 고급 브랜드 제네시스가 조만간 글로벌 판매 100만 대를 눈앞에 뒀다. 벤츠, BMW, 아우디 등이 군림하던 글로벌 고급 차 시장에 G90 브랜드로 도전장을 내민 지 7년 10개월 만이다. 요즘은 북미를 위시하여 유럽 등 글로벌 판매량이 빠르게 늘어 매달 2만 대씩 팔린다. 특히 현대차의 글로벌 전체 판매에서 제네시스가 차지하는 비중은 2023년 1분기 기준 5.4%이어서 더 놀랍다. 도요타의 고급 브랜드 렉서스는 출범 후 32년이 지나서야 비로소 전체 판매 중 5.0%를 넘었기 때문이다. 제네시스가 고급 차 브랜드로서 확실히 자리 잡았다는 얘기다.

판매되는 제네시스 모델도 다양하다. 준대형 세단인 G80이 가장 많이 팔린 가운데, SUV 모델 GV80/70은 세계적인 레저용 차량 선호 트렌드에 힘입어 실질적으로 브랜드의 양적 성장을 이끌었다. 또 다른 세단 G70과 G90도 준수한 누적 판매를 기록했다. 고급 전기차 GV60 역시 출시 2년 만에 2만 대 가까운 판매량을 올렸다. 제네시스는 2024년에도 인지도를 높여 가며 고속 성장을 구현할 것으로 보인다.

Part Six. On Automobiles and Mobility | K-모빌리티

02

전기차 판매 예보 '흐림'

전기차 판매 증가세가 둔해지고 있다. 현대차그룹 전기차 판매량의 절반을 책임지는 주력 제품 아이오닉5의 2023년 상반기 판매량은 전년보다 27%나 줄었다. 같은 기간 국내 전기차 총판매액은 13.7% 늘었지만 전 연도의 75.6%에 비교하면 증가세가 크게 줄었다. 물론 중장기적으로야 전기차 전환이 거스를 수 없는 대세지만, 2024년 국내 전기차 시장은 미국, 중국과 마찬가지로 예년 같지 않게 위축될 전망이다.

❶ 전기차 판매, 왜 저조할까?

전문가들도 의견이 분분하다. 다만 전기차 대중화로 가기 위한 과도기여서 확산 속도가 주춤한다는 의견이 많다. 몇 가지 구체적인 요소를 짚어보자.

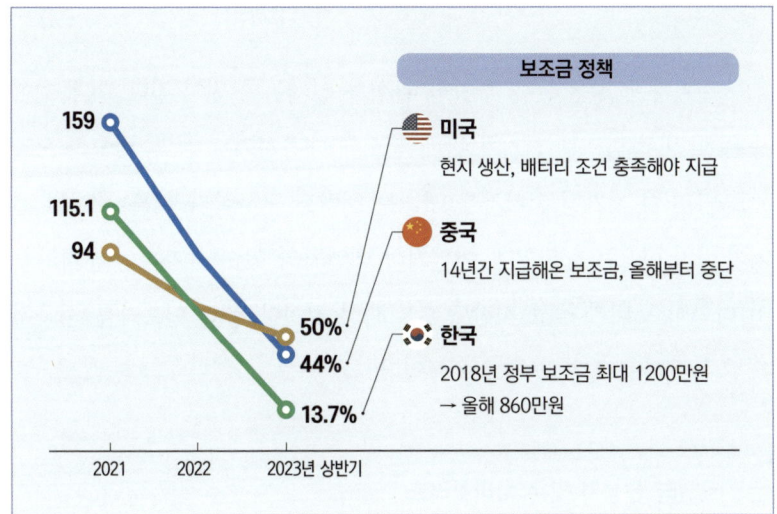

꺾이는 '전기차 판매량 증가세' (전년 동기 대비 상승률)

자료: 카이즈유데이터연구소 등

① 여력 있고 신제품을 일찍 경험하려는 '얼리 어답터'들이 이미 대부분 전기차 구매를 끝냈기 때문이다. 가령 2022년 전기차 비율이 14%를 넘었는데, 이게 거의 다 얼리 어답터의 구매였다는 이야기다.

② 전기차 구매 보조금이 크게 줄고, 물가 상승분까지 더해져 전기차가 비싸졌기 때문이다. 한국의 경우 보조금은 예전의 절반인 800만 원 전후까지 내려갔고, 중국과 영국은 보조금을 완전히 폐지했다. 애당초 전기차 가격은 내연기관 차보다 훨씬 비싼데, 보조금까지 줄거나 없어지면 당연히 판매량 감소로 이어진다. 이제 보조금만으로 중산층 이하에서 새로운 전기차 수요를 만들기는 어렵다.

③ 충전이 불편하고 화재 위험이 여전히 있다는 우려에 전기차 구매를 망설이는 소비자가 많다. 게다가 충전 비용이 꾸준히 오르고, 전반적인 유지비도 싸지 않

다는 인식이 있다.

전기차에 많은 돈을 투자한 완성차 업체는 고민이 깊다. 현대-기아 등은 할인 정책으로 전기차 판매 감소에 대응하기도 하고, 테슬라 모델 Y RWD처럼 저가형 전기차를 내놓는 전략도 구사한다. 이른바 '반값 전기차'까지 나오는 형편인데, 어쨌거나 내연차와 비슷한 가격의 전기차들이 나와야 소비가 늘고 시장도 활발해질 것이다. 충전 인프라를 적극적으로 확대하는 정책도 필요해 보인다.

오히려 전성기 맞은 하이브리드

하이브리드카 시장이 여러 해 동안 몸집을 키우더니, 2023년 상반

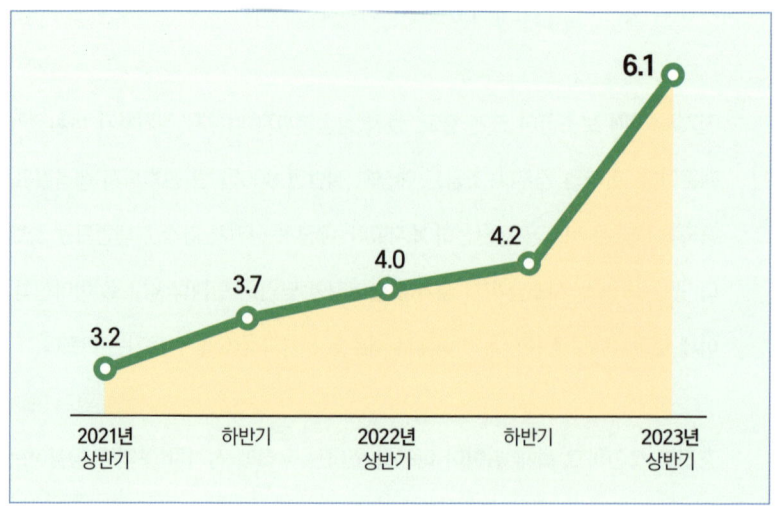

기 6조 원을 돌파하며 내연기관차 시장의 절반에 육박할 정도(43%)로 성장했다. 전년 동기와 비교해도 53.1% 증가한 수치다. 2009년에 첫 하이브리드차를 출시한 현대자동차와 기아의 하이브리드 모델 국내 판매량이 첫해 6,312대에서부터 마침내 100만 대를 넘어섰다. 전기차보다 압도적으로 높은 판매량과 증가 속도를 보여주었다. 특히 국내 하이브리드 시장을 키우는 데 큰 역할을 한 그랜저의 경우, 2023년 4월부터는 하이브리드 판매량이 내연기관 모델을 앞질러 완전히 대세로 자리 잡았다. 수요가 늘면서 가격도 오르는 추세다. 2021년 1월 2,739만 원이던 하이브리드 평균 가격은 2023년 7월 3,445만 원까지 상승했다.

미래는 어차피 전기차에 의해 주도될 터인데, 왜 하이브리드차의 높은 인기는 이렇게 유지되고 있을까? 주된 이유는 높은 연비효율과 이에 대한 소비자들 각별한 관심이다. 한 번 주유하면 실제 주행거리가 1,200km까지 나와 오히려 공인연비보다도 훨씬 길다는 얘기들이 온라인 커뮤니티를 장식한다. 긴 호흡으로 볼 때 전기차 전환 추세는 거스를 수 없다. 하지만 하이브리드 역시 사라지지 않고 전기차와 더불어 성장할 것으로 보인다.

❷ 중국 전기차의 빵빵해진 근육

내수로 다진 근육으로 유럽, 동남아, 인도 등에서 질주하고 있는 중국 전기차는 2024년 본격적인 글로벌 공습을 시작할 것 같다. 자율주행이나 소프트웨어 기술에서 우리를 앞지른 중국은 우리와 전혀 다른 제

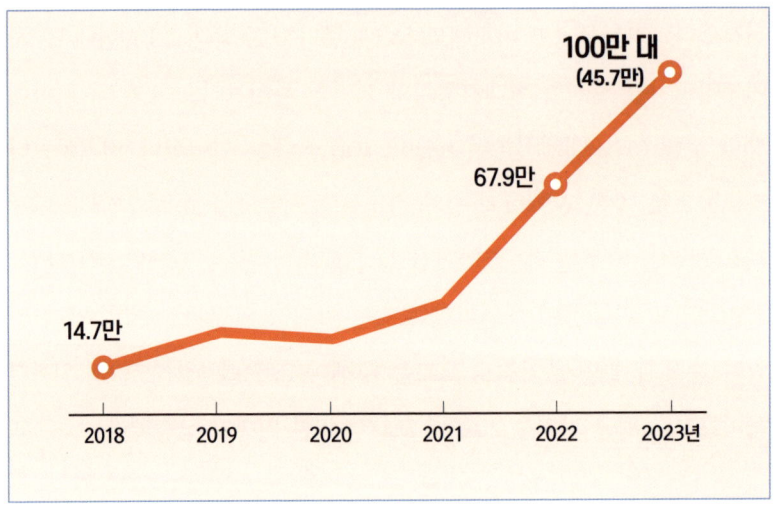

※ 23년은 예상치. 괄호 안은 1~5월 기준 실제 수출량
자료: 자동차모빌리티산업협회

작 방식까지 갖추고 있어 비상이 걸렸다. 우리는 전기차로 중국과 경쟁할 준비가 돼 있는가.

중국차가 노리는 지역은 대개 유럽 시장처럼 현대차가 오래 공들인 곳이다. 이 유럽 전기차 시장에서 중국은 테슬라·폭스바겐 등에 이어 6위에 올랐다. 독일 최대 렌터카 회사도 BYD 전기차 10만 대를 구매한다고 발표했다. 전동화 진행이 더 빠를 것으로 예상되는 대중교통(렌터카, 공유 차량, 버스, 택시) 분야 주도권을 중국이 잡은 것이어서 충격이었다.

이제 막 싹트는 전기차 신흥 시장도 중국 업체들의 주요 표적이다. 중국은 전기차 산업이 자생적으로 성장하지 않은 데를 공략해, 가령 이스라엘 시장에서는 판매 1위~2위를 차지했다. 인구 대국 인도네시아에서도 중국 전기차가 아이오닉 5를 제치고 1위에 올랐다.

주지하다시피, 중국 기업들은 2000년대 초반부터 폴크스바겐-GM-현대차 등과 합작하며 이들의 기술을 모방하고 발전시켜왔다. 정부는 14년간 2,000억 위안(약 35조8,300억 원) 규모의 보조금과 세제 혜택으로 전기차 역량을 키워줬다. 내수 시장도 2022년 689만 대로 커졌다.

중국 전기차의 또 다른 경쟁력은 탄탄한 부품-소재 공급망이다. 글로벌 배터리 기업 CATL이 있고, 배터리와 차량용 반도체까지 개발하는 BYD도 있다. 리튬-니켈-코발트 등 핵심 광물 공급망도 꽉 쥐고 있다. 이처럼 원료와 소재의 원활한 공급은 중국 전기차가 신흥 시장에 일찍이 정착할 수 있는 요인이었다.

Part Six. On Automobiles and Mobility | K-모빌리티
03

전기차 시장 패권, '충전'에 달렸다?

❶ 충전기가 아니라 데이터 컬렉터입니다

전기차 충전기는 그저 주유기가 아니다. 충전기는 소중한 소비자 데이터가 오가는 플랫폼이다. 미래 전기차 시장의 패권이 충전에 달려 있다고 하는 이유가 여기 있다. 이 헤게모니에 가장 가깝게 다가선 기업은, 아니나 다를까, 일론 머스크의 테슬라다. NACS(North American Charging Standard; 북미충전표준)이라고 불리는 자신들의 전기차 충전 규격이 세계의 표준으로 자리 잡아가고 있기 때문이다. 이미 GM, 볼보, 포드가 NACS를 채택했고 폭스바겐과 스텔란티스도 검토 중이다. 날렵한 모양의 NACS는 한 개의 단자로 완속·급속 충전이 가능하다.

테슬라의 진짜 야망

하지만 테슬라의 진짜 목표는 데이터 축적이다. 완전자율주행 실현

을 위한 빅 데이터를 모으는 것이다. 데이터야말로 미래산업의 '쌀' 아니던가! NACS 충전기 구멍 5개 중 3개는 전력 공급용이고 2개는 데이터 수집용이다. 차종별 배터리 상태, 충전 속도, 사용자의 충전 패턴, 배터리 소모 속도, 배터리 설계, 엔진 제어 유닛 등은 기본이고, 이 충전기를 쓰는 데 필수인 '테슬라 앱'으로 결제도 이루어지므로 사용자의 신용카드, 동선 정보 및 온갖 마케팅 정보까지 얻는다. 전기차 패권 장악이라는 테슬라의 야망이 차츰 드러나고 있다.

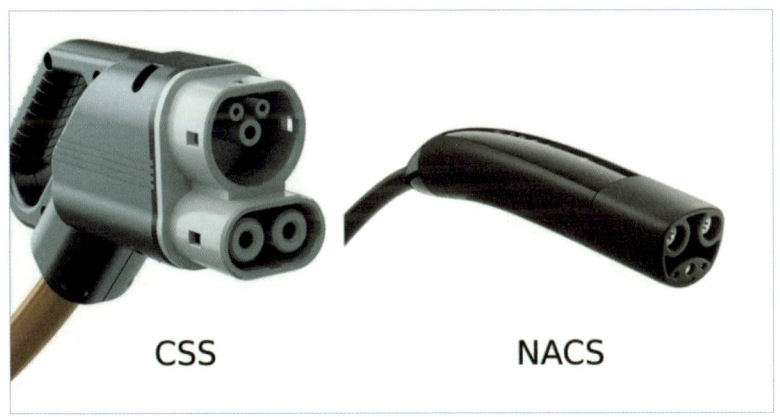

○ 전기차 충전의 양대 기술 CCS vs NACS

CCS를 고수해온 현대차그룹은 그냥 테슬라 방식을 따르기도 난감하고, NACS가 대세인 현실을 부정하기도 난감해 진퇴양난이다. 일단 CCS 방식을 유지하면서 NACS 채택 여부를 고심하고 있다. 데이터 유출이 가장 고민일 테다. 차량과 연계한 부가가치를 창출하지 않는 한, 전기차 시장에서 경쟁력 자체를 잃을 수밖에 없을 테니까. 그렇다고는 해도 전기차 확산 속도를 고려하면 거대한 충전기 시장의 도래가 분명하기에 이를 놓칠 수는 없다. 폭스바겐마저 NACS로 넘어가면 현대차처럼 CCS를 사용하는 글로벌 완성차 업체는 거의 없다. 마냥 NACS를 멀리하기도 어렵다.

❷ 절대 놓칠 수 없는 충전기 시장

시장조사기관 IDTechEx(아이디테크엑스)는 글로벌 전기차 충전 시장 규모를 10년 내 약 160조 원으로 전망한다. 이 거대 시장을 대기업들이 가만 놔둘 리 없다. 삼성을 제외한 SK·현대차·LG 등이 진출했고, 롯데·한화·GS까지 가세했다. 바야흐로 '춘추전국시대'요, '어깨'들의 각축장이다. 시장 선점을 위한 인수-합병과 합종연횡도 활발하다. 누가 얼마나 빨리 충전 인프라를 많이 설치해 '규모의 경제'를 이루느냐가 관건이 되었다. 물론 세계 시장을 시야에 넣고 있지만, 당장 국내 충전시장도 만만치 않다. 현재 등록 전기차만도 약 40만 대이며, 정부는 2025년까지 전기차 등록 113만 대, 충전기 58만8,000기(혹은 2030년까지 123만기 이상)를 목표로 잡고 있다.

우리의 거주 형태가 아파트 위주이기 때문에 국내 충전시장의 본격 확대를 위해서는 공용 인프라 확충이 관건이라고 전문가들은 지적한다. 2022년 기준 국내 전기차 수에 비해서 공용 급속 충전기 수는 5.3%, 공용 완속 충전기는 44%에 그쳤다. 정부의 복안은 아파트 주차장이나 복합쇼핑몰에는 완속 충전기, 고속도로 휴게소 같은 이동거점과 대형 마트에는 급속 충전기를 설치하는 것이다. 이동형-무선형 신기술

충전기의 개발도 바람직할 것이다.

충전시장은 춘추전국시대

① 가장 움직임이 적극적인 곳은 SK그룹이다. 충전기를 생산하는 SK시그넷을 위시해 여러 자회사들이 급속 충전기 2,000여 기를 운영하거나, 주차와 연계한 충전을 제공하는 등 줄줄이 충전 사업에 뛰어들었다. 특히 미국 초급속 충전시장 1위 Signet EV(시그닛 EV)를 인수해 출범한 SK시그넷은 테슬라의 NACS를 적용해 초급속 충전 점유율이 50% 이상이다.

SK시그넷의 충전기는 800볼트 배터리를 쓰는 전기차를 15분 만에 충전한다. 미국 정부의 전기차 충전 인프라 확대 정책 아래 보조금 혜택을 받기 위해 텍사스 공장을 준공하고 양산 체제에 들어갔다.

② 현대차그룹은 장거리 주행 고객의 충전 편의성을 높여 전기차 보급 활성화를 돕기 위해 '이피트(E-pit)'라는 초고속 충전소를 구축 중이다. 성공적인 전동화 전환을 위해 현재 28개 충전소에 약 150기의 이피트를 구축해놓았고, 2025년까지 5,000기로 늘려 초고속 인프라를 촘촘히 확충함으로써 전기차 충전 생태계 구축에 앞장서 있다. 궁극적으로는 전기차 고객들의 만족도를 높여 또 다른 구매로 이어지게 하는 게 목표다.

국내 최고 350kW급 초고속 충전 설비를 갖춘 이피트는 아이오닉5 기준 18분 이내 배터리 용량 10%에서 80%까지 충전할 수 있는 빠른 충전 속도가 강점이다.

◐ 현대차의 초고속 충전소 E-pit

③ 이제 전기차 분야가 자신들의 '본업'이라고 공언하는 LG의 경우, LG에너지솔루션은 배터리 국내 1위이고 LG전자가 이미 전장 사업에 적극적이다. 여기에 전기차 충전기 제조업체 애플망고를 인수하면서 충전 사업에도 나섰다. 그룹사들이 충전기를 만들고 설치-운영까지 맡는 가치사슬이 가능해졌다.

④ GS는 충전 사업 계열사를 통해 2025년까지 전국에 충전기 7만 개를 설치하는 목표를 세웠다. 롯데-신세계 등 유통업체들도 이미 소비자가 많이 드나드는 입지에 백화점이나 대형 마트를 갖고 있어서, 전기차 충전 사업에 열중하고 있다.

⑤ 모바일 기기 부품용 모듈과 배터리 보호회로 모듈을 생산하는 디케이티도 LG전자 무선충전 사업 부문을 인수한 뒤 미국 정부의 전기차 충전 인프라 확대

정책에 따라 북미 공장을 짓고 전기차 충전기 모듈, 배터리 관리시스템 및 배터리 팩 사업을 추진한다. 계열사로 편입된 BH EVS는 무선 충전기 등의 제품 다각화로 2023년 7월 기준 1조 원가량의 수주액을 확보했으며, 매년 30% 안팎의 수주 증가를 예상한다. NHN처럼 주차장 시설을 기반으로 한 충전 설루션을 추진 중인 IT 기업도 생겼다.

그러나 전기차 보급이 늘고 있다고는 해도 국내 등록된 자동차 중 전기차 비율은 아직 1.5%에 지나지 않는다. 대규모 투자로 전기차 인프라를 갖춰도 당장 수익이 날 수 없다. 지나친 경쟁은 누군가의 출혈을 부를 것이다.

Part Six. On Automobiles and Mobility | K-모빌리티

04

스마트폰을 넘보는 자동차 '전장'

❶ 이제 자동차는 소프트웨어다

완성차 개념이 자율주행과 '커넥티드 카'(인터넷 연결 차량)로 넘어가면서, 자동차는 이제 더는 하드웨어 중심이 아니다. 소프트웨어 기반의 구조와 설계가 중요해졌고 탑재되는 관련 전자부품도 대폭 늘어났다. 반도체만 해도 현재보다 4배나 필요하고, 카메라도 수십 개씩 들어간다. 차량 5G 보급률이 현저히 늘고 2030년엔 커넥티드 카 침투율이 97%에 이를 전망이다. 게다가 전장 부품 가격도 계속 오르면서 주요 전자업체들은 '전장'(자동차 전기·전자장비)을 미래 먹거리로 점찍었다. 성장성도 엄청난 데다 기존의 통신 부품 노하우도 접목할 수 있어서, 더할 나위 없는 '블루오션'으로 커나가고 있다. 스마트폰이 가고 AI와 함께 전장의 시대가 온 걸까.

시장조사업체 Statista(스터티스타)는 세계 완성차 시장 가운데 커넥

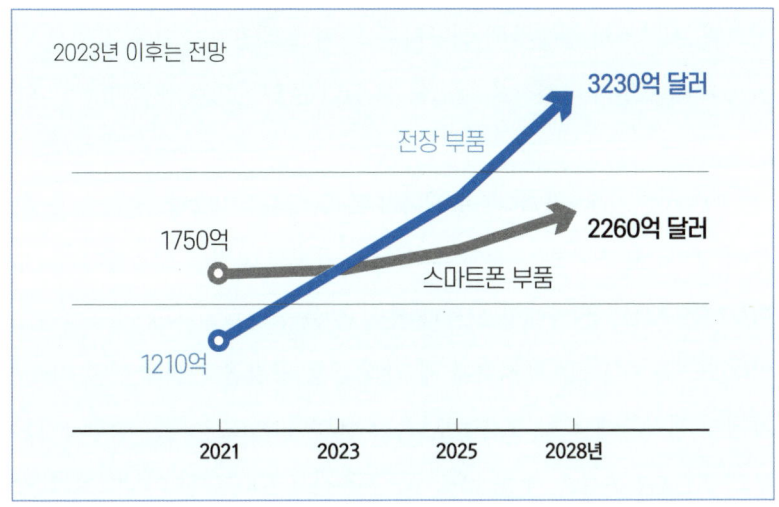

급성장하는 세계 전장 시장 규모 (단위: 달러)

※ 차량용 반도체, 인포테인먼트, 통신장비, ADAS, 전기차 동력계 부품 등을 모두 합친 것
자료: SA, 이베스트투자증권

티드 카 시장만도 5년 후 2028년엔 1,911억 달러(243조2,703억 원)로 지금의 2배 이상으로 커진다고 봤다. 이런 시장을 기반으로 글로벌 전장 부품 시장 규모는 2023년에 이미 1,810억 달러(약 236조 원)로 스마트폰 부품 시장(1,780억 달러)을 뛰어넘을 전망이다. 2029년까지 연평균 14% 이상 고속 성장할 걸로 보는 전문가도 많다. 실제로 우리나라의 경우 최근 1년~2년 사이 주요 기업들의 전장 부품 수주 잔액이 20%~30% 증가하면서 국내 전자 업계의 차세대 먹거리로 부족함이 없다.

① LG전자

10년 전에 이미 사업본부를 만든 LG전자는 '가전 명가'에서 '전장 선두주자'로의 변신을 꾀하고 있다. 전장은 새로운 100년을 준비할 신성장 동력으로 꼽혔다. 회사 내에 인포테인먼트, 차량 전면부의 센서-조명 시스템, 전기차의 심장부에 해당하는 파워 트레인까지 모두 갖추고 있어서 미래 모빌리티 시장을 선도할 수 있다는 확신으로 움직이고 있다.

LG전자 외에도 LG디스플레이가 플라스틱-유기발광다이오드를 활용해 고해상도 화질과 구부릴 수 있는 디자인의 차량용 디스플레이, LG이노텍은 ADAS용 카메라 모듈과 통신 부품을 글로벌 시장에 공급하고 있다. 또 LG마그나는 멕시코에 세 번째 부품 공장을 건설해 미국 GM의 차세대 전기차에 핵심 부품을 납품할 예정이다. LG전자는 전장사업본부의 2023년 목표를 매출 10조 원, 수주잔고 100조 원 이상으로 잡았으며, 이미 2022년부터 흑자로 돌아선 상태다.

② 삼성전자

자회시로 삼성전자 패밀리에 편입된 하만은 차세대 디지털 콕핏을 앞세워 시장을 개척하고 있다. 2016년 인수 후 다소 부침을 겪었지만, 2022년에 역대 최고인 매출 13조 원과 불과 2년 만에 약 16배 성장한 영업이익 8,800억 원을 기록했다.

삼성전자는 2030년 이후 차량용, 서버, 모바일이 반도체의 3대 용도가 될 것으로 보고 차량용 반도체 시장을 공략할 계획이다. 2019년부터는 테슬라 전기차에 탑재되는 고성능 반도체인 자율주행용 반도체도 위탁 생산하고 있다.

주요 국내 기업들의 전장 사업

그룹	회사	부품	주요 완성차 고객
LG	LG전자	차량용 인포테인먼트 시스템	메르세데스-벤츠
	LG이노텍	자율주행, 카메라, 통신부품	GM, JLR
	LG디스플레이	차량용 디스플레이	메르세데스-벤츠, 캐딜락
	ZKW	차량용 조명 시스템	BMW, 아우디, 포르셰 등
삼성	삼성전자	자율주행 반도체	테슬라
	삼성디스플레이	차량용 디스플레이	페라리, 아우디
	하만	디지털 콕핏(조종석)·카오디오	BMW
현대차	현대모비스	통합스위치모듈, 사운드시스템	GM, 폴크스바겐

③ 삼성전기

　오랫동안 적층 세라믹 커패시터(MLCC)는 삼성전기의 상징과도 같았다. 이제 전장 부품을 '제2의 MLCC'로 지목한 삼성전기는 자율주행차 핵심 부품인 '파워 인덕터' 2종을 양산한다. MLCC가 반도체에 들어가는 전기의 전압을 조절한다면, 파워 인덕터는 자율주행 정보 처리 반도체에 안정적으로 전력을 공급한다. 자동차 1대당 100여 개가 들어가는 대표적 고부가가치 제품으로, 차량 내 운전자 보조 시스템(ADAS), 인포테인먼트 등 다양하게 적용된다. 자율주행차 시장이 본격화할 것으로 보이는 2030년에는 자동차마다 파워 인덕터가 현재의 2배 이상으로 들어갈 전망이다. 기존의 주력 제품인 MLCC만 해도 한 대의 차에 1만~1만5,000개가 필요해 2022년 전장용 MLCC 총수요가 무려 5,620억 개였는데, 앞으로 파워 인덕터까지 순조롭게 장악한다면 막대한 비즈니스가 될 수 있다.

❷ 차량용 디스플레이 OLED로 대전환

휴대폰과 스마트폰처럼 차량용 디스플레이가 LCD에서 유기발광다이오드(OLED)로 빠르게 넘어가면서, 완성차 업체들이 대거 OLED 패널을 탑재하고 있다. 특히 아우디는 2027년부터 중형 세단 적용을 목표로 OLED 패널 발주를 추진하고 있는데, 그 규모가 270여만 대에 이른다. 현재 전 세계 차량용 OLED 출하량인 100만 대와 비교해보라. 더구나 사이즈도 30인치대로 알려져 (디스플레이 사업에서 중요한) 면적으로 따지면 역대급이다. 이 물량을 따내기 위해 LG디스플레이와 삼성디스플레이 사이에 치열한 경쟁이 펼쳐지는 중이다. 중국도 차량용 OLED를 생산하고 있지만, 내구성과 품질에서 한국의 거인들을 넘기 어렵다고 한다.

OLED는 내구성 부족으로 자동차에 어울리지 않는다는 평을 받아왔다. 소자의 수명이 다하는 '번인(burn-in)' 등 디스플레이의 내구성이 떨어진다는 지적에서다. 그러나 그 한계를 뛰어넘는 LG디스플레이의 '탠덤 구조' 등 신기술이 나오면서 이런 평가는 옛말이 됐다. 더욱이 OLED는 휘어지거나 접을 수도 있어 전기차-자율주행차로 발전하는 미래 추세와 맞물려 쓰임새가 제대로 넓어지는 중이다.

현대차 역시 2024년식 제네시스에 24인치와 27인치 OLED를 탑재한다. 포르쉐와 벤츠도 내년 신모델에 OLED 패널을 적용할 예정이며, 페라리 슈퍼카에도 OLED가 탑재된다. 참고로 삼성디스플레이는 페라리와 MOU를 맺고 차세대 모델에 탑재하는 디스플레이 설루션을 개발하고 있다.

2024년에도 차량용 OLED 전환이 확산할 것이며 속도도 빨라질 것이다. 시장조사업체 Omdia(옴디아)에 따르면 차량용 OLED 출하량은 2027년까지 917만 대로 6배 이상 성장할 것으로 보인다. 연평균 성장률 44%에 해당한다.

- 현재 프리미엄 차량용 디스플레이 1위 기업 LG디스플레이는 초대형 OLED와 슬라이더블-롤러블-투명 OLED 같은 혁신을 꾸준히 제공해 시장점유율을 지금의 20%대에서 3년~4년 내 50% 이상으로 확대한다는 계획이다. OLED와 고급형 LCD까지 포괄하는 이 시장에서 일본의 JDI와 샤프가 LG디스플레이를 맹추격하고 있다. '바퀴 달린 스마트폰'으로 진화한 자동차를 위해 LG디스플레이가 2019년 업계 최초로 양산에 성공한 차량용 OLED는 해마다 28%씩 시장이 커지고 있다. LG디스플레이는 시장 주도를 위해 1) 가볍고 구부러지는 플라스틱 OLED, 2) 유리 기판으로 만들어 가격을 낮춘 ATO(Advanced Thin OLED), 3) 기존 LCD보다 고해상도를 구현하는 저온 다결정 실리콘 LCD의 세 가지 기술을 축으로 삼고 있다.

❸ 'K-전·차연합' 뜬다

자율주행 반도체는 삼성, 배터리는 SK, 완성된 전기차는 현대, 그리고 운전자가 보는 OLED 계기판은 LG! 이것은 몇 년 전의 '꿈'이 아니라 지금의 현실이다. 현대차는 글로벌 전기차의 리더로 자랐고 삼성, SK, LG 등은 전장에서 압도적인 실력을 자랑하며 서로 협력하기에 가능한 일이다. 첨단 부품 경쟁력이 중요한 미래 차의 시대에는 이들의 '전장 동맹'은 더 단단해지지 않을까.

먼저 러브 콜 보낸 현대차

삼성전자는 차량용 AP라든지 파운드리 사업에 해마다 수조 원을 투입한다. 삼성전기 역시 전기차용 MLCC 투자를 과감히 늘려왔다. LG는 나름대로 패널(LG디스플레이), 카메라 모듈(LG이노텍), 파워 트레인(LG마그나), 운영시스템, 인포테인먼트 시스템 등 주력 부품 사업에서 세계 최고 수준에 올라 있다. '한국산 전장 부품'이라고 하면 해외에서 먼저 그 기술력을 인정하는 케이스도 많다. IVI용 반도체를 아우디나 폭스바겐에 공급하는 삼성전자가 그렇고, 벤츠에 디지털 콕핏 OLED를 공급하는 LG디스플레이가 그렇다. 배터리는 또 어떤가? LG에너지솔루션, SK온, 삼성SDI가 이미 세계 시장에서 결코 빼놓을 수 없는 이름이 되었다.

이런 식으로 삼성, SK, LG가 대규모 투자를 통해 이 분야의 경쟁력을 끌어올리지 않았더라면, 누가 중심이 되었건 4대 그룹의 전장 동맹은 불가능했을 것이다. 그 위에 한국 반도체 기업들의 차량용 제품 경쟁력까지 올라가면서 현대차가 그런 동맹에 관심을 두게 된 것이리라.

2024년에도 미래 차 주도권 경쟁은 치열할 것이고, 첨단 부품의 중요성은 더욱 커질 것이며, 따라서 이 분야에 강점을 지닌 4대 그룹 전장 동맹은 더 튼튼해질 것이다. '한국 중심의 미래차 핵심 부품 공급망'은 생각만 해도 기분 좋은 노릇이다. 4대 그룹의 협업이 튼튼해질수록 국내 전자-자동차 부품·소재·장비 생태계도 더 강력해질 터이다.

 자동차 'NVH'를 줄이는 비즈니스

NVH는 자동차 소음(noise), 진동(vibration), 불협화음(harshness)을 가리키는 용어다. 이 NVH 줄이기를 사업모델로 삼은 이 분야 국내 1위 기업이 NVH코리아다. 소재 전문기업으로 출발한 일양산업의 후신으로, 지금은 43개의 계열사를 거느릴 정도로 성장해 원료·소재·부품 성형을 아우르는 수직계열화를 달성했다. 현대차의 프리미엄 브랜드인 제네시스를 비롯한 모든 모델에 NVH 패키지와 헤드라이너(자동차 천장 덮개) 등을 공급하고 있다. 매출과 자산도 1조 원을 넘어섰다.

주 고객사인 현대차그룹이 미국 IRA 혜택을 받기 위해 미국 투자를 늘리자, NVH코리아 역시 현지 공장 건설에 나서는 등, 해외 비즈니스 확장에도 열심이다. NVH코리아는 이미 2022년 12월 조지아주 애틀랜타에 자회사를 설립하고 배터리 모듈 조립(BMA) 사업을 영위하고 있으며, BMA 사출품 생산 및 조립으로 사업영역을 확대하는 중이다. 아직 일반투자자에게 익숙한 이름은 아니지만, 2024년에는 K-모빌리티 영역에서 좀 더 관심을 끌 수 있을 것이다.

Part Six. On Automobiles and Mobility | K-모빌리티
05

모빌리티의 퍼스트 무버

❶ 하드웨어를 넘어 운전자의 삶으로

현대자동차그룹 내 로봇공학 연구개발 조직인 로보틱스 랩은 명실상부 핵심 조직으로 자리 잡고, 로봇의 신경망-뇌 역할을 하는 소프트웨어와 움직임을 실제로 구현하는 하드웨어를 개발하고 있다. '인류의 무한한 이동과 진보'가 목표인 로보틱스는 현대차그룹의 핵심 동력이다. 자동차의 궁극적 비전은 바로 자율주행차와 커넥티드 카이고, 이들이 공유할 기반 기술은 결국 로보틱스다. 로봇이야말로 AI-반도체-빅 데이터-IoT 등의 총화이니까.

현대차그룹은 예전처럼 자동차 산업의 '추격자'가 아니라, 미래 모빌리티 산업의 '퍼스트 무버'인 동시에 모빌리티 솔루션 기업으로 진화하기를 꿈꾼다. 이미 2018년 자체 로보틱스 조직을 꾸렸고 2021년 세계적인 로봇 기업 Boston Dynamics(보스턴 다이내믹스)를 인수함으로써 10년

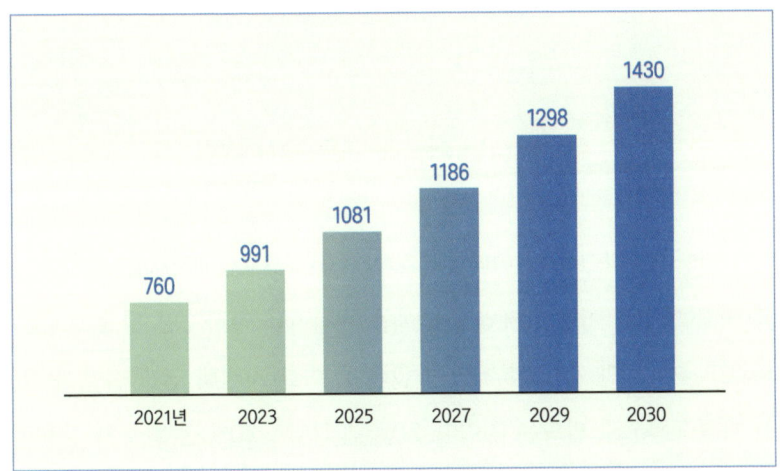

전 세계 로보틱스 시장 확대 (단위: 억 달러)

자료: 프리시던스리서치

후 300조 원으로 성장할 세계 로보틱스 시장에 일찌감치 베팅했다. 주간 뉴스위크의 표현처럼, 현대차그룹은 자동차의 미래가 아니라 삶의 방식을 혁신하는 중이다.

보스턴 다이내믹스는 세계 최고 관절 로봇 기술을 갖추었고, 로보틱스 랩은 바퀴 달린 로봇의 새 지평을 열어젖힌다. 보스턴 다이내믹스는 로봇 개 '스팟'에 이어 물류 로봇 '스트레치' 등의 공급사로 유명하고, 로보틱스 랩은 수평을 유지한 채 계단과 경사면을 이동하는 '모베드'와 뛰어난 균형감과 운동 능력으로 '3D 노동'을 대체할 휴머노이드 로봇 '아틀라스'까지 개발해 상용화 단계다. 또 현대차그룹은 달에서 광물을 채취하고 환경을 분석하는 탐사용 로버를 개발하는 등, 이제 우주와 가상공간으로 시야를 넓히고 있다. 언젠가는 사람이 먼 곳을 직접 가는 대신 로봇을 보내 이동하는 'telepresence(텔리프레즌스),' 즉, 원격 실재 로

봇도 나올 수 있다.

❷ 2024년 서울에 드론 택시 뜰까

현대자동차그룹의 '미래항공교통(AAM; Advanced Air Mobility)'은 하늘과 땅을 연결해 이동의 제약을 없애는 개념이다. 말하자면, 항공 이동은 빠르고 편하지만 시·공간 제약이 많은데, 이를 개선해 쉽게 접할 수 있는 대중교통으로 만드는 것이다. 2028년 UAM, 2030년 화물기 상용화가 목표라고 하니 결실을 보기에는 시간이 더 필요하겠지만, 그 성과는 2024년부터 눈에 띄기 시작할 것 같다.

나는 <명쾌하고 야무진 경제용어 해설>(2021)에서 '도심항공교통(UAM)'이란 개념을 소개하고 설명한 적이 있는데, 이것은 도심 내 교통체증을 해결하는 것으로서 AAM 개념의 한 부분이라고 생각하면 되겠다. 현대차그룹은 기술 개발과 인프라 구축을 위해 2019년 UAM 전담 부서를 만들었고, 낮은 고도에서 중·단거리를 오가는 기체도 공개했다. 이어 미국에 설립한 UAM 법인 Supernal(슈퍼널)은 '전기 수직 이착륙 항공기'(eVTOL) 콘셉트를 최초로 선보였다. 아울러 AAM 기체 개발을 위해선 저명한 항공 엔진 기술사 Rolls-Royce(롤스로이스) 및 Safran(사프란)과 협약을 맺고, UAM의 배터리 추진 시스템을 함께 연구할 계획이다. 그룹 회장의 발언처럼, AAM 사업은 자동차 50%, UAM 30%, 로보틱스 20%의 비중으로 이루어질 것이다.

하늘을 나는 택시

2024년 하반기 즈음이면 서울에서 하늘을 날아다니는 '드론 택시'의 시험 운행을 목격할 수 있다. 우선은 5명~6명이 탈 수 있고 김포공항에서 여의도까지 3분 정도 걸리는 속도로 비행하는 UAM의 운항을 목표로 한다. 드론 택시의 수직이-착륙장인 '버티포트(vertiport)'도 보게 된다. 2025년까지 UAM을 상용화하겠다는 서울시 계획의 일부다. UAM은 도심 교통혼잡을 피해 비행하는 차세대 교통수단으로, 이미 세계 주요국 간 경쟁이 치열하다.

UAM 노선과 버티포트 입지는 소위 'K-UAM팀'에 의해서 확정되지만, 아직 시험 단계라 곧바로 드론 택시가 도심 상공을 날지는 못하고, 우선 2023년 8월경 한강을 따라가는 김포공항~여의도, 수서~잠실 노선을 대상으로 시험 과정을 거치면서 문제점을 보완할 것이다. 버티포트는 안전을 고려해 시험 단계에선 한강공원 등에 설치하되, 본격 운행이 이루어지면 시내 공공건물과 빌딩 옥상에다 지을 계획이다.

'날아다니는 택시'로 불리는 UAM 서비스 사업에는 현대차가 주도하는 '현대차-KT 컨소시엄'과 SK텔레콤-한화시스템-한국공항공사가 구성한 'K-UAM 드림팀' 등 국내외 대표적인 기업들이 7개 컨소시엄을 구성해 참여할 것이며, 운영시스템에 대해서는 대한항공이 주도하는 인천국제공항공사 컨소시엄이 검증을 맡게 된다.

2024년 파리 올림픽이 분기점

UAM 시장은 아직 걸음마 단계지만, 투자 은행 모건스탠리에 따르면 글로벌 시장은 2030년 3,220억 달러, 2040년 1조4,740억 달러(약 1,924조 원)로 급성장할 전망이다. 시장 선점을 위해 주요국들이 각개약진하는 가운데, UAM을 가장 빨리 상용화할 것으로 보이는 나라는 미국이다. NASA 및 우버와 손잡고 2024년 상용화를 목표로 수직이착륙기를 개발하고 있는 Joby Aviation(조비 에이비에이션)이 언론에 자주 오르내린다. 일본은 2025년 오사카·간사이 엑스포에서 플라잉 택시를 선보일 계획이고, 영국은 이미 3년 이상 정부 주도로 실증 사업을 펼쳐왔다. 그러나 실제로 UAM 비즈니스의 분수령은 세계인들 앞에서 첫선을 보일 2024년 파리 올림픽이 될 것 같다.

On Artificial Intelligence Industry
인공지능 산업

2024
BUSINESS
TREND
KOREA

Part Seven. On Artificial Intelligence Industry | 인공지능 산업
01

챗GPT 이후 1년

❶ 토종 초거대 언어모델 경쟁

챗GPT와 생성 AI 열풍이 시작된 후로 그럭저럭 한 해가 흘렀다. 2022년 말 출시된 챗GPT만 해도 한국어 구사 능력이 괜찮았다. 이후 업그레이드된 GPT-4의 한국어 실력은 더 높아져, 이전 모델의 영어 실력까지 넘어선다고 할 정도였다. 구글의 AI 챗봇 '바드' 역시 한국어 기능을 강조하며 우리 시장에 군침을 흘린다. 그럼, 챗GPT와 달리 한국어에 특화됐고 한국어에 강점을 가져 마땅한 국내 기업들의 초거대 AI, 즉, 한국형 챗GPT는?

물론 뜨거운 경쟁이 펼쳐지고 있다. 저마다 자체 개발한 초거대 언어모델(LLM)을 공개하면서 AI 시장 선점을 위해 전력 질주 중이다. 제2장에서 설명할 네이버의 하이퍼클로바X가 제대로 기선을 제압했고, 그 직전에 LG가 '엑사원 2.0'을, 엔씨소프트가 LLM '바르코'를 공개했다.

EXAONE 2.0	VARCO	SOCAR
❶ 엑사원 2.0	❶ 바르코(VARCO)	❶ 미정
❷ LG	❷ 엔씨소프트	❷ 쏘카
❸ - 논문·특허 등 전문 지식 특화 AI - 전문 문헌 4500만건 및 이미지 3억5000만장 학습	❸ 시나리오 및 이미지, 가상 인간 형성 등 게임 개발 특화된 중·소형 LLM	❸ 경로·배차·상담, 사고 차량 이미지 등 모빌리티 특화 데이터 학습
❹ 7월 19일 공개	❹ 8월 16일 공개	❹ 2024년 상반기

◎ 한국어 언어모델 ❶ 명칭 ❷ 출시 기업 ❸ 특징 ❹ 출시 일정

카카오 역시 '코GPT 2.0'을 2024년 이전에 공개할 예정이다.

　이들의 비즈니스 모델과 방향은 각기 다르지만, 빅 테크의 초거대 모델이나 오픈 소스 AI를 활용하지 않고 자체 LLM을 개발해왔다는 점에서는 공통된다. 거인들의 기술에 종속되기 싫기 때문이다. 글로벌 대기업이 사다리를 걷어차면 한국은 순식간에 AI 식민지로 전락하기 때문이다.

❷ 생활 속으로 파고드는 AI

　언어모델이라는 기반 기술을 기반으로 해서 개발해내는 생활 밀착형 AI 서비스가 빠르고 다양하게 등장하고 있다. 점원이나 키오스크를 거칠 필요 없이 고객의 주문을 받아서 처리한다든지, 여행 코스를 추천하고, 세금 신고와 연말정산을 상담하거나 대신해주며, 면접 전략을 코

치하고, 복잡한 보험약관을 쉽게 설명해주는 등 다양한 AI 서비스를 제공하는 스타트업이 그야말로 우후죽순으로 등장한다. 기업 내 임직원을 위한 서비스도 있고, 일반 고객용도 다양하다.

AI 기반의 음성 주문 기술은 이미 소비자들이 여기저기서 경험한 대로다. 전화로 식당에 배달을 주문할 때, 매장 직원이 응대하는 대신 AI가 음식을 주문받고, 주소와 기타 요청 사항까지 파악해 이를 주문서로 변환하는 기술이다. 매장이 아무리 바쁘고 직원이 아무리 모자라도 AI가 주문을 정확히 처리해주면, 매출 증대와 고객 만족에 더할 나위 없는 도움이 될 것이다. 2024년에도 장소를 가리지 않고 이러한 생활 밀착형 AI 서비스는 더욱 다양해지고 정교해지고 정확해져서 계속 확산할 것이다.

기업용 서비스도 만발

생활 밀착형 AI 서비스를 창안해내는 기업들은 거기에 필요한 기반 기술을 어떻게 확보할까? 오픈AI나 구글처럼 오랜 세월 개발해온 초거대 AI 모델을 보유한 기업에 요금을 내고 기술을 빌려온다. 스스로 그런 기반 기술을 갖는다는 건 불가능에 가깝기 때문이다. 이렇게 원천기술이 필요한 AI 서비스 기업들이 늘어나자, 오픈AI는 아예 '챗GPT 엔터프라이즈'라는 이름으로 일반 챗GPT보다 두 배 빠른 기업용 챗GPT를 출시했다. 좀 더 정밀한 데이터 분석 기능과 직원들의 챗GPT 사용을 관리하는 기능도 추가했다고 한다.

이렇듯 AI 기술의 확산과 유료화에는 갈수록 속도가 붙을 것으로 보인다. 챗GPT나 생성 AI의 무료 사용자들은 그 참신함과 신기함의 매력이 떨어지면서, AI로부터 구체적인 도움을 얻지 않는 한 미련 없이 떠났다. 실제로 2023년 5월~6월 (챗GPT 출시 이후 처음으로) 접속자 수가 10% 가량 떨어졌다는 통계가 있다. 이젠 신기해서가 아니라 기업이든 개인이든 꼭 필요해서 각종 AI 서비스를 찾는 관행이 서서히 자리 잡을 것이다. 그런 경우엔 AI 서비스가 유료이든 무료이든 별 상관이 없을 것이다. 창의적인 스타트업들이 생활-산업과 밀접한 AI 서비스를 본격적으로 내놓고 있으니, AI를 향한 관심과 열풍이 다시 한번 크게 불붙을 것 같다.

Part Seven. On Artificial Intelligence Industry | 인공지능 산업
02

AI 생태계 구축하는 국내 기업들

❶ 네이버와 카카오

네이버, 토종 AI 드디어 출격

내가 이 책을 탈고하기로 계획했던 8월 24일, 바로 이날 아침 네이버가 초거대 AI로 분류되는 대규모 언어모델(LLM) '하이퍼클로바X'를 공개했다. 우리나라 AI 생태계 변화에서 한 획을 긋는 사건이 하마터면 본문에서 빠질 뻔했다.

약 1조 원과 4년의 세월을 투자해 얻은 하이퍼클로바X는 2021년에 공개된 하이퍼클로바의 업그레이드 버전이다. GPT(오픈AI), 팜2(구글), 라마(메타) 등 빅 테크들의 LLM이 주도하는 가운데, 이들에게 맞설 수 있는 최초의 토종 LLM이라 할 수 있다. 그 기반에는 네이버가 20년 동안 국내 인터넷 시장을 과점하면서 축적한 한국어 데이터, 디지털 인프라, 인

적 자원 등이 깔려 있어, 한국의 문화-정서-환경을 잘 이해하고 답변한다. 특히 최근 3년~4년간 오픈AI보다 6,500배 많은 한국어 자료를 학습시켰다고 한다.

하이퍼클로바X 기반의 다양한 서비스

사용자에게 가장 의미 있고 크게 바뀌는 서비스는 '한국형 챗GPT'를 표방하는 대화형 AI인 '클로바X'와 검색 서비스인 '큐:'다.

○ 클로바X는 쉽게 말해서 챗GPT와 비슷한 대화형 AI다. 이용자가 질문하면 창작, 요약, 번역, 코딩 등의 형태로 답해주며, 텍스트, 이미지, 영상, 소리도 이해하고 생성한다. 자사 서비스에다 배달의민족이나 쏘카 같은 타사 앱과도 결합해 답변을 내놓는다. 업무 보고서나 자기소개서처럼 비즈니스 글쓰기에 도움을 받는 것부터 면접 연습, 고민 상담 등 다양한 목적으로 활용될 수 있다.

○ 새로운 검색 서비스 큐:는 기존 네이버의 데이터를 기반으로 한국어 질문의 의도를 파악해 정확한 답을 제공한다. 한국어 데이터가 부족해 한국 관련 질문에 엉뚱한 대답을 하고 한국어 문장에도 취약점을 보였던 챗GPT와의 차별점이다. 또 큐:는 마치 사람처럼 질문을 구조적으로 이해하고, 출처가 명확한 콘텐트로 최신 정보를 분석해 답변을 생성한다. 네이버는 큐:가 기존 LLM이 내놓은 답과 실시간 검색으로 얻은 답을 비교해 정확도를 확인하는 기술을 장착했고, 따라서 환각(헐루시네이션) 현상을 72% 줄였다고 밝히기도 했다.

B2B를 정조준한 AI 서비스

네이버는 B2B 거래에 초점을 두고 많은 기업이 하이퍼클로바X를 활용하게 만드는 데서 수익을 올린다는 전략을 채택했다. 기업의 생산성 제고를 위해서는 '프로젝트 커넥트X'라는 툴(도구)을 공개했다. 이 도구를 쓰면 초거대 AI의 도움으로 코딩이나 디자인 같은 전문적인 업무를 쉽게 수행할 수 있다. 자료 탐색과 문서 작성 등의 분산된 업무는 서로 잘 연결해 생산성을 높인다. 또 '클로바 스튜디오'라는 도구는 사용자들이 초거대 AI 기술을 쉽게 이용할 수 있게 도와주는데, 이 도구에도 하이퍼클로바X를 탑재해놓았다. 그 결과 고객은 자체 보유한 데이터를 하이퍼클로바X에 결합해 자신의 영역에 특화한 AI 모델을 만들 수 있다. 또 보안을 위해 생성 AI를 자체 구축하고 싶은 고객에게는 완전 관리형 하이브리드 클라우드 서비스인 '뉴로클라우드'를 제공한다.

이미 700여 기업이 유료 클로바 스튜디오를 통해 네이버 LLM을 사용하고 있으며, 각자 맞춤형 하이퍼클로바X 모델도 만들고 강화학습도 시킨다. 이미 네이버 AI 생태계로 들어와 하이퍼클로바X API를 받아 쓰고 있는 스타트업도 많다. 네이버는 2024년에도 이 고객 수를 더 늘리는 데 몰두할 것이다. 막대한 비용, 보안, 내부 자원 등의 제약으로 자체적인 AI 니즈를 충족시키기 어려운 기업들을 위해 효율적인 맞춤형 솔루션을 제공해야 할 것이다.

한국 시장 지킬 수 있을까?

네이버는 국내 검색 시장에서 글로벌 빅 테크를 제치고 선두를 지켜왔다. 하지만 생성 AI 분야에서는 결정적인 기술 발표가 다소 늦어졌다. 검색 플랫폼이 생성 AI로 대체될까? 시간을 두고 봐야 할 일이지만, 그렇게 되더라도 네이버는 거인들과의 경쟁을 포기하지 않을 생각이다. 누구보다 더 높은 한국어 성능이 네이버의 무기이며, 국내 검색에서 쌓아 올린 경험과 정보 및 폭넓은 서비스가 네이버의 토대다. R&D에 투입해온 자금도 (나름대로) 어마어마하다. 2023년 상반기에만 연구개발비에 역대 최고인 거의 1조 원을 썼다.

뚜껑을 열어보니 버벅대는(?) 희망

하지만 아쉽다. 네이버가 야심 차게 공개한 하이퍼클로바X는 기대했던 만큼 박수를 받지 못했던 모양이다. 한국어에 특화된 토종 '챗GPT'가 나온다고 오랫동안 분위기를 띄웠지만, 막상 이를 써본 사용자들의 실망이 컸다는 얘기가 쫙 퍼졌다. 접속하는 데 걸리는 시간이 길어졌고, 프롬프트에 대한 답변이 지연되거나 터무니없는 답이 나오는 사례가 속출했단다. 사용 시간과 질문 수에도 제약이 있었다. 챗GPT나 바드랑 별다를 게 없다는 후기도 널리 퍼졌다. 이런 분위기를 증명이라도 하듯, 네이버 주가는 공개 다음 날 바로 7.8% 급락했다.

뚜렷한 수익 모델이 보이지 않는다는 것 역시 투자자가 보기에는 약점이다. 결국은 투자 대상 기업이 이 새로운 AI 모델로 얼마나 오래,

얼마나 많이, 돈을 벌 수 있느냐가 관건 아니겠는가. AI 챗봇으로 딱히 수익이 되지 않고 장기적 성장에 결정적인 도움이 된다는 징후가 안 보인다면 그걸 둘러싼 온갖 미사여구도 소용없지 않은가. 물론 네이버는 앞으로 기업용 AI 개발 도구 등도 선보인다는 계획이지만, 하이퍼클로바X의 공개 후 반응을 고려하면 이 역시 미지수다. 국내 여러 기업이 이 시장 진출을 약속해놓고 경주하고 있는 걸 보면, 기술적으로 어느 정도까진 누구나 도달할 수 있는 듯하다. 하지만 장-단기적인 성공은 전혀 다른 얘기다. 다양한 평가와 전략이 나오지만, 분명한 것은 이미 근원기술로 시장을 장악한 글로벌 빅 테크와 경쟁하려면, 우리 기업들이 확실한 차별점을 창출해내야 할 것이다.

오히려 B2C에 눈독 들이는 카카오

카카오가 갈고 닦아온 무기는 '코 GPT 2.0'라는 초거대 모델이다. 예전에 출시한 자체 LLM을 업그레이드한 서비스다. 2023년이 가기 전에는 공개할 요량이다. 네이버와는 달리, B2C 사업에 집중할 계획이다. 그러나 챗GPT와 바드 등이 이미 한국어 서비스를 진행하고 있는 데다, 온갖 학습 자료의 양까지도 훨씬 많아서, 쉽지 않을 수 있다. 국내 기업들이 카카오 모델의 뚜렷한 차별점을 찾지 못하면, 시장에서 외면받을 수도 있다.

코GPT 2.0은 대규모 B2B 서비스보다 개인 맞춤형 서비스에 집중해서, 카카오의 핵심 서비스인 '카카오톡'과의 연계에 방점을 찍을 것으로 보인다. LLM 자체를 전면에 내세지 말고 대신 매개변수와 용량을 낮춘 중-소형 모델로 쪼개서 카카오톡 등 기존 서비스에 녹이려는 작전이다. 1만3,000여 편의 시를 읽고 작법을 익혀 첫 시집을 펴냈던 AI 모델 'SIA(시아)'가 그런 예에 속한다. 이런 B2B 서비스가 제대로 자리 잡은 후에, B2B로 옮겨가서 비즈니스 서비스와의 접목 등을 시도할 것이다. 이미지 생성 AI '칼로 2.0'도 공개한 바 있는 카카오는 아무래도 내수 비중이 큰 만큼, 코GPT 2.0의 '한국어' 실력이 글로벌 서비스보다 뛰어나다는 것을 전면에 내세울 것으로 보인다. 카카오도 상반기 연구개발비에 그들로서는 최고치인 5,447억 원을 썼다.

❷ LG와 삼성

전문가를 위한 AI

AI 연구 분야에서 LG그룹의 씽크 탱크 역할을 하는 LG AI 연구원은 매개변수 3,000억 개의 차세대 LLM '엑사원 2.0'을 접목한 다양한 서비스를 출시한다. 챗GPT처럼 대화형 AI이기도 하지만, 나아가 신약-신소재 개발 같은 B2B 적용 및 그룹 내 계열사들의 활용에 중점을 두었다. 네이버의 LLM이 가장 많은 한글 데이터를 학습시켰다면, 엑사원 2.0은 4,500만 건에 이르는 논문이며 특허 같은 전문 자료를 학습시켰다는 데서 차별된다. 말하자면 전문가용 AI 모델이라 하겠다. 프롬프트에 답할 때 사용자에게 관련된 근거 논문도 소개한다. LG AI 연구원은 2024년 전이라도 이 모델을 외부에 공개해 수익사업으로 전환하는 방안을 추진하고 있다.

엑사원 2.0은 논문 등의 전문 문서 외에도 3억 5,000만 장 이미지를 학습했다. 기존보다 학습량이 네 배 이상 늘었고, 텍스트, 이미지, 음성을 다 인식해 사고하고 답하는 이른바 '멀티모달' AI다. 그런 점에서 이전 챗GPT나 생성 AI보다 한층 진화한 서비스다. 물론 한국어와 영어를 동시에 이해하고 답한다. 엑사원 2.0을 구성하는 몇 가지 플랫폼이 있다.

- '엑사원 유니버스': 전문가용 대화형 AI 플랫폼이다. 몇 가지 기능에 따라 메뉴를 나눴던 예전의 방식을 탈피, 완전히 전문가용 대화형 AI 플랫폼으로 탈바꿈했다. 다른 대화형 AI와 달리 사전 학습한 데이터는 물론 도메인별 최신 전문 데이터까지 포함해 근거를 찾고 추론해 답변을 생성한다. 또, 답변과 함께 각 질문과 연관성이 가장 높은 전문 문헌들과 AI가 답변하는 과정에서 활용한 단락을 화면 좌우에 표시한다.

- '엑사원 디스커버리': 세상에 없던 새로운 지식을 발견하는 플랫폼이다. 주로 신소재-신약-신물질 탐색에 쓰인다. 논문과 특허자료 같은 텍스트는 물론이고, 화학 분자 구조, 수식, 그래프 등 이미지 정보까지 읽고 학습하는 '심층 문서 이해 기술'까지 적용되었다. 엑사원 디스커버리는 1만 회가 넘었던 신약이나 신물질 합성 시행착오를 수십 회로 줄이고, R&D 기간도 40개월에서 5개월로 단축할 수 있다고 한다. 2023년 4분기에 우선 그룹 내 화학 및 바이오 분야 연구진들에게 서비스를 제공할 예정이다.

- '엑사원 아틀리에': 이미지를 이해하거나 생성하는 AI로, 창의적 영감과 아이디어를 제공하기 위한 플랫폼이다. 저작권이 확보된 이미지-텍스트가 짝을 이

룬 '페어 데이터' 3.5억 장을 학습함으로써 이미지 생성과 이해에 특화된 기능을 담았다. 처음 보는 이미지도 자연어로 설명하고 이미지 검색에 활용되는 메타 데이터를 생성해주는 '캡셔닝 AI' 기능도 엑사원 아틀리에에 탑재했다. 인간과 AI가 상호작용으로 디자인을 완성해가는 '디자인 씽킹 프로세스(Design Thinking Process)'도 접목할 예정이다.

LG는 이중 언어모델과 양방향 멀티모달 모델을 모두 상용화한 국내 유일의 기업이다. 상위 1% 전문가를 위한 AI 개발이 목표다. 자신들이 강조하듯이 '다른 생성 AI와는 또렷이 구별되는 고객 가치'를 창출해 내기 바란다.

삼성은 AI 모델이나 AI 서비스 분야에서 아직까진 이렇다 할 이야깃거리를 만들지 않고 있는 듯하다. 단 삼성전자는 KT와 손잡고 '한국형 AI 풀 스택'을 구현하는 데 힘쓰고 있다. 'AI 풀 스택'이라 함은 AI 반도체, AI 소프트웨어, 클라우드 등의 기간 분야부터 AI 응용 서비스까지 모두 아우르는 제품과 서비스를 갖추고 있다는 뜻이다. 쉽게 말하자면, 두 회사가 협력해 '국산 AI 생태계'를 튼튼히 하겠다는 의지이며, 삼성전자의 지능형 메모리 반도체와 KT의 초거대 AI를 활용하겠다는 계획이다. 아무튼 두 회사는 차세대 클라우드 솔루션의 개발에도 서로 협력하고, 초거대 AI 모델의 메모리 영향성도 분석할 모양이다. 과연 그 둘을 합치면 기존 AI 인프라에서처럼 연산 속도가 떨어진다든지 전력 소비가 비효율적이라든지 하는 문제를 크게 개선할 수 있지 않을까. 한국 AI 경쟁력 강화를 위해서도 의미 있는 움직임이 되지 않을까.

❸ 통신사들의 비통신 사업

AI 풀 스택을 구축하라

만약 KT가 삼성과 더불어 진정한 AI 풀 스택을 확립한다면, 전 세계에서 보기 드문 예가 될 것이다. 삼성과의 협업뿐만 아니라 리벨리온 등의 스타트업에 대규모 투자를 실행한 KT는 이어 '풀 스택'의 한 축이 될 AI 인프라 소프트웨어 분야의 기업 모레에도 150억 원을 투자했다. 이로써 구축 중인 'AI 풀 스택 동맹'이 한층 더 강화될 것으로 기대한다.

특히 KT-리벨리온-모레의 삼각 협력은 위 풀 스택의 중요한 한 부분으로 위력을 발휘할 수 있다. AI 반도체 스타트업인 리벨리온으로 말하자면, 언어처리 특화 서버용 AI 반도체 보드를 성공적으로 개발하지 않았던가. 이는 해외에서도 성공 사례가 거의 없을 정도로 드물다. 모레 또한 AI 인프라 솔루션 업체로서, 엔비디아에 대한 국내 AI 인프라 시장의 종속적인 의존을 자신들의 AI 소프트웨어 스택으로 단호히 끝내겠다고 나선 상황. 여기에 초거대 AI 모델 '믿음' 출시를 계획 중인 KT가 클라우드 서비스 역량을 들고 와 협력관계를 총괄한다면 그 시너지 효과가 대단할 것이다. 결국 리벨리온의 AI 반도체 보드는 모레의 인프라 최적화 솔루션과 결합해 KT 데이터센터에 도입되어 '믿음' 같은 AI 모델 구동에 활용되는 것이다.

국내를 시작으로 AI 풀 스택을 차츰 글로벌 시장에 내놓으려는 KT는 '믿음'을 서비스형 소프트웨어(SaaS)나 서비스형 플랫폼(PaaS)으로 만

들어 KT클라우드에서 제공할 예정이다. 그렇게 되면 누구든 언제든 필요할 때 쓸 수 있고, 쓴 만큼만 비용을 낸다. 그렇게 통신사의 비통신 사업이 확장하고, KT는 그저 통신사가 아니라 네이버 등과 경쟁하는 플랫폼 회사 혹은 데이터 회사로 변신하는 셈이다.

성공의 관건은 활발한 합종연횡

한편 SK텔레콤은 2023년 2월부터 또 다른 'AI 동맹'을 이끌고 있다. 팬텀AI(자율주행 설루션)와 사피온(AI 반도체 전문)을 포함한 7개 기업과 더불어 출범했던 AI 동맹. 이후 씨메스(AI 로보틱스 소프트웨어 개발 전문)와 마키나락스(산업용 AI 전문) 등 4개 기업이 더 합류해 11개 기업의 동맹체가 되었다.

이러한 AI 동맹 성과 중 하나가 바로 SK텔레콤이 개발한 초거대 AI '에이닷' 서비스에 추가된 'AI 에이전트'다. 사람과 다름없이 감성적인 대화를 자연스럽게 이어간다. 뒤이어 '이루다'라는 AI 에이전트로 유명한 스캐터랩과도 AI 동맹을 맺더니 150억 원의 지분투자도 단행했다. 두 회사는 '감성대화형' AI 챗봇을 함께 개발해 높은 수준의 지적 대화까지 가능하도록 '에이닷'에 이를 추가할 계획이다. 또 네이버의 '기억하기'처럼 과거의 대화 내용을 바탕으로 답변하는 '장기기억' 기능도 장착한다.

AI 챗봇 '클로드'를 선보인 미국의 Anthropic(앤쓰로픽)에 SK텔레콤이 1억 달러를 투자하고 파트너가 된 것은 이미 잘 알려진 바이다. 앤쓰로픽과 함께 새로운 AI 서비스 플랫폼 구축에 기반이 될 LLM을 개발하겠다는 것이 SK텔레콤의 구상이다. 한국어뿐 아니라 영어, 독일어, 아랍어 등 다국어 LLM도 함께 개발해서 각국 상황에 어울리는 맞춤형 AI 플랫폼의 기반을 마련하자는 계획도 품고 있다.

KT와 똑같이 SK텔레콤도 AI 기업으로 변신하고 싶다. 초거대 AI를 자체 개발하고, 동시에 글로벌 수준의 협력으로 다양한 AI 서비스도 제공할 계획이다. 도이치텔레콤, 싱텔 등 해외 유력 통신사들과 AI 플랫폼을 공동 개발하는 것도 그래서다.

o 그 밖에도 일일이 열거하기조차 벅찰 정도로 많은 기업들이 AI 모델, 기술, 서비스 개발에 나섰다 개방형 LLM AI 성능 경쟁에서 세계 2위를 차지한 후잇 스타트업 업스테이지, 빅 테크 AI를 튜닝한 서비스를 내놓고 있는 뤼튼테크놀로지스, 라이언로켓, 라이너 같은 스타트업들은 개방형 AI가 활성화되면서 아이디어와 기술력만 있다면 우리도 AI 기술 경쟁에서 승산이 있음을 보여주었다. 한편, 한국어 전용 LLM인 '바르코'를 자체 개발한 게임업체 엔씨소프트(13억-64억-130억 개 매개변수의 중소형 LLM 3종)나 역시 자체 LLM을 개발 중인 차량 공유 플랫폼 기업 쏘카 등의 이름은 AI 분야에서 생소하기까지 하다.

임직원용이라는 단서가 붙긴 했지만, 포스코그룹도 '포스코형 초거대 AI' 개발에 들어갔다. 챗GPT처럼 문답 형식으로 정보를 제공하는 '지식 Q&A'라고나 할까. 그룹 내부뿐 아니라 외부에 공개된 정보까지 끌어모아 원하는 지식을 빠르고 정확하게 찾아준단다. 그룹은 이 AI를 통해 고체 전해질, 양극재 등 차세대 소재 개발에 속도를 낸다는 전략이다.

Part Seven. On Artificial Intelligence Industry | 인공지능 산업

03

다양해지는 AI 서비스

❶ 범용 서비스는 거인들에게

한동안 세인의 관심 밖에 있었던 AI를 우리가 새로운 눈으로 바라보게 된 것은 알파고와 이세돌의 바둑 경기를 세계가 지켜봤던 2016년이다. 성능의 범위가 극히 제한적이어서 요즘의 AI 열풍과는 사뭇 달랐지만, 사람들은 적어도 그때 깨달았다, AI가 공상과학 영화 속에만 가능한 게 아니란 것을. 이후에도 간간이 등장했던 몇몇 AI 관련 기술이나 서비스는 대중의 관심을 붙들지 못하다가, 2022년 말 챗GPT와 생성AI의 등장으로 갑자기 폭발적인 기술 발전, 서비스 창출, 생태계 확산이 이루어졌다.

이런 다양한 AI 서비스를 가능하게 하는 초거대 언어모델 등의 '근원' 기술 혹은 '기반' 모델은 워낙 방대한 자본과 인력과 시간을 요구하기 때문에, 구글, MS, 메타 등 빅 테크 거인들(혹은 그들의 파트너)의 몫으로

남을 가능성이 크다. 대신 국내 여러 IT 업체들은 초거대 AI를 기반으로 하는 생성 AI 시장에 앞다투어 출사표를 던지고 온갖 실용적인 서비스를 개발해 출시하고 있다. 플랫폼 기업은 말할 나위도 없고 통신사, 게임회사, 중견 소프트웨어 업체와 스타트업들까지 나서 각자 특별한 영역의 특별한 AI 서비스를 개발해내 AI를 새로운 성장동력으로 활용하는 상황이다. 단순히 기업 내 각종 업무나 서비스에 AI 설루션을 적용하는 사례도 빠른 속도로 늘어나고 있다. 2024년에는 이러한 AI 서비스가 더 다양해지고 더 정교해지면서 더 깊숙이 우리 주위를 파고들 것이다.

전 세계인이 무료로 이용할 수 있는 범용 서비스 시장에서 구글이나 MS나 메타와 때늦은 정면승부를 벌이기란 현실적으로 불가능하므로, 대부분 국내 업체들은 자신 있는 분야에서 활용될 만한 AI 서비스, 그리고 고객이 원하는 특정 분야의 AI 서비스를 개발해 주로 B2B 방식으로 확산하고자 한다. 예컨대 네이버도 고객사가 스스로 AI를 구축할 수 있는 클라우드 서비스를 제공하면서 AI를 활용한 업무 툴이나 B2B 솔루션을 함께 내놓는다. 현실적으로 수익을 낼 수 있는 좁은 분야의 기업용 서비스에 초점을 맞추는 것은 가용자원이 제한된 한국 기업들에도 최선의 전략이거니와, 지금 목격되는 세계적인 트렌드이기도 하다.

❷ 약진하는 의료 AI 기업

챗GPT가 처음 사람들의 입에 오르내리기 시작한 2022년 말만 해도 제이엘케이, 루닛, 딥노이드, 뷰노 같은 기업을 아는 개인투자자들은 그리 많지 않았다. 생성 AI 관련주들이 2023년 초부터 급상승하자 이들 의료 AI도 함께 인지도를 높이며 주가는 두 달 사이 200%~400% 폭등했다. 그러나 이후 다른 분야의 AI 기업들은 다시 절반가량 꺾이는 등 부침을 거듭했지만, 루닛과 딥노이드 등의 의료 AI 기업 주가는 상반기 내내 거침없는 상승을 계속해오고 있어, 이들의 미래 성장성을 투자자들의 반응으로 증명하고 있다. 미상불 2023년 우리 주식시장에서 가장 뜨거운 테마 중 하나는 의료 AI 기술이었다.

- 루닛은 데이터 기반의 AI 기술이 주도하는 의학의 미래를 만들겠다는 비전으로, 특히 암을 정복하는 데 주력하는 의료 AI 기업의 대표주자다. 암을 진단할 뿐 아니라 치료까지 하는 루닛의 각종 AI 솔루션 등을 도입한 의료기관이 전 세계 2,000곳을 넘는다. 특히 AI 솔루션의 영상진단 판독 정확도는 100%에 가까워, 이젠 AI가 스스로 진단하는 자율형 AI 솔루션을 개발할 단계라고 한다. 10년 후에는 매출 10조 원, 영업이익 5조 원을 반드시 달성한다고 자신할 정도로 활력에 넘친다. 향후 AI 솔루션 사업의 확장은 물론 의료 데이터를 통합 관리하는 AI 플랫폼사업에도 진출하겠다는 계획이다. 다만, 2024년까지는 영업손실을 벗어나기 어려울 정도로 초기 기술 개발에 엄청난 자금을 투입하고 있다.

  최근 중동 최대 민간 의료기관 술라이만 알-하빕 메디컬 그룹(HMG)에 유방암 진단 AI 솔루션을 공급하는 계약을 체결했고, 사우디아라비아 '비전 2030'의 핵심과제인 SEHA 가상병원 프로젝트에도 참여하고 있다. 2024년엔 중동에서의 폭넓은 행보가 기대된다.

○ 병원에서 CT나 MRI나 MRA를 찍을 때마다 수익을 보는 회사가 있다. 의료 AI 진단 프로그램 전문 딥노이드다. 예컨대 환자가 MRA 촬영을 하면, 그 비용의 10%~15%가량이 수입으로 들어온다. 딥노이드의 AI 진단 기술을 활용하면 시간과 비용이 획기적으로 절약되고 정확도도 올라가기 때문이다. 이 프로그램 하나로만 약 400억 원의 연 매출이 발생한다. 기업은 또 척추 촬영 데이터를 진단-분석하는 '딥 스파인', 폐를 진단하는 '딥 렁', 흉부를 진단하는 '딥 체스트' 그리고 AI 뇌 진단 프로그램인 '딥 뉴로' 등의 첨단 기술도 갖추고 있다.

딥노이드는 산업 AI 쪽으로도 진출하고 있다. 의료 AI 기술이 산업 현장에서 활용될 여지는 충분하다. 가령 '딥 시큐리티' 프로그램은 공항 보안검사에 활용되고, '딥 팩토리'는 공장에서 불량품이니 이물질을 가려내는 식이나. 2023년 딥노이드 주가는 성장 기대감에 어마어마하게 올랐지만, 이제 실적과 영업이익으로 이를 뒷받침해야 한다.

○ AI로 신약을 개발하는 스타트업도 있다. 5년 걸리던 실험도 AI를 활용하면 15분 만에 할 수 있고, 신약 개발 비용도 10분의 1로 줄인다고 해서 크고 작은 글로벌 제약사들이 필사적으로 경쟁하는 분야다. 파로스아이바이오는 국내 AI 신약 개발사 중 유일하게 '임상 착수 파이프라인(치료 후보물질)'을 보유하고 있다.

○ 바이오 기업 보로노이도 자체 신약후보물질에 대해 임상 1상 계획서를 식품의약품안전처에 제출했다. AI가 설계한 이 신약의 효능은 2024년부터 발표된다. AI가 발굴한 신약의 유효성이 성공적으로 입증까지 된다면, 전례 없던 속도로 혁신적인 약물이 환자를 만날 수 있을 것이다. AI로 도출한 후보물질로 임상에 들어간 AI 신약 개발사는 세계적으로 11곳뿐이다.

❸ AI가 바꾸는 광고판

우리 삶에 전방위로 충격파를 던진 생성 AI는 지난 1년여 동안 비즈니스의 구석구석까지 스며들어 전례 없는 서비스 혁신을 일으키고 있지만, 그중에 광고의 변혁은 참으로 놀랍다. 예를 들어 LG CNS는 광고와 마케팅 분야에 AI 기술을 접목하는 실험을 꾸준히 해온 업체다. AI 솔루션을 광고-마케팅에 활용했더니 비용 대비 효율이 이전보다 크게 높아졌다는 것을 그런 실험들은 보여주었다. 지금까지 상당 부분이 소위 '촉'에 의하여 이루어졌던 광고나 마케팅 분야에도 이젠 AI 기반으로 하는 트렌드가 생긴 배경이다.

이젠 '촉'에 의존하지 않습니다

LG CNS가 'MOP'라는 플랫폼을 출시한 것은 2022년 말이다. 쉽게 말하면 광고주의 온라인 광고와 디스플레이 광고를 AI로 최적화해주는 플랫폼이다. 지금은 100개가 넘는 광고주와 대행사들이 AI 알고리즘에 의한 디지털 전환 기술을 기반으로 하는 이 MOP를 사용하고 있다. 고객사의 제품이나 서비스에 관하여 소비자가 네이버, 카카오, 구글 등에서 입력하는 검색어를 MOP가 수만 개씩 뽑아내, 이를 기반으로 어떤 광고를 할지, 어느 정도 비용을 쓸지, 등을 결정해준다. 같은 비용이라도 광고 효과가 탁월하게 높아졌음은 물론이다. 또 시간대에 따라서 비용 대비 매출 증대 효과가 다르므로, 가장 효율적인 시간대를 찾아 집중하면 광고비의 낭비를 줄여 예산을 절감할 수 있다. 요컨대 광고 효과가 좋은 시간대, 노출 위치, 빈도 등을 AI로 찾아내 예산을 최적 분배한다는 뜻이다.

이렇듯 수학적 최적화를 기반으로 광고를 기획하고 집행하는 AI 설루션은 한 걸음 더 나아가 시장 상황이나 경쟁 상황이 바뀌면 전략을 실시간으로 수정까지 한다. 흥미롭지 않은가. 그러니까, AI가 경쟁 업체의 광고를 모니터해서 어떤 사람들이 얼마나 자주 클릭하는지 등을 검토하고 그 데이터에 따라 대응 전략도 수립하는 것이다. 갈수록 인간의 능력을 멀리 뛰어넘는 AI의 성능 때문에 앞날을 불안해하는 광고 인력의 심정을 이해할 수 있을 것 같다.

보폭 넓히는 마케팅 AI

AI가 담당하는 업무는 온라인 광고 트래픽 분석에 그치지 않는다. MOP의 경우처럼 AI한테 시장 분석이나 전략 수립만 맡길 수도 있지만, 한 걸음 더 나아가 현재 카피라이터의 임무인 광고 문안의 창작과 생성까지도 AI에 맡길 수 있다. 현대백화점이 최근 사용하기 시작한 AI 카피라이터 '루이스' 같은 것이 적절한 예일 것이다. 또 있다. 광고 영상이나 이미지를 만들어주는 생성 AI 서비스다. 판매할 제품에 대한 설명과 이미지들을 확인할 수 있는 인터넷 주소만 입력하면, 몇 분 안에 그 제품을 위한 광고 영상과 배너 이미지를 (그것도 수십 가지씩) 제작해주는 서비스다.

지니뮤직 등 KT의 자회사들이 보여준 것처럼, 홈쇼핑 광고에 들어가는 배경음악을 선정하거나 아예 만들어주는 AI 기술도 있다. 판매하는 상품이나 주요 고객층의 성향 혹은 호스트의 취향에 걸맞은 새로운 배경음악, 그것도 저작권료 부담조차 없는 배경음악을 AI로 제작해서 공급한 것이다. 전에 없던 서비스다.

❹ 패션계의 맞춤형 AI

유동성 위기는 글로벌 현상이지만, 패션계에는 괄목할 만한 성장세를 보이는 스타트업들이 늘어나고 있다. 네이버 같은 대기업이 300억 원을 투자한 패션 스타트업도 있고, 매월 영업이익이 2배씩 성장하는 온라인 패션 상거래 플랫폼도 눈에 띈다. 전반적으로 꾸준히 늘어나는 클릭률과 거래액에 고무된 업체들이 적지 않다.

이들 스타트업의 성공 비결은 어디에 있을까? AI를 기반으로 개인 맞춤형 제품을 소비자에게 추천하고 공급하는 기술이 이들에 공통된 비결로 보인다. 자신들의 플랫폼에 검색 데이터는 말할 것도 없고 구매 이력이나 개인 소비자가 좋아하는 상품을 표시하고 리뷰하는 기술이 장착되어 있다. 심지어는 소비자가 어느 특정 상품 화면에 얼마나 체류했는지, 그 시간까지 AI가 학습해서, 고객 한 사람 한 사람의 취향에 맞는 제품으로써 화면을 구성한다. 구매를 더 많이 끌어낼 수밖에 없는 서비스다.

비록 명칭은 온라인 상거래 스타트업이지만, 회원 수가 1,100만 명에 이르고 AI 알고리즘까지 스스로 개발해서 적용하는 업체들도 많다.

고객들이 선호하는 상품임을 표시하는 '상품 찜' 데이터가 12억여 개에 달하는 업체도 있다. 이처럼 양질의 데이터가 차곡차곡 쌓이니 추천을 비롯한 AI 서비스가 제대로 효과를 발휘해 수익으로 나타나는 것이다. 전년보다 주문 숫자와 매출이 190%씩 늘어났다는 플랫폼도 등장한다. 물론 실제로 인간이 개입하지 않고 오롯이 AI 알고리즘이 제공하는 서비스의 결과다.

비용 절감 측면에서도 AI가 가져다주는 효과를 톡톡히 본다. 인건비가 획기적으로 줄어들기 때문이다. AI가 데이터를 수집해서 쌓고, AI가 타깃 고객군도 설정하고, AI가 데이터 기반으로 상품을 선정해서 푸시(추천 메시지)도 보내고, AI가 그 결과까지 정확히 분석해내므로, 인건비 절감은 당연한 수순이다. 초기 사업이 커지면 인건비 부담이 눈덩이처럼 커지는 스타트업의 특성을 고려할 때, 이 같은 AI의 인건비 절감은 더욱 중요하다. 앞으로 온라인 상거래 분야에선 AI 기술의 효율적인 활용 여부가 경쟁력을 좌우한다는 상식이 더 절실하게 다가온다.

투자 유치와 내년 전망도 '맑음'

가을-겨울철로 접어들면 패션 제품의 단가는 높아지는 경향이 뚜렷하다. AI 기술을 활용하는 패션 스타트업들의 하반기 성장세가 더 가팔라질 것으로 보는 이유다. 다른 분야의 스타트업들이 최근의 투자 한파를 걱정하는 것과는 달리, 이들은 의료 관련 AI 서비스 업체들처럼 투자 유치의 전망도 밝다. 유동성이 넉넉하면서도 300억~500억 원이란 거액을 투자받는 패션 스타트업을 어렵잖게 볼 수 있다.

사실 AI나 알고리즘 등은 이들에게 전혀 생소한 개념도 아니다. 최근에 주목받는 패션 스타트업의 상당수는 챗GPT가 등장하고 AI 열풍이 뜨거워지기 전부터 이미 AI 기술을 활발하게 적용하며 핵심 마케팅 수단으로 활용해왔다. 미리미리 시행착오도 겪었고 나름의 노하우를 쌓아왔다는 얘기다. 벤처 투자 업계가 이들을 높게 평가하는 것도 놀랄 일이 아니다.

On Construction & Properties
K-건설

**2024
BUSINESS
TREND
KOREA**

Part Eight. On Construction & Properties | K-건설

01

마침내 기지개 켜는 건설업

인플레이션 ⇨ 원가(원자재 가격) 부담 ⇨ 수익성 지하 ⇨ 현금창출력 부진 ⇨ 대외 차입 부담 ⇨ 금리 인상으로 이어지는 악순환 속에 우리나라 건설경기는 2022년~2023년 내내 부진했다. 2023년 5월엔 건설기업 경기실사지수도 60 언저리로 떨어져, 상황을 비관적으로 보는 기업이 훨씬 많다는 것을 보여주었다. 부동산 경기 침체와 이로 인한 건설 수요 감소는 시공 능력 100위권인 대우조선해양 건설마저 회생 절차로 몰아넣었다. 수십 년 이력을 자랑하는 중견 건설사들이 법정 관리에 들어가고, 2023년 상반기 종합건설업체 폐업은 12년 만에 최고치인 248건을 기록했다. 2024년에도 폐업 건수는 늘어날 것으로 보인다. 엎친 데 덮친 격으로 원자재 가격 상승으로 공사비까지 급증해, 당분간 신규 수주 확대를 기대하기는 어렵다. 해외 수주와 설비투자에서 탈출구를 찾는다고 하지만, 건설업 회복을 위해서 우선은 주택경기 회복이 시급하다. 부동산 경기가 지나치게 뜨거워지면 중소형 건설사들이 우후죽순 생겼다가, 경기가 식으면 이들이 스스로 조정되는 정리단계가 오게 마련이지

만, 그래도 급격한 줄도산보다는 점진적인 부동산 시장 연착륙이 바람직하다.

❶ 다시 꿈틀대는 중동 붐

꿈의 도시 네옴 시티, 터파기 시작

사우디아라비아는 2023년 7월 동대문디자인플라자에서 총사업비 1조 달러(1,300조 원)의 네옴 프로젝트 로드쇼를 아시아 최초로 열었다. 환경 파괴 등 인류가 직면한 문제를 해결하는 미래 도시 건설에 한국을 최고의 파트너로 삼은 것이다. 네옴 시티는 사우디 서북부 서울의 44

◉ 네옴 시티의 핵심 주거단지인 길이 170km, 폭 200m '더 라인' 조감도. 마주 선 500m 높이의 빌딩 2개가 '거울 벽'이 되며, 그 안에서 5분 생활권이 형성된다.

배에 이르는 땅에 조성된다. 이 지역을 개발하되 땅의 5%만 사용하고, 95%는 자연환경을 그대로 보존하는 게 목표다. 워낙 규모가 방대한 데다, 프로젝트의 내용도 기상천외에 가까워 실현 가능성을 의심하는 눈길도 많았다.

하지만 빈 살만 왕세자의 한국 방문을 계기로 우리 기업들과 40조 원 규모의 MOU가 체결되고 글로벌 기업들의 수주도 잇따르면서 네옴 시티의 모습도 서서히 드러나고 있다. 사우디의 한 드론 업체는 네옴의 핵심 도시 '더 라인'의 터파기 공사가 진행 중인 모습을 공개하기도 했다.

The LIne (더 라인)

네옴 프로젝트의 핵심은 주거단지 '더 라인'이다. 직선 170km 길이에 500m 높이인 거대한 쌍둥이 빌딩 2개가 양쪽 벽이 되고, 그 사이 200m 너비에 상업 시설, 광장, 녹지 등 모든 인프라를 수직으로 배치한다. 바둑판처럼 넓게 퍼진 도시를 층층이 쌓아 올리고, 이를 초고속 엘리베이터로 위아래로 움직이는 5분 생활권이다. 지금까지 지구 어디에도 존재하지 않았던 모습의 도시다. 두 빌딩 외벽에는 거대한 거울이 달려 주변 사막을 비추어 대자연 속에 도시가 숨어 있는 듯하다. 서울의 6% 공간에 서울처럼 900만 인구를 수용하며, 95%의 자연환경을 보전한다는 계획이다.

더 라인은 친환경 수소, 태양광, 풍력으로만 움직인다. 사고와 환경 오염 문제를 해결하기 위해 자동차는 단 한 대도 없다. 한쪽 끝에서 다른 끝까지 지하 고속철로 30분에 이동한다. 실제로 삼성물산·현대건설 컨소시엄이 그중 26km 구간을 수주했고, 터널을 다니는 고속철은 현대로템이 수주하기 직전이다. 삼성물산은 더 라인 내부의 주택 1만 가구를 모듈러 방식으로 짓게 된다.

Oxagon (옥사곤)

네옴 프로젝트에서는 더 라인 외에도 바다에 둥둥 뜬 초거대 규모의 산업단지인 '옥사곤'을 구축한다. 중동에서 미래형 스키를 즐길 수 있는 산악 관광단지 Trojena(트로제나)와 호화 리조트가 들어서는 섬 Sindalah(신달라)도 있다. 규모가 워낙 방대해 항만, 공장, 에너지, 관광시설 건설부터 스마트시티에 필요한 통신, 로봇, 소프트웨어 등 다양한 분야에서 수주전에 참여할 수 있다. 2024년부터는 아마도 우리 기업들이 사우디에서 대형 프로젝트를 줄줄이 수주할 것을 기대해도 좋지 않을까.

◎ 사우디아라비아가 홍해 연안에 공사 중인 첨단 산업단지 '옥사곤' 전경.

다만, 신중한 접근이 필요하다는 지적도 나온다. 특히 더 라인의 경우, 과연 그런 도시를 기술적으로 구현할 수 있느냐 하는 의구심도 여전히 일부 전문가들 사이에 제기되고 있다. 또 모듈러 방식에 의한 초고층 건물은 아직 전례가 없어, 큰 덩어리를 이어 맞추는 모듈러 건축 계획의 실현성에 의문을 제기하기도 한다.

한국 기술, 네옴 시티를 공략하라

서울 네옴 로드쇼에는 국내 기업들이 미래 도시 구현에 필요한 여러 기술을 선보였다. 네이버는 AI와 클라우드 기능을 접목해 빌딩을 자유롭게 다니며 인간을 돕는 로봇을 선보였고, KT는 네옴처럼 데이터 통신량이 많은 도시를 위해 보안 성능을 획기적으로 높이는 양자암호통신 기술을 소개했다. 스타트업 파블로항공은 빌딩 사이를 날아다니는 드론 배송 시스템을 선보였고, 엔젤스윙은 초고층 건축에 활용되는 드론 기반의 시공관리 기술을 소개했다.

대형 프로젝트를 예고한 다른 걸프 국가들도 있다. 쿠웨이트는 압둘라 스마트시티 개발 프로젝트, 알주르 석유화학단지 프로젝트 등을 추진하고 있고, 카타르는 라스라판 LNG 개발 프로젝트, 중동 주요 지역을 잇는 GCC 철도 연결 사업 등을 계획 중이다. 이라크도 바그다드 해수 처리 시설과 경전철 등을 추진한다.

국내에선 한동안 단절돼버린 원전 발주도 중동 지역에서 실현될 수 있다. 중동 내 원자력 발전 용량이 2030년까지 현재의 10배 수준으로 확대될 것으로 보이기 때문이다. 게다가 수소 에너지에 일가견이 있는 한국으로서는 이 지역의 수소 플랜트 발주 확대도 기대하고 있다. 중동은 그린수소와 블루수소 생산에 필요한 재생에너지원을 풍부하게 보유하고 있어서다. 가령 사우디아라비아는 향후 원전 건설에 400억 달러, 그린수소 등 신재생 사업에 320억 달러를 투자할 계획이다.

다시 펼쳐지는 정주영의 중동 신화

2023년 6월 말 현대건설이 사우디아라비아에서 6.5조 원 규모의 공사를 수주하면서, 2022년부터 이어진 국내 건설업의 불안하고 어수선한 분위기를 어느 정도 바꾸어놓았다. 공사 전 과정을 일괄 수행하는 턴키 방식으로 수주한 50억 달러 규모의 Amiral Project(아미랄 프로젝트)는 사우디 최대의 고부가가치 석유화학제품 생산 핵심 시설을 짓는 사

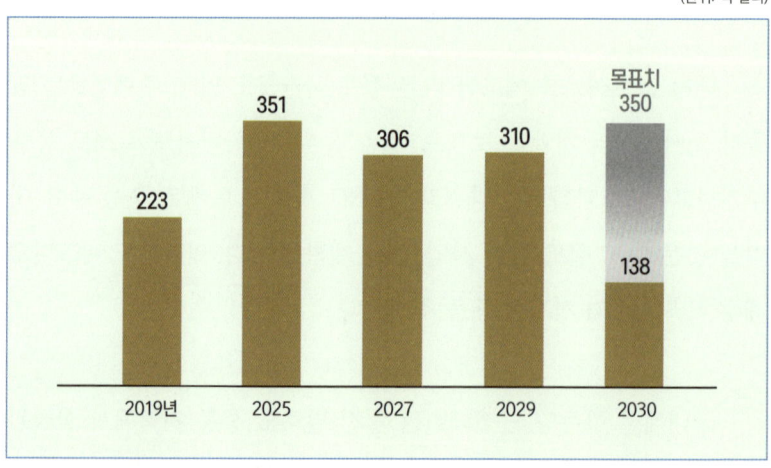

다시 기지개 커는 국내 건설사들의 해외 수주 (단위: 억 달러)

※ 2023년은 1~6월 누적 기준 아미랄 프로젝트 수주 포함
자료: 국토교통부

업이다. 2022년 3월 설계-조달-시공(EPC) 입찰 초청을 시작으로 1년여에 걸친 치열한 경쟁 끝에 이룩한 성과로, '제2의 중동 붐'을 꿈꾸며 막후 지원을 아끼지 않은 정부의 노력도 빛을 발했다.

현대건설은 1975년 사우디 건설시장에 처음 진출했고, '20세기 최대의 역사'라 불리는 주베일 산업항을 수주해 성공적으로 완수함으로써 기술력과 역량을 인정받고 중동 건설 붐을 이끌었다. 당시 계약총액 9억 6,000만 달러는 우리나라 예산의 4분의 1에 달하는 엄청난 금액이었다. 이후 반세기 동안 사우디에서만 170여 건, 약 232억 달러의 공사를 훌륭하게 수행해왔다. 특히 현대건설은 Namaat(나마앗; "성장"이란 뜻)이라는 이름의 아람코 중장기 프로그램을 통해 세계에서 몇 안 되는 '건설 EPC 부문 독점협상대상자'로 선정된 바 있다.

아미랄 프로젝트 수주 싸움은 그 어느 때보다 치열했다. 중국은 부족한 기술력을 외국 기업으로 보완하고 자신들의 강점인 '가격 경쟁력'으로 밀어붙이며 프랑스 등과 컨소시엄을 구성해 경쟁에 뛰어들었다. 더구나 사우디와 중국의 외교적 친밀도는 한국에 큰 부담이었다. 그렇지만 우리가 이겼다.

아미랄 프로젝트는 지난 UAE 바라카 원전(2009), 이라크 카르발라 정유공장(2014) 등에 이은 역대 7위 규모의 수주다. 덕분에 글로벌 경기의 불확실성, 세계적인 고금리 및 인플레이션, 유가 약세 등 어려운 환경 속에서도 2023년 상반기 해외 건설 수주액은 전년도 대비 14% 증가한 137억 달러를 기록했다. 국내 집값의 회복 기미가 조금씩 보이는 가운데 굵직굵직한 해외 공사 수주도 이어질 전망이어서, 2024년 건설업에 대해선 조심스럽지만 낙관한다.

앞으로 이라크 비스마야 신도시 프로젝트, 지구 최대 사업이라는 사우디아라비아 Neom(네옴) 시티 프로젝트 등 중동의 대규모 인프라 공사, 인도네시아 행정수도 이전 프로젝트, 미국과 북미 시장 수주 확대 등 다양한 지역에서의 성과도 이어질 것 같다. 한·이라크 공동위원회가 6년 만에 재개되고 미지급 공사비가 해결 조짐을 보이면서, 한화는 한동안 중지됐던 101억2,000만 달러(약 14조4,000억 원) 규모의 이라크 비스마야 신도시 사업을 재개할 요량이다. 이 외에도 이라크에서 현대건설이 바그다드 경전철(3조3,000억 원), 대우건설이 알 포(Al Faw) 신항만 사업(53조 원) 및 나이지리아 LNG Train7 등 추가 수주를 기대하고 있다.

2024년에도 글로벌 경기 침체로 우리나라 수출 전망이 어둡고 국내 주택사업이 전반적으로 부진한 가운데, 사우디-터키-UAE 등 중동과 기타 지역에서의 건설 수주는 반가운 탈출구가 될 것이다. 특히 해외사업 비중이 높은 건설사들이 선전할 것으로 전망된다.

❷ 66조 원 우크라이나 재건 시동

전쟁의 종말은 누구도 예측하기 어렵지만, 2024년에는 우크라이나 재건 사업이 본격화할 것으로 보인다. 폴란드를 핵심 거점으로 이루어질 재건 사업은 우크라이나 정부의 요청과 민간 추진 프로젝트 등 모두

520억 달러(66조 원) 규모로 조금씩 가시화되고 있다. 우리 정부는 이미 폴란드와 손을 잡고 한국-폴란드-우크라이나 삼각 협력체계를 꾸리고 있다.

학교-주택-병원 등 긴급시설 복구를 위한 모듈러 건축 등, 한국 정부의 지원이 다급한 분야부터 요청이 들어왔다. 스마트 시티 분야 프로젝트가 특히 눈길을 끈다. 전쟁의 폐허에서 한강의 기적을 일궈낸 우리의 기술과 경험을 잘 알고 있는 우크라이나 정부는 피해 복구 수준의 '리빌딩'을 넘어 아예 시스템을 업그레이드하는 '뉴 빌딩'에 한국이 참여하기를 바란다. 이에 따라 키이우와 우만의 스마트시티 마스터플랜이 2023년 하반기부터 시작되어 내년엔 본격화할 것이다. 최대 1,000억 달러 규모가 될 첨단 도시의 밑그림 그리기 단계부터 한국이 초청돼 앞으로 첨단 교통체계, 수자원 관리 등 다양한 사업을 선점할 수 있을 것으로 기대된다. 실제로 우크라이나는 200억 불 규모, 5,000여 개 재건 사업에 대해 우리 기업의 참여를 요청한 바 있다.

이와 별도로 민간 주도의 재건 사업은 현대건설이 미국 및 우크라이나 원자력청과 협력해 추진 중인 소형 모듈 원전(SMR)을 위시해 공항 재건, 건설기계, 철도차량, IT 등 분야의 약 320억 달러 규모다. 삼성물산은 터키 건설사와 함께 스마트시티 등 현지 진출을 모색하고 있다. 이미 우크라이나 건설기계 시장의 20%를 점유한 HD현대사이트솔루션은 향후 5년간 예상되는 건설 장비 1만4,000대의 40%를 공급하겠다는 목표다. 또 폴란드에 법인을 두고 있는 현대엔지니어링은 현지에서 모두 3조4,422억 원에 달하는 수주를 이룩하면서 쌓은 노하우와 이해도 덕분에 좋은 평가를 누리고 있다.

　물론 우크라이나 재건 사업이 온통 '장밋빛 미래'인 것은 아니다. 우크라이나가 발표한 재건 비용은 2,000조 원에 달하는데, 미국과 영국 등이 이미 막강한 자금줄을 대고 주도권을 확보한 상황이라 녹록지 않다. 미국-영국이란 연결고리를 통하는 방법 외에 국내 기업들이 개별적으로 덤벼들어 수주하기는 극히 어렵다는 얘기다. 에너지 인프라 재건을 위한 SMR 사업에 현대건설이 참여할 수 있었던 것도 미국의 Holtec International(홀텍 인터내셔널)이 배경에 있었기 때문이다. 어쨌거나 한국의 민간·공공기관의 재건 사업 참여는 약 66조 원에 이를 것으로 정부가 발표한 바 있다.

Part Eight. On Construction & Properties | K-건설
02

시공만 하는 게 아닙니다

❶ 선진국형 비즈니스 모델

2024년엔 국내 건설사들이 해외 민관협력투자개발(PPP; public-private partnership) 사업에 한층 더 적극적인 모습을 보일 것 같다. PPP는, 그러니까, 단순 도급을 넘어 지분투자로 운영 수익까지 노리는 선진국형 비즈니스 모델이다. 저개발국은 여러 가지 대규모 인프라 토목공사가 필요함에도, 재정 상황이 열악해 공사비를 당장 지급하지 못하는 경우가 많다. 이럴 때 우리 건설사가 아예 지분투자도 하고, 프로젝트 파이낸싱 자금도 끌어와 공사하고, 운영까지 한다면? 공사비 대신 일정 기간의 운영권을 넘겨받고 향후 벌어들일 수익도 가져올 수 있다. 그 기간이 지나면 해당 정부에 소유권과 운영권을 다시 돌려준다.

가령 SK에코플랜트는 2023년 6월 카자흐스탄에 고속도로를 완공했는데, 짓고(build), 운영하고(operate), 추후 정부에 넘겨주는(transfer)

BOT 방식의 PPP 사업이었다. 카자흐스탄 정부는 통행량 급증으로 도로가 필요했지만, 재정이 부족했기에 한국 민간재원의 도움을 받은 것이다. SK에코플랜트가 인프라 투자-건설을 맡고 13년간 운영하면서 수익을 챙기고, 정부는 세금 감면과 재정지원을 해 '누이 좋고 매부 좋은' 모델이었다. 또 GS건설이 호주 멜버른 도로와 브리즈번 철도 공사를 PPP 방식으로 수주했는가 하면, 현대건설도 2022년에 베트남과 MOU를 맺고 하남성 스마트시티 건설을 PPP 방식으로 진행하고 있다.

BOT 방식의 PPP는 지분 참여로 고정적-안정적 수입을 확보한다는 강점이 있는 데다, 단순 도급 수주의 고질적 문제점인 과도한 입찰 경쟁, 즉, '제 살 깎아 먹기'도 피할 수 있어서 유리하다. 게다가 사업을 직접 발굴하고 개발하는 디벨로퍼로서의 역량을 강화할 좋은 기회이기도 해서, 앞으로 국내 건설사들의 전략의 한 축이 될 것 같다. 특히 700조 원에 이르는 네옴 시티 등 거대한 중동 개발사업을 앞두고 공공기관의 적극적인 PPP 참여가 필요해 보인다. 게다가 PPP는 토목공사뿐만 아니라 SMR 사업 등에도 훌륭하게 채택될 수 있어서 더욱 희망적이다.

다만 환율 리스크는 자칫 독이 될 수도 있으니 주의가 필요하다. 예를 들어 튀르키예 공사를 땄으나 공사대금이나 운영 수익을 리라로 받는다면 안심할 수 있겠는가? 환 리스크가 클 수밖에 없다. 달러나 유로로 대금을 받든가, 어떻게든 환율 리스크를 헷징해야 할 것이다. 그뿐 아니라 2024년부터 PPP 사업이 활발해지려면, 의무적인 공공기관의 예비타당성조사 기간을 대폭 단축하는 등 제도적 뒷받침도 절실하다.

❷ 건설의 꽃, 엔지니어링

'건설,' 하면 흔히 단순 시공만 떠올리기 쉽지만, 모든 건설 프로젝트는 시공 전후의 과정이 더 복잡하고 중요하다. 시공 전에는 사업 기획, 타당성 조사, 설계, 자재 조달 등의 절차가 있는가 하면, 공사가 끝난 후에는 운영 및 유지-보수 작업도 필수다. 시공을 제외한 모든 분야를 가리키는 용어가 엔지니어링이다. 물론 금액으로 보면 엔지니어링은 매출 전체의 10%~15% 수준이지만, 공사 기간과 건물 품질이 엔지니어링에 좌우되기 때문에 '건설 산업의 꽃'이라고 불리는 것이다. 게다가 일자리 창출 효과가 크고 부가가치도 높은 효자 산업이다. 한국의 엔지니어링은 어느 정도의 수준일까?

아시아와 유럽을 잇는 '기적의 다리,' 튀르키예 북서부 해협을 가로

○ 세계 최장 현수교 '차나칼레 대교'는 10시간 이상의 이동 시간을 5분으로 줄인 '기적의 다리'다. 설계에서부터 시공에 이르는 모든 공정을 한국 기업들이 해냈다.

지르는 길이 4.6km의 '세계 최장 현수교' 1915 Çanakkale Bridge(차나칼레 대교). 2022년 초 이 다리의 개통으로 10시간 이상 걸리던 이동 시간이 불과 5분으로 줄어들었다. 그런데 이 교량의 시공은 말할 것도 없고 기본 설계와 엔지니어링까지 오롯이 한국 기업들의 성과였다. 우리 건설사들이 50여 년에 걸쳐 세계 방방곡곡에서 축적해온 경험과 피땀 어린 시행착오와 연구의 결과인 엔지니어링 수준은 세계 최고에 속한다. 미국 엔지니어링 전문지 ENR이 2021년 발표한 '글로벌 225대 기업' 리스트에는 11개 한국 기업이 이름을 올릴 정도였다. 중동, 동남아, 유럽, 아프리카까지 우리가 해외 건설을 호령하고 있는 배경이기도 하다. 이 엔지니어링 분야에 중견기업이 많아 건설업의 허리가 탄탄하다는 평가도 있고, 정부도 최근 중동 붐의 재생을 인식해 '제3차 엔지니어링 진흥 계획'을 제시하며 적극 지원하고 있다.

❸ '노가다' 아니고, '콘테크'

- 건설 노동자의 근육 부담을 30%까지 낮춰주는 건설용 웨어러블 로봇, 안 입은 것처럼 편하면서도 큰 힘을 낼 수 있어, 마치 아이언맨이라도 된 느낌이다. 일반 로봇과 달리 크고 무거운 자재를 다뤄야 하고 작업 환경도 제각각이라 발전이 더뎠지만, 중대재해처벌법 시행과 육체노동 기피가 겹치면서 수요가 급증했다.

- 드론으로 현장을 촬영해 이를 기반으로 가상세계에 3D 현장을 만든다. 건설사는 인력을 투입하지 않고도 토사량을 측량하고 반입-반출량 등 변화를 실시간

파악할 수 있다. 2주씩 걸리던 현장 측량이 단 몇 시간 만에 끝난다.

- 롯데건설의 스마트 도면 관리 솔루션 '팀뷰'에는 클라우드 협업 기능이 장착돼 있어, 도면이 변경되면 실시간으로 확인한다. 공사와 설계 업무 효율성이 모두 크게 높아졌다.

- 플럭시티는 공사 현장 출입 통제, 공정 현황 실시간 체크, 중장비 이동 경로 등 모든 과정을 3D로 구현한다. 드론을 활용한 3D 매핑으로 측량이나 시공 단계의 오차를 확인하고 공정률을 관리하는 스타트업도 있다.

이제 건설을 '노가다'라고 조롱하는 사람이 있을까. 오늘날의 건설은 로봇, AI, 드론, VR 등 첨단 기술이 등장하고 첨단 기술의 스타트업과 협업하며 혁신하는, 스마트 비즈니스다. 자금력을 갖춘 건설사들은 최대 공정 효율화를 위한 첨단 콘테크(ConTech; Construction Technologies)에 눈을 돌리고 있다. 해마다 4%~6%씩 성장하는 세계 건설시장의 수주 활동에서도 콘테크는 스마트 건설 경쟁력의 핵심 조건이다. 과거엔 건설사 내부에서 R&D를 전담했지만, 콘테크가 다양해지고 고도화하면서 이제 기술기업이나 스타트업과의 협력이 필수다. 모듈러 건축이나 디지털 트윈(현실과 똑같은 쌍둥이 가상공간) 같은 콘테크는 제조업과 건설의 경계를 허물 터인즉, 앞으로는 기술에 민감하고 시너지 창출에 적극적인 건설사가 산업을 주도할 것이다. 업계는 세계 콘테크 시장 규모가 연평균 18%씩 성장해 2027년 291억 달러(약 38조 원)까지 커질 것으로 예상한다.

❹ 모듈러 주택

모듈러 건축은 건물의 기본 골격을 공장에서 만들어 현장에서 조립하는 방식이다. 2024년부터 좀 더 활발하게 성장할 것으로 보이는 모듈러 방식은 주로 주택 건설에 적용되고 있지만, 앞으로 대형 상업빌딩으로 확산할 것이다. 모듈러 사업자는 미리 다수의 표준 모듈을 개발해야 한다. 고객이 원하는 주택 혹은 건물의 형태나 크기에 따라 모듈을 선정하고, 레고를 조립하듯 표준 모듈을 조합해 설계하고 짓는다.

모듈러 건축의 다양한 장점

모듈러 건축에 어떤 장점이 있기에 미래의 기술로 주목을 받고 앞으로 성장 가능성이 크다고 하는 걸까?

① 우선 인건비가 낮다. 숙련도 높은 건설 인력이 상대적으로 덜 필요하기 때문이다. 또한 갈수록 중요해지고 있는 건설 현장의 안전 확보 측면에서도 모듈러 방식이 압도적으로 유리하다.

② 공사 기간이 일반 건축 대비 절반 이상 줄어든다. 기본 골조, 전기배선, 욕실 등 공정의 70%~80%가량을 공장에서 미리 제작해 현장에서 조립하고 마감하기 때문이다. 주택의 경우, 설계와 인허가를 제외하면 2개월 정도에 완공할 수 있다.

③ 근로자의 숙련도에 따라 완성도가 들쑥날쑥한 전통적 건축 방식보다 균일하고 우수한 품질을 확보할 수 있다. 모듈 개발에 따라 디자인의 차별화도 수월하다.

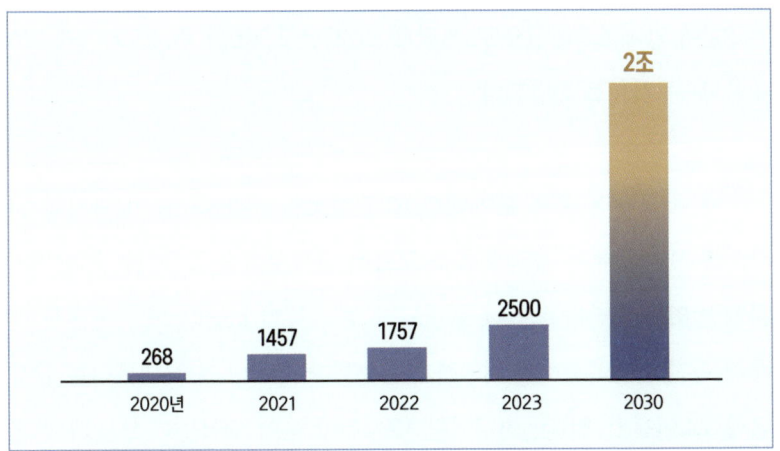

④ 모듈 생산 과정에서 자재가 절감될 뿐 아니라, 탄소중립 요구에 발맞추는 친환경 건축 공법이다.

하지만 단점도 없지 않다. 우선 고층 건물일수록 모듈러 방식의 건설이 힘들다는 기술적 한계가 있다. 게다가 운송이 어렵다는 점도 지적된다. 그리고 인건비를 제외하면 일반 공법보다 단가가 비싸서, 아직까진 인건비가 높은 선진국 위주로 시장이 형성됐다.

성장성 충분한 콘테크

어쨌거나 건축 현장의 인력난이 심해지고 공사 기간을 줄이려는 열망이 더해져서 모듈러 건축 시장의 성장 가능성은 크다고 하겠다. 인구 고령화에다 단독주택 수요가 늘어나면서 모듈러 주택도 빠르게 늘어날 것이다. 2020년만 해도 고작 268억 원이던 국내 모듈러 건축 시장은 2년여 만에 6.5배 규모로 커졌고, 2023년 2,500억 원, 2030년께 2조 원을 웃돌 것으로 전망된다.

국내 모듈러 주택 분야에선 GS건설(자회사 자이가이스트)이 단지형 위주의 B2B 사업에서 개인에 목조 모듈러 단독주택을 공급하는 B2C까지 사업 범위를 확장하고 있다. 폴란드와 영국 등의 모듈러 회사 지분을 인수해 선진 기술력과 네트워크까지 확보했다. 그러나 2024년부터는 삼성물산, DL이앤씨, 현대엔지니어링, KCC건설 등이 뛰어들어 모듈러 관련 인원을 확충하고 기술을 개발하면서 국내외 시장 진출을 본격화할 것으로 보인다.

○ GS건설의 자회사가 당진에 설치한 목조 모듈러 견본주택.

원래 영세한 업체 위주로 형성된 모듈러 건축 시장에 대기업이 속속 뛰어들고 있는 데는 탄소 배출 절감, 친환경, 공기 단축, 건축비 절감, ESG 경영 확산이라는 복합적 이유가 있다. 건축 분야의 고숙련 인력이 고령화하는 점도 영향을 준다. 특히 삼성물산은 2022년 11월 사우디아라비아 네옴 시티 프로젝트에 모듈러 주택을 설립·운영하기 위해 사우디 국부펀드와 업무 협약을 체결함으로써 일약 관심을 끌었다.

 버려진 기저귀로 집 짓기

쓰고 버리면 자연 분해까지 최대 500년이 걸리는 일회용 기저귀로 콘크리트를 만드는 기술이 개발됐다. 폐기물을 줄이는 데 큰 역할을 할 것으로 기대된다.

○ 일본 연구팀이 버려지는 일회용 기저귀로 콘크리트를 만드는 기술을 개발했다. 이 기술을 토대로 인도네시아에 콘크리트 주택을 건설했다.

일본에서 개발된 기술로, 기저귀를 씻고 말린 다음 잘게 썰어 시멘트, 모래, 자갈, 물과 혼합해 콘크리트를 만드는 것이다. 매년 시멘트 생산에 약 500억t의 모래가 소비되는데, 폐기되는 기저귀를 활용하면 모래 소비량 절감과 폐기물 재활용이라는 두 가지 효과를 노릴 수 있다. 일회용 기저귀는 목재 펄프, 면, 흡수성 탁월한 고분자로 제조되므로, 콘크리트의 재료가 되기 충분하다. 기저귀 콘크리트로 단층 주택을 지으면 모래의 27%를 대체할 수 있고, 3층인 경우는 10% 정도 대체할 수 있단다.

❺ K-전선이라 불러도 될까

2023년 5월 송전망(grid)을 운영하는 네덜란드-독일의 TenneT(테넷)이 55억 유로(7조8,000억 원) 규모의 해상풍력 케이블 프로젝트 계약을 체결했다. 계약당사자 명단에 이름을 올린 단 하나의 비유럽 기업이 있었으니, 바로 우리나라의 LS전선이었다. 전체 프로젝트에서 LS전선이 포함된 컨소시엄(3대 해저케이블 기업)은 약 2,000km에 달하는 케이블을 제작하고 설치하게 된다. 그 금액은 무려 2조 원에 가깝다고 한다.

공급할 케이블의 금액도 대단하지만, LS전선의 수주가 놀랍고 대견스러운 점은 따로 있다. 유럽 기업들이 아직 주도권을 쥐고 있는 몇 안 되는 제조업 분야에서 그들과 경쟁했다는 점, 그리고 그들의 '안마당'에서 최대 규모 해상풍력 케이블 사업을 따냈다는 사실 자체가 우리 건설사에서 랜드마크가 되기 때문이다. 앞으로 해상풍력 케이블 시장의 급성장이 예상되는 터라, 그 의미는 더욱 남다르다.

재생에너지 분야는 2010년대부터 부쩍 파이가 커졌고, 그중에서도 특히 해상풍력은 전력망(grid)이 차지하는 비중이 커서 케이블업체들의 중요한 먹거리로 부상했다. 해상풍력 프로젝트는 보통 비용의 약 25%가 해저케이블 확보에 쓰인다. 풍력 터빈(37%) 및 하부구조물(23%)에 투입되는 비용과 비등하다. 게다가 해상풍력용 케이블은 마진이 가장 높은 품목이다.

해저케이블 시장은 앞으로도 급성장하겠지만, 제작부터 시공까지 아우를 수 있는 기업은 전 세계에 유럽의 '빅3'와 LS전선, 일본 스미토모 전기산업밖에 없다. 전선 중에서도 강한 압력을 견뎌야 하는 해저

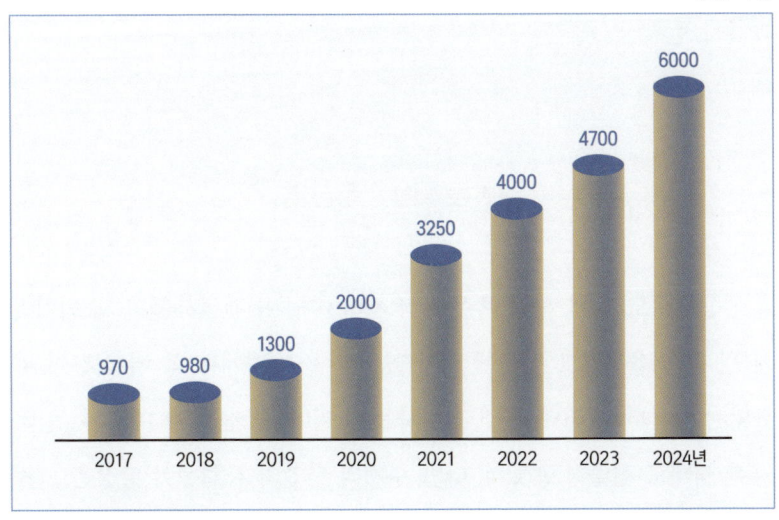

LS전선의 해저케이블 매출 추이와 전망 (단위: 억 원)

※ 2023년과 2024년은 전망치

자료: 키움증권, LS전선

전력케이블은 최고 수준의 기술력이 집약된 데다, 고장이 나면 복구도 오래 걸리고 수리 비용도 천문학적이라, 시장 진입의 벽이 엄청 높다.

그렇기에 LS전선의 약진은 더 값지다. 이처럼 까다로운 시장에의 진입을 비교적 단기간에 이뤄냈으니 말이다. LS전선이 해저케이블 사업에 뛰어든 건 불과 15년 전, 제주와 진도를 잇는 105km 길이의 HVDC 사업 때였다. 당시 수주도 확정되지 않았는데 공장을 짓는 '거의 도박'을 감행했다. 이후 그 짧은 시간에 아시아 최대, 세계 유수의 해저케이블 기업이 된 것이다. 2013년 영국 해상풍력 발전단지에 해저케이블 공급, 2015년 미국 첫 해상풍력 프로젝트에 해저케이블 공급, 2010년대 후반의 대만 해상풍력 시장 장악 등등으로 승승장구했다. 그래서 더 놀랍고 신통하다.

어쩌면 이젠 '전선' 앞에도 'K'가 붙어 K-전선이라는 분야가 생기지 않을까.

❻ 돈 되는 '물 산업'

상하수도 관련 사업 혹은 '수水처리 사업'이 건설사들의 새 먹거리가 될 수 있을까? 그 질문에 의미 있는 답을 얻기에는 좀 더 시간이 필요할지 모른다. 그러나 국내 건설사들은 이미 '물 산업'에 매료된 듯 다양한 형태로 진출하고 있다. 다만 수처리 사업의 사업성이 당장은 크지 않다는 것이 건설업계의 판단이다. 그러나 철도, 항만, 도로 등 인프라스트럭처 사업이 한계에 달해, 포트폴리오 다각화 관점에서 투자 가치는 충분할 것이다. 사업 규모가 커지면 이익도 안정적이고 경기에도 그다지 영향을 받지 않아서 매력적인 비즈니스다. 그리고 사업영역이 플랜트 설계-조달-시공(EPC)에서 운영-관리(O&M) 등으로 폭을 넓히는 단계에 이르면 수익성도 현저히 높아진다.

○ 상하수도 중 '상수(먹는 물)'는 깨끗한 물을 사용자에게 옮기는 일이므로 정수장 시설이 핵심이다. 그런데 정수장의 소유권과 운영권은 공기업이나 지자체에 있어서 사업성에 한계가 있다. 아무래도 먹는 물은 국민 건강과 직결된다는 인식이 있어서 그렇다. 반대로 해외에서는 대개 민간이 물 사업권, 즉, 상하수도 사업권을 거머쥘 수 있다.

○ '하수(폐수)'는 상대적으로 더 복잡하다. 공장 폐수 처리장은 대기업 그룹사 공업단지나 국가산단 주변 등에 있다. 민간 기업이 짓고 운영하는 경우(가령 삼성엔지니어링의 용인 하수처리장)가 많다. 공공 폐수 등은 환경부가 직접 관리한다. 도심에서 볼 수 있는 빗물 처리장도 정부와 지자체가 관리하는 하수처리 시설이다. 국내 폐수-하수 처리 시설은 대부분 50년 가까이 낡아서, 이들을 '현대화'하는 사업이 앞으로는 수익원으로 뜰 수 있다. 사실 국내의 물 사업에는 주로 노후화한 폐수-하수처리장을 현대화하는 프로젝트가 많다.

○ 물 사업에 관해 지켜볼 만한 또 하나의 시장은 취수-송수를 위한 배관사업이다. 이미 상수도 보급률이 매우 높은 국내에선 더 클 여지가 적지만, 특히 태영건설이 진출한 방글라데시 같은 개도국의 경우 급속한 도시화에 비해 상수도 보급률이 매우 낮아 시장 성장성은 크다. 국내 관련 기업들의 해외 진출은 개

도국 중심으로 활발해질 것 같다.

세계 수처리 관련 시장도 빠르게 커지고 있다. 시장조사 기관 Global Water Intelligence(글로벌 워터 인텔리전스)가 2025년 1,000조 원, 2030년 1,500조 원 이상이 될 것으로 예측할 정도다. 기후변화에다가 세계적인 인구 증가와 경제성장에 따른 수요 증가 등으로 '물 부족 문제'는 전 인류의 어젠더가 되고 있기 때문이다.

Part Eight. On Construction & Properties | K-건설

03

부동산 시장, 언제 반전할까

2024년엔 부동산 시장이 회복할 것인가, 하는 질문은 무의미하다. 너무도 변동성이 많고 경제 외적 요소도 다양한 데다 예측 불허이기 때문이다. 서울 아파트 거래량 3배 이상 증가, 아파트값 3주 연속 상승 등을 거론하며 이른바 '바닥론'을 펼치는 이들이 있는가 하면, 고금리 지속, 역전세 심화, 경기 침체 등의 악재를 이유로 회복 불가를 점치는 사람도 있다. 뜻밖의 전쟁이 터지고, 기후변화가 재앙을 부르고, 정책이 숨가쁘게 요동치는데, 말이야 바른 말이지, 누가 알겠는가.

세계적으로 고금리 기조가 정착되면서 주요국의 부동산 시장은 모두 위축돼버렸다. 그런데도 지구 밖의 일인 것처럼, 최고가를 유지하거나 갈아치우는 부동산 물건은 여전히 존재한다. 한남동 한남더힐, 압구정 신현대, 청담동 상지리츠빌카일룸, 서초동 아크로비스타, 아크로서울포레스트 등 소위 '그·사·세'(그들이 사는 세상)'로 불리는 서울 요지의 초고가 아파트들이 바로 그런 예다. 양극화 현상은 어느 나라든 마찬가지다. 부

동산 경기가 들불처럼 활활 타오르는 시기에도 오히려 가격이 하락하며 팔리지 않는 부동산이 얼마든지 있는 것과 마찬가지 현상이다. 결국, 입지의 문제요, 선호도의 문제다.

그럼에도 어떤 이유에서든 부동산에 관심 있는 일반인들이라면 예측의 노력은 기울여야 하고, 부동산 시장 현황도 부지런히 추적해야 하며, 공부도 게을리해선 안 된다. 부동산 시장의 미래를 보여주는 요소로 전문가들은 신축, 분양, 대중심리, 전세, 정부 정책 등을 꼽는데, 우선 아래와 같은 몇몇 요소에 주목해야 할 것이다.

① "금리 앞에 장사 없다." : 부동산 시장에서 유행하는 말이다. 부동산 획득에 대출은 불가피한 요소이므로, 금리가 부동산 시장을 좌우한다고 해서 지나친 말은 아니다. 게다가 한국의 금리는 미국 금리에 좌우된다. 한국 금리가 미국 금리 흐름에 맞춰 올라갔으므로, 미국 금리가 떨어져야만 우리 금리도 내리고 부동산 시장도 활력을 언게 되리라는 예측은 너무도 밋밋하지만 타당하게 들린다. 하지만 아쉽게도 미국 금리의 인하 시기는 최고의 전문가들조차 함부로 예측하지 못할 정도로 안갯속에 있다.

② 경기 침체와 금융위기 가능성 : 집값 향방을 가르는 또 다른 변수들이다. 우리 경제에 막강한 영향을 주는 수출의 부진, 무역 적자의 변화, 리먼 쇼크와 같은 금융위기나 경기 침체 등도 예의 주시해야만 집값 회복 속도를 가늠할 수 있다.

③ 미분양 추세 : 미분양이 줄어들어야만 집값이 반등할 수 있다. 2024년 초까지 국내 미분양은 6만 가구를 넘을 전망이다. 오피스텔, 생활형 숙박 시설까지 포

함하면 8만 가구까지 늘 수 있다. 미분양이 늘어나면 자금이 쪼들리는 건설사들은 싸게라도 팔아야 해서 주변 아파트 시세까지 끌어내린다.

④ 전세가 : 미분양과 함께 주택 시장의 반등 가능성을 암시하는 지표다. 분양이 본격적으로 감소하고 전세 매물이 부족해지면, 대개 부동산 시장이 상승세로 돌아선다는 신호다. 아울러 주택 거래량의 증가세가 두드러지게 둔화한다면, 이 역시 반등의 신호로 읽을 수 있다.

⑤ 주택구입부담지수 : 중위 소득 가구가 표준 대출로 중간가격 주택을 살 때, 대출 상환의 부담이 얼마나 크냐를 나타내는 지수다. 가령 이 지수가 100이면 소득의 25%를 원리금 상환에 쓴다는 얘기다. 이 지수에는 기계 소득, 금리, 집값

주택구입부담지수

- 2008.2: 164.8
- 평균 126
- 2015.1: 83.7
- 2022년 2분기: 204

자료: 주택금융연구원

이 모두 포함돼 있어, 집값이 저평가인지 고평가인지 판단할 수 있다. 서울의 경우, 2015년 83.7까지 내려갔던 주택구입부담지수는 2023년 2분기에 204를 찍었다. 사상 최고치다. 소득의 절반 이상을 대출 상환에 쓴다는 의미다. 지수가 130~140 수준으로 내려갈 때 주택 매입을 고려하면 좋다는 것이 일반론이다.

⑥ 규제 완화 속도 : 부동산 정책은 복잡하다. 입안은 정부가 하지만, 관련 법 개정은 국회가 한다. 그래서 부동산 규제 완화를 위한 입법이 얼마나 빠르게 이루어지느냐를 핵심 변수로 꼽는 전문가가 많다. 가령 부동산 거래 활성화를 위해 정부가 내놓았던 분양권 전매 완화가 실효성을 갖기 위해선 실거주 의무가 폐지돼야 한다.

⑦ 좀 더 자세한 상황 파악을 위해선 신규주택 수주량, 재건축 수주량, 주택 착공 가구 수, 인허가를 얻은 가구 수 등의 통계치를 주의해서 볼 필요가 있다. 예컨대 새 주택 착공이 줄어들면, 신축 아파트 입주 물량 감소로 연결된다. 건설사가 이런저런 이유로 집을 짓지 않는다면, 주택 수급 문제가 벌어지고 집값이 오르지 않겠는가.

Part Nine

On Shipbuilding Industry
K-조선

2024
BUSINESS
TREND
KOREA

Part Nine. On Shipbuilding Industry | K-조선

01

이어지는 '잭팟' 수주

❶ 쌓인 일감만도 4년 치

HD한국조선해양은 현대삼호중공업, HD현대중공업, 현대미포조선(중형 선박 위주) 등의 자회사를 거느리고 있다. 이중 현대삼호중공업은 8월이 가기도 전에 이미 2023년도 수주 목표액(26억 달러)의 224%가 넘는 월등한 실적을 냈다. 8조 원에 육박하는 금액이다. 이 회사 수주가 워낙 탁월하긴 했지만, 국내 다른 조선사들의 성장도 그에 못지않게 주목받을 만하다. K-조선의 2024년 전망도 밝다.

일감만 넉넉해진 게 아니다. 주문받은 선박들이 LNG 및 LPG 운반선(13척), 컨테이너선(19척) 등 모두 고부가가치 선박이다. 기술력에서도 앞선다는 뜻이고, 수익률도 예전보다 훨씬 높을 수 있다는 뜻이다. 수주 랠리 덕분에 조선소는 활기를 띠고, 인구는 반등했으며, 외국인 근로자도 눈에 띄게 늘었다. 배 종류에 따라 도크도 사뭇 달라서, 회사는 생산

시설의 효율적 운영 전략을 고심하고 있다.

단칼에 4조 원 가까운 대규모 선박을 수주해낸 삼성중공업도 화제의 대상이었다. 메탄올 추진 컨테이너선 16척에 대한 대만 에버그린의 주문이었는데, 국내 단일 계약 선박으로는 최대 규모이며, 2022년도 이 회사 전체 매출의 67% 규모다. 이로써 총 25척을 수주한 삼성중공업은 2023년 목표 95억 달러의 66%를 달성했다. 2023년 하반기 예상대로 카타르에서 다시 LNG 운반선과 LNG 생산-저장-하역설비 프로젝트를 수주한다면, 수주 잔액도 2015년 이후 최대치가 될 것이며 3년 연속 수주 목표 달성도 문제없다. 8년째 이어지며 회사를 곤경에 빠뜨린 적자 행진도 마침표를 찍을 수 있을 전망이다.

현재 우리나라는 K-조선이란 이름에 걸맞게 전 세계 선박 발주량의 29%를 차지한다. 2023년 상반기만도 92억2,000만 달러(12조3,000억 원)를 수출해 지난해 같은 기간보다 11.9% 증가했다. 무엇보다 고가격-고부가가치 선박의 주문이 많아진 점은 우리 조선의 미래를 한층 더 긍정적으로 볼 수 있게 한다. 조선업계 수익성은 새로 만든 배 가격을 지수화한 '선가지수'라는 이름의 수치로 나타내는데, 지금 한국의 선가지수는 170.9로 2008년 이후 최고치다.

K-조선의 경쟁력

국내 조선사들이 연이어 대박을 터뜨린 데는 어떤 비결이 있을까? 첫 번째는 생산성이 높다는 점이다. 최신 시설 확보, 꾸준한 설비와 레이아웃 개선, 시설 최적화, 용접 자동화 등이 생산성을 증대해준 것이다. 그 결과 고객들이 K-조선의 납기와 품질을 신뢰하게 되자, 중국보다 가격을 20%가량 비싸게 불러도 우리 조선소를 찾게 되는 것이다.

첨단 기술과 첨단 설비를 기반으로 LPG선, LNG선 같은 친환경 선박, 자동차운반선(최근 전기차 수출 증가로 자동차운반선 수요도 확대) 같은 고부가가치 최신 선박에다 원유생산설비 같은 초고가 해양 설비까지 척척 만들어내는 것이 K-조선의 경쟁력이다. 친환경 선박으로 가격이 치솟고 있는 메탄올 선박을 현대삼호중공업이 대거 수주한 것이 그걸 증명한다. 태풍의 통상 경로에서 벗어난 조선소의 위치도 장점으로 꼽힌다. 또 차로 10분 거리에 협력사들이 몰려 있어서 블록 제자과 운송까지 최적화돼 있어 고객들이 더욱 좋아한다.

올해의 양적-질적 성장에 힘입어 2024년 K-조선의 일기예보도 '맑음'이다. 조선사마다 양적 팽창보다는 수익성 위주의 영업 전략을 이어나갈 계획이어서 수주의 질도 한결 좋아질 것이다. HD한국조선해양은 사우디아라비아에 선박 엔진 생산 합작사를 설립하고, 독자 개발한 선박 엔진을 해외 생산하는 계획도 추진하고 있다. 엔진 기술로 로열티를 받는 조선업 최초의 라이선싱 사업이 되는 것이다. 또 친환경 선박 수요에 대응해 메탄올 등을 활용한 이중 연료 엔진도 검토 중이다. 40여 국에 수출되고 있는 이 회사의 선박 엔진은 선박용 중형 엔진 점유율 40%로 1위다.

❷ 이제 타깃은 고부가가치 선박

선박 연료는 전통적으로 벙커C유가 쓰여왔는데, 이산화탄소, 황산화물, 질소산화물 등의 배출이 많아서 문제였다. 최신 메탄올 선박은 이 배출을 획기적으로 줄여준다. 그래서 가격도 대당 평균 2,475억 원으로 벙커C유 추진선보다 20%나 비싸다. 친환경인 동시에 고부가가치 선박이란 얘기다. 계약할 때의 환율이나 배의 크기에 따라 다르긴 하지만, 메탄올 추진선이 훨씬 고가이고, 그래서 각국의 기술 경쟁도 뜨겁다.

특히 세계 1위 해운사 Maersk(머스크)가 앞으로 적극적으로 메탄올 추진선을 확보하고 운영하겠다는 뜻을 밝히면서 메탄올 선박 발주는 크게 늘어날 것이다. 일부 설문조사에 의하면 세계 선주의 37%가 메탄올을 가장 바람직한 선박 연료로 꼽았다고 한다.

◉ 각광 받고 있는 메탄올 추진 컨테이너선

한국이 절반 싹쓸이

2023년 상반기 우리나라는 전 세계 고부가 선박 발주량의 61%를 수주하면서 경쟁국인 중국(29%)과 일본(10%)을 크게 앞섰다. 친환경 선박 부문에서도 50%를 차지하며 중국(43%)·일본(2%)을 따돌렸다. LNG 운반선의 경우 전체 발주량의 87%를 싹쓸이했다. 국내 주요 조선사들은 이미 4년에 가까운 일감을 확보해놓은 덕분에, 앞으로는 고부가가치 선박에 집중할 수 있는 여유가 생겼다. 다른 요소보다 수익성 중심으로 하는 선별 수주도 가능하다는 얘기다.

❸ 한국 주도의 LPG 추진선 기준이 곧 국제기준

최근 국제해사기구(IMO)는 한국 해양수산부가 제안한 내용을 바탕으로 하는 LPG 추진 선박의 국제기준을 승인했다. 우리가 이런 건조 기준을 주도한 배경은 국내 LPG 인프라가 워낙 잘 갖춰져 있고 수요도 많기 때문이다. 이로써 친환경 선박의 새로운 시장이 추가로 열린 셈이다. 2024년에도 K-조선이라는 이름에 걸맞은 산업의 성장이 예상된다.

LPG는 이산화탄소나 질소산화물 배출이 적은 친환경 연료로, 수소나 전기 등 미래 친환경 연료로 넘어가는 징검다리 역할을 한다. 수소처럼 개발까지 시간이 걸리는 연료에 비해 실용성이 높고, 보관과 운반이 수월하며, 세계적으로 LPG 터미널이 광범위하게 구축되어 있기 때문이다. 그러나 LPG 추진 선박의 건조를 위한 기준이 없어 개발이 지지부진했다. 이번에 LPG 선박 국제기준이 승인됨에 따라 LPG 선박에 대한 국내 법규도 마련될 전망이다.

Part Ten

On Nuclear Energy
K-원전

**2024
BUSINESS
TREND
KOREA**

Part Ten. On Nuclear Energy | K-원전

01

원전 생태계를 완전히 정상화하라

❶ 이제 원자력은 '친환경 에너지'

- 두산에너빌리티, 2조9천억 원 신한울 3·4호기 주 기기 제작
- 기계 가공, 제관 제작, 열처리 등 국내 협력사에 발주
- 한국수력원자력, 향후 10년간 2조 원 규모 보조기기 발주
- 해외 원전 수출을 위한 팀 코리아 경쟁력 다시 강화
- 원전 활용 청정수소 생산기술, 재생에너지 연계 최적화
- 2030년까지 원전산업 전문인력 4,500명 육성 지원

새 정부가 K-원전을 살려내고 있다. 우리의 원전 생태계 회복도 현실적으로 가능해 보인다. 국제적으로도 원전의 '컴백'이 여기저기서 이루어지고 있다. EU는 원자력을 정식으로 친환경 사업 범위에 포함했다. 한국도 원자력 발전을 정부 보조금을 받을 수 있는 친환경 비즈니스로

분류했다. 세계 주요국이 원전을 에너지 위기 돌파의 대안으로 받아들이고 있으며, SMR 등 미래 원전 시장에서 치열한 경쟁이 예상된다.

한국 기업들은 이집트(6,900억 원), 루마니아(1,100억 원) 등지의 원전 관련 프로젝트에서 다양한 수주 실적을 올리고 있으며, 2024년에도 원전 수출은 한결 더 힘을 얻을 조짐이다. 굳이 수치를 비교하자면, 위의 두 개 사업만으로도 문 정부 5년 동안의 일감보다 더 큰 규모의 일감이 풀린다. 그러나 금액이 중요한 게 아니다. '탈원전'이라는 기조를 완전히 벗어던지고 원전 생태계의 완전 복원을 향해 나아간다는 방향성이 중요하다. 탈원전 정책 아래 유지·보수용 설비만 납품하면서 원전 사업부의 명맥을 근근이 유지해왔던 수많은 관련 기업들은 이제야 숨통이 트이면서 기지개를 켜고 있다. 새 정부는 2023년이 원전 생태계 정상화의 원년이 되도록 총력을 다할 것을 약속했다. 2027년까지 5조 원 상당의 해외 원전 프로젝트 수주, 2030년까지 10기 원전 수출을 구체적 목표로 제시하기도 했다.

❷ 우리에게 유리한 CF100

정부는 우리 전력 생산 여건에 맞는 'CF100' 캠페인을 추진한다고 밝힌 바 있다. 세계의 에너지 부문과 산업계에서는 물론 RE100이 대세이지만, 우리 기업에 유리하고 또 UN이 공식적으로 추진하는 CF100에 힘을 실어 주도권을 잡겠다는 의도다. 그럼, RE100이니 CF100이니, 하는 것은 무슨 뜻일까? 개념부터 정확히 이해하자.

○ RE100(Renewable Electricity 100%) : 2050년까지 기업에서 사용하는 전력의 100%를 태양광이나 풍력 같은 '재생에너지'로 바꾸자는 글로벌 캠페인. 과감하고 의미 있는 목표이지만, 사실 우리나라 기업에는 엄청난 부담일 수밖에 없다. 물론 RE100은 일단 강제성은 없다. 하지만 이를 어기면 글로벌 제품 판매나 투자 유치에 불이익을 받을 수 있다. 이런 개념이 일조량과 바람이 부족한 국내 현실에 적합한지도 의문이고, 우리가 원전 강국이라는 이점을 살리지 못한다는 점도 문제다. 그래서 정부와 기업들은 목표에는 동조하면서도 RE100을 대체할 현실적 대안 찾기에 몰두한다.

○ CF100(Carbon Free 100%) : RE100과 달리 태양광-풍력 등 재생에너지뿐만 아니라 원전이나 수소 혹은 CCS(탄소 포집 · 저장) 등 「다양한 '무탄소' 에너지원에시 공급받아 사용해 탄소 배출을 줄이자는 운동. 가령 2042년까지 300조 원을 들여 용인에 세계 최대 시스템 반도체 단지를 짓기로 한 삼성전자를 예로 들어보자. 이 단지에 필요한 전력은 무려 원전 4기와 맞먹는 규모인데, 그걸 태양광으로만 공급한다는 건 현실적으로 불가능이다. 우리나라가 신재생에너지로 2023년 내내 만들어낸 전력량을 몽땅 쏟아부어도 공장을 2년조차 돌릴 수 없다. 2050년까지 재생에너지로만 전력을 공급한다는 'RE100'을 덜렁 선언해버린 삼성전자는 고민에 빠졌다. CF100 방식이 없다면 이런 문제를 어떻게 해결하겠는가.

UN 주도 vs 민간 주도

RE100은 지금까지 가장 성공적인 민간 주도 탄소중립 캠페인이다. 그렇지만, 전 세계에서 RE100 참여를 선언한 기업은 407곳뿐이다. 노골적으로 표현은 안 하더라도 온실가스 감축을 위해 오직 재생에너지만 쓰라는 건 사실 기업에 다소 가혹하다.

자연환경 여건 때문에 RE100의 달성이 불가능한 점도 있지만, 세계 최고 수준의 원전 건설-운용 능력을 갖춘 우리나라 입장에선, CF100이 확산할수록 여러 면에서 유리하다. 원전을 포함한 CF100이 글로벌 표준이 되면, 태양광-풍력 위주의 RE100으로 인한 고민은 사라질 수 있다. 그뿐인가, CF100이 확산하면 우리나라 원전 수출의 기회도 급증할 수 있다. RE100을 주장하는 The Climate Group(클라이밋 그룹)도 '재생에너지 확산을 지지하지만, 원전을 반대하는 것은 아니다'라고 했다. 미국조차 재생에너지만 고집하질 않고, 원전이나 수소 등을 청정에너지로 명시해놓고 있다. 원자력이 탄소중립에 공헌하는 에너지라면 뭣 때문에 굳이 반대하겠느냐는 얘기다.

한국은 원전 비율도 높고 청정수소 투자도 늘려나가는 나라다. 우리에겐 경제적으로 CF100이 훨씬 유리하다. 세계 원전 보유국의 동참을 유도하면서 이런 견해를 국제적으로 확산해야 할 것이다.

Part Ten. On Nuclear Energy | K-원전
02

베일 벗은 SMR

❶ SMR이 무엇이기에?

작은 모듈 형식의 원자력발전소. 그것이 SMR(Small Modular Reactor)이다. 기존 원자로처럼 경수나 중수 등의 물이 아니라 나트륨을 냉각재로 쓴다고 해서 '나트륨 원자로'라고도 부른다. SMR은 확고하면서도 융통성 있는 전력, 재생에너지 침투율이 높은 전력, 그리드 안으로 무리 없이 부드럽게 흡수되는 전력을 공급하기 위해 고안된 원자로다. 기존의 대형 원자로를 단순화한, 저렴하고도 참신한 원자로다.

SMR이 '꿈의 원전'?

SMR은 핵 이외의 메커니즘과 전기 및 기타 장비들이 하나의 구조 안에 모두 들어간 상태로 수조(물탱크) 안에서 작동한다. 행여 사고가 나더라도 원자로 주변의 물로 바로 식힐 수 있어서 안전성이 뛰어나다. 물

보다 무겁고 '소듐'이라고 불리는 액체 상태 나트륨을 냉각재로 사용하다 보니, 중성자의 속도가 줄어들지 않아 천연 우라늄인 '우라늄238'도 연료로 쓸 수 있다. 또 우리가 언론에서 자주 듣게 되는 폐연료봉(원전에서 나오는 폐기물)을 다시 연료로 쓸 수 있어, 핵연료의 활용 비율을 60배나 높이고 폐기물의 양과 독성은 획기적으로 줄일 수 있다. '제4세대 원전' 혹은 '꿈의 원전'으로 불리는 이유다.

대형 원자력발전소를 건설하기 위해서는 부품 100만 개, 공사 기간 5년 이상이 필요하다. SMR은 부품 1만 개로 2년 6개월이면 충분히 짓는다. 부품 수가 적기 때문에 SMR의 중대사고 가능성은 30억 년에 1번꼴로, 대형 원전(10만 년에 1회~2회)보다 크게 낮다. 발전소 주변은 사고 시 직접 피해를 우려해 반경 230m 공간을 텅 비워두면 되어서, 주위 30km를 비워야 하는 대형 원전보다 부지를 확보하기가 훨씬 쉽다. 대도시 인근에도 건설이 가능하다는 얘기다. SMR은 운영 중인 대형 원전보다 안전성과 경제성에서 월등히 우수하다는 평가를 받는다.

기존의 대형 원전과 어떻게 다른가?

최고 1,400메가와트의 전력을 생산하기 위해 만들어지는 기존 대형 원자로와 달리, SMR은 300메가와트 정도를 목표로 하는 점에서 우선 차이가 난다. 소듐으로 냉각하는 방식도 대형 원전과 다르고, 그 밖의 몇 가지 차이점들은 아래의 도표에서 확인할 수 있다. 대형 원자력발전소의 상당 부분을 일정한 스탠더드에 따라 미리 제작할 수 있도록 '표준화'했고, 장비 인터페이스를 대폭 줄였으며, 원자력급 콘크리트도

80%나 절감했기 때문에, SMR 건설 비용은 대형 원전보다 훨씬 적다. 요컨대 각국이 경쟁적으로 개발 중인 SMR은 안전성과 경제성이 뛰어난 대안이라고 할 수 있다.

	대형 원자로	소형 원자로
발전 용량	1,000~1,400MW	300MW
기본 형태	'가압기/증기발생기/노심-연료' 분리형	모든 장비가 원자로 안에 들어가는 일체형
크기	격납고 포함 82미터 높이의 대형 원자로	폭 4.6미터 / 높이 25미터 (격납고 불필요)
건설 비용	약 5조 원	약 1조 원
안전성	방사능 누출 위험 상존	모듈이 냉각 수조에 잠겨 방사능 누출 위험이 낮음
발전용수	많은 물이 필요해 주로 바닷가 넓은 부지에 건설	물 사용량이 적어 전력이 필요한 곳이면 어디라도 건설
개발 국가	미국, 프랑스, 일본, 중국, 한국, 러시아, 인도 등 다수	미국, 한국, 러시아, 중국, 프랑스

SMR 개발에 앞선 나라들은?

SMR은 기본적으로 핵잠수함과 핵항공모함에 쓰이던 기술을 민간 발전용으로 바꾼 것이다. 그래서 미국과 러시아 같은 군사 강대국이 기술에 앞선다. 미국은 한동안 대형 원전을 만들지 않아 뒤처진 모습이었지만, SMR이라는 참신한 아이디어로 경쟁력을 되찾고 다시 패권을 노린다. 바이든 대통령이 꼽은 탄소중립 실현의 핵심 기술에도 SMR이 포함된다. 러시아는 SMR 기술을 선박에 적용하여 세계 최초로 '떠다니는' 원전을 2019년부터 운영 중이다. SMR의 안전성과 경제성이 인식되면서, 중국, 일본, 프랑스 등도 치열한 경쟁에 돌입했다. 현재 미국과 러시아, 중국, 일본, 한국 등의 70개 업체가 SMR을 개발하고 있다. 영국 국립원자력연구소가 추산한 세계 SMR 건설은 2035년까지 모두 650기~850기이며, SMR 시장 전망은 최대 632조 원에 이른다.

한국은 세계 최초로 소형원자로를 개발한 국가다. 1997년에 개발을 시작했던 '스마트(SMART)'라는 이름의 SMR은 2012년 세계 최초로 표준설계 인가도 받았다. 대형 원전의 약 10분의 1 규모로 소형화하고 안전성을 높였다. 전력뿐 아니라 해수 담수화, 난방 등 다양하게 활용할 수 있어 수출도 유리했다. 사우디아라비아에 스마트 원전을 짓기로 해 사전 설계까지 완료하고 합작사 설립까지 발표했으나, 문재인 정부의 탈원전 정책으로 지지부진 묶여버렸다. 그러는 사이, 전세는 역전되어 지금은 미국의 SMR 개발이 가장 앞서 있다는 평가다.

❷ 사고 위험 10억 년에 한 번

SMR 설계 기술에 관한 한, 미국의 NuScale Power(뉴스케일 파워)는 타의 추종을 불허한다. 뉴스케일의 SMR은 물로만 원자로를 냉각하므로, 사고가 나도 원자로에 전력 공급이 필요 없다. 자체적으로 원자로 열을 식히는 방식에 대해 특허도 땄다. 2011년 동일본대지진 때 전력 공급 차단으로 원전이 폭발할 뻔했던 사례는 일어나지 않는다는 얘기다. 뉴스케일은 NRC(Nuclear Regulatory Commission; 원자력규제위원회)로부터 설계

인증을 받은 세계 유일의 기업이기도 하다. NRC 인증이 최소 5년 걸리므로, 기술 측면에서 경쟁사보다 5년 이상 앞섰다는 뜻이다.

최근 세부 구조가 공개된 우리나라 혁신형 소형모듈원자로(i-SMR)도 이와 비슷한 안전장치를 갖추었다.

- 민간 항공기의 충돌까지 견디는 5단계 안전장치를 마련했다. 인간은 누구나 실수하고 기계는 고장 날 수 있다는 걸 전제로 한 설계가 '심층방어' 설계다.

SMR 세부 구조도와 원자로 모듈

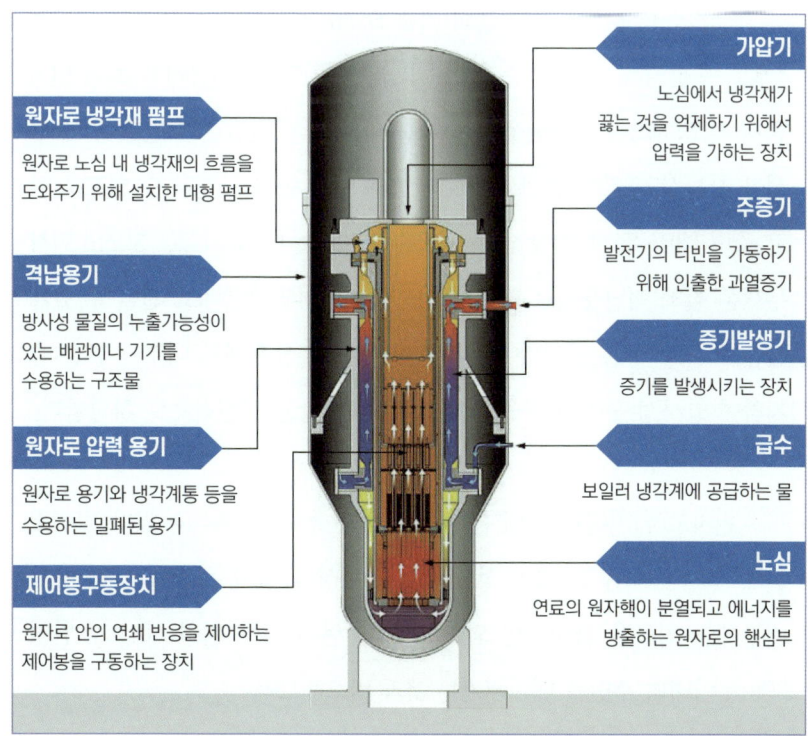

자료: 원안위, 업계 종합

- i-SMR은 바로 이런 심층방어 설계로 만들어지기 때문에, 사고 위험은 10억 년에 한 번에 불과할 정도다.
- 냉각수 안의 붕산을 없애 폐기물 발생도 줄이고 안전성도 높이는 '무붕산 운전' 등의 신기술도 도입한다.
- 방사성 물질의 외부 유출을 막기 위한 핵연료 피복재, 원자로 건물 내·외벽 등 5중 방벽을 갖춘다.
- 전기가 다 끊겨도 안전 계통은 완벽히 작동한다. 대형 상업 원전은 펌프로 냉각재를 돌리고 펌프는 외부 전력이 있어야 하지만, SMR은 자연대류를 통해 냉각재를 순환시킨다.

참고로 i-SMR은 전기 출력 기준 170MW 노심을 가진 일체형 원자로 4개로 구성된다. 각종 검증과 인-허가를 마치고 2028년에야 최종 인가 받게 될 i-SMR은 지표면을 30m가량 파 내려가 단단한 암반층 위에 건설한다. 노심 온도가 설계 온도보다 15% 이상 올라도 견딜 수 있도록 하고 출력 대비 두 배 이상 많은 냉각수를 보유한다. 원자로는 30cm 이상 두꺼운 철제 격납용기로 밀폐해, 대기압의 40배 압력에도 견딜 수 있게 만든다. 보통 상용 원전의 8배 수준이다. 어떤 상황에도 내부 진공을 유지하며 방사성 물질의 방출을 막고 발화-폭발을 원천적으로 차단한다.

원자로 위 발전소 건물은 비행기가 충돌해도 견딜 수 있다. 발전소 전체 부지는 축구장 넓이 정도여서, 방사성 물질이 유출됐을 때 부지 내부에만 접근을 금지하면 되도록 한다. 현재 일반 원전 사고 시 반경 30km 이내의 주민을 대피시키는 것과 비교해보라.

❸ 물밑 전쟁 와중의 SMR 수출

○ 삼성물산은 차세대 원전 SMR 시장 선점을 위해 위에서 언급한 뉴스케일 파워에 일찌감치 7,000만 달러(896억 원)를 투자한 바 있다. 최근에는 뉴스케일을 포함한 해외 기업들과 손잡고 루마니아 SMR 프로젝트를 추진 중이다. 루마니아에 일반 원전의 3분의 1 수준인 462메가와트짜리 SMR을 건설하는 사업이다. 상업 운영 목표 시점을 2029년으로 잡고 있다. 삼성물산은 기본 설계부터 설계-구매-시공 전반에 참여한다. 또 삼성물산을 비롯한 6사는 루마니아를 중심으로 다른 유럽 지역으로 SMR 사업을 확대하기 위한 협력을 강화하기로 했다.

○ 뉴스케일과 SMR 사업 확대를 도모하는 등 SMR 시장에서 보폭을 넓히고 있는 두산에너빌리티는 미국 SMR 개발사 X-energy(엑스에너지)와도 SMR을 활용한 수소 생산 등 다양한 협력을 추구한다. 지분투자도 단행했고 핵심 기자재 공급 협약도 맺었다. 두산에너빌리티는 세계 최고의 SMR 주 기기 생산 역량을 보유하고 있으므로, 반도체에 빗대어 자신들은 '글로벌 SMR 파운드리 업체'가 되겠노라고 공언한다. 전문가들도 고개를 끄덕인다. 원자력 설계에 대한 이해도 높고, 제작 능력도 탁월하며, 탄탄한 공급망까지 지녔기에 SMR 파운드리 자격이 충분하다는 얘기다.

○ 현대건설은 미국의 Holtec International(홀텍)과 함께 2026년 차세대 원전 SMR을 미국 본토에서 착공한다. 수주 규모 최대 4조 원, 2기~4기의 SMR 건설, 착공 2026년, 완공 목표 3년 내, 땅은 2022년에 영구 정지된 미시건의 원전 부지 활용, 전력 생산 2029년부터이다. 주 정부를 비롯해 관련 기관의 전폭적인 지지를 받고 있다. 환경영향평가 등을 새로 진행하지 않아도 되는 데다,

전력 송전-배전망 등 인프라를 이미 갖추고 있어 속도가 쉽게 붙을 것으로 보인다.

○ 한국수력원자력은 루마니아 원자력발전소를 위한 삼중수소 제거설비 사업을 수주했다. 역대 최대인 2,600억 원 규모의 고부가가치 수출 일감이다. 세계 중수로형 원전 설비와 기자재 시장을 공략할 발판을 마련했다는 의미가 남다르다. 물론 신한울 3·4호기를 계기로 빠르게 회복 중인 국내 원전 생태계에도 긍정의 영향을 끼칠 것이다. 새 정부의 2번째 원전 설비 수출 성과에 해당한다.

○ 두산에너빌리티와 한국수출입은행은 뉴스케일과 SMR 수출 및 보급을 위한 MOU를 맺었다. SK㈜, SK이노베이션, 한국수력원자력 등은 빌 게이츠가 설립한 TerraPower(테라파워)와 SMR 건설·운영·관리 협력 MOU를 체결했다. 한수원은 미국 원전 연료업체 센트러스와 원전 연료 공급망을 구축하기로 했다.

원전 중소기업 세계를 누비다

문재인 정부의 탈원전 정책 충격으로 원전 중소기업의 수출은 크게 줄었다. 2017년~2021년 국내 원전 기자재 수출 건수-액수 자체가 이전 5년 대비 각각 43%, 12.4% 감소한 데다, 중소기업이 단독 체결한 수출계약은 기껏 13건에 액수는 2%에도 못 미쳤다. 그러나 새 정부가 들어서고 원전 생태계가 부활하면서 원전 기자재를 생산하는 중견-중소기업의 독자 수출 성공 사례가 늘고 있다. 예전처럼 한국전력이나 한국수력원자력의 하도급 계약에 의존하지 않고 직접 외국 정부나 원전 기업과 접촉해 수출계약을 체결하는 것이다. 세계적으로 새 원전 건설, 설계 수명 연장 등으로 관련 기자재 수요가 증가하면서 이들의 수출 기회도 커지고 있다.

○ 발전 기자재 업체 BHI는 폴란드 정부 산하 원자력 기업과 업무 협약을 맺고, 폴란드에 건설 예정인 원자력발전소의 플랜트 보조기기(BOP) 공급에 협력한다. 성사되면 수천억 원 규모가 될 전망이다.

○ 전기·전력 설비 전문 YPP는 튀르키예 원전에 터빈 계통 관련 계측 설비를 납품하는 계약을 따냈다. 460만 유로(66억 원)의 작은 계약이긴 하지만 공공기관의 도움 없이 독자적으로 수주해서 지금은 제작 전 설계 단계다.

○ 원전수출산업협회와 코트라는 2023년 10월 뭄바이로 간다. 거기서 열리는 원전 콘퍼런스에 참가해 중견-중소기업의 수출 확대를 도울 계획이다. 인도는 7곳의 원자력발전소에서 모두 21기의 원자로를 운영하고 있다. 누가 알겠는가, 2024년 K-원전 확대 발전의 작은 기폭제가 될지.

정부가 나서서 원전 중소기업의 독자 수출 역량을 강화하고 지원해야 한다. 시장조사 단계부터 계약 성사까지 모든 단계를 패키지로 도와주고 이끌어줘야 한다. 티끌 모아 태산이고 지칠 줄 모르는 빗방울이 바위를 뚫는다. 원전 생태계의 힘은 그런 데서 나오는 법이다.

❹ 국내에도 들어서는 SMR

우리나라에도 울진에 처음으로 SMR이 들어선다. 뉴스케일 파워가 설계하고 국내 기업이 제조-시공-운영을 맡는 구도다. 이들은 5년 이상이 걸리는 한국 정부의 심사와 인허가 과정을 거쳐, 6기의 SMR 건설을 2028년에 시작해 2031년까지 완료할 계획이다. 이 SMR의 발전량은 462MW로 국내 4인 가족 기준 90만 가구가 사용할 수 있는 규모다. 나아가 SMR 기반의 수소 관련 기업들을 유치해 원전과 수소 콘셉트의 산업단지를 조성하자는 복안이 깔려 있다. 이러한 '한·미 SMR 동맹'은 2035년 630조 원을 넘어설 것으로 보이는 글로벌 SMR 시장을 공략하는 교두보가 될 것이다.

울진 SMR 프로젝트에는 국내 민간 발전사업 1위 GS에너지(발전소

전 세계 SMR 시장 전망
(단위: 조 원)

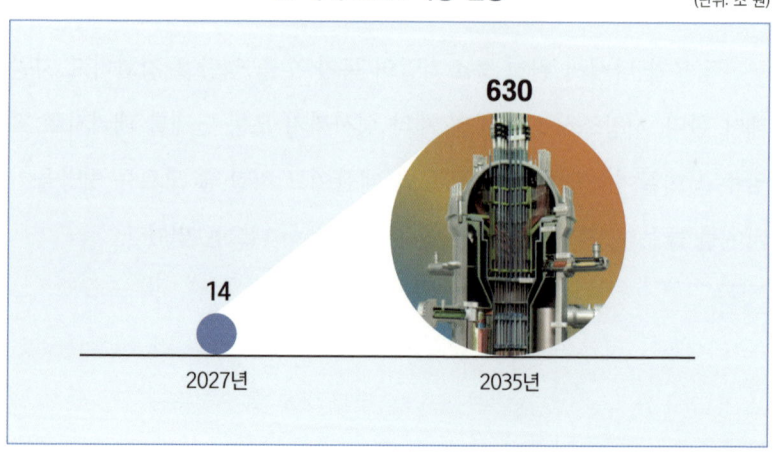

자료: 국제원자력기구

운영), 두산에너빌리티(SMR 모듈 제작), 삼성물산(모듈 시공) 등이 참여한다. 이들은 뉴스케일의 주요 주주이기도 하다. 뉴스케일은 설계와 함께 SMR 관련 기술만 제공할 계획이다.

기본 사업 능력과 국산화율

무엇보다 SMR의 국내 첫 도입은 우리 기업들의 SMR 제조-시공-운영 능력을 확인하는 계기다. 그런 의미가 무엇보다 중요하다. 또 이를 통해 향후 SMR 수주 가능성이 커진다는 뜻도 있다. 그리고 전문가들은 이런 과정을 통해 한국의 SMR 관련 기술의 국산화율이 70%까지 높아질 것으로 전망한다.

❺ 'SMR 발전선'도 만든다

미래 에너지 산업의 게임 체인저로 손꼽히는 SMR은 배 위에 구축해서 가동할 수도 있다. 그러니까, SMR을 싣고 그 동력으로 움직이는 '발전선'을 만드는 것이다. 구체적으로는 둥둥 떠 있는 SMR 발전선의 하단에 원자로가 들어가고, 상단에는 수소와 같은 무탄소 연료를 생산하는 플랫폼을 설치한다. 국내 기업 중에는 한국조선해양이 처음으로 'SMR 기반 발전선'의 구체적인 디자인 콘셉트를 공개했다. 모듈 방식으로 조립하는 60MW 원자로 4개를 한 세트로 해 총 240MW짜리 SMR 기반 발전선을 만들겠다는 아이디어다. 한국에서는 처음으로 만나게 되는 'SMR 발전선 청사진'이다.

한국조선해양이 추진 중인 콘셉트를 적용하면 좁은 공간에는 60MW급 SMR을 1개~2개만 설치할 수 있고, 더 넓은 곳에서는 6개~8개 정도도 만들 수 있다. 또 '부유식 SMR' 형태를 추진하고 있어서, 육지가 아닌 바다에서도 SMR이 가능한 것이다. K-조선에 긍지를 가질 정도로 조선업에서 축적한 기술이 우리에겐 가장 큰 힘이다. 해안가에 SMR 발전선을 띄우고 바로 육지와 접안시키며, 방파제 시설까지 설치해주면, 육상의 원전이나 바다 위 부지의 SMR이나 다를 바가 없다. 이런 식이면 해안에 설치해놓은 기존 대형 원전 부지를 경제적으로 그리고 효율적으로 계속 확장할 수 있다.

Part Eleven

On Eco-friendly Energy
친환경 에너지

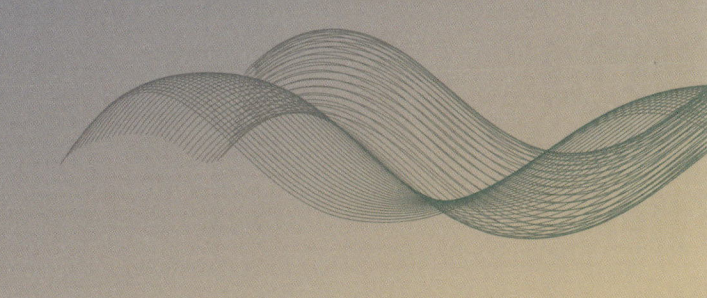

**2024
BUSINESS
TREND
KOREA**

01

그린 수소와 수소 에너지

❶ 진화하는 수소 에너지 프로젝트

수소는 아주 흔한 원소다. 우주 질량의 75% 정도를 차지한다. 다만, 문제는 이 흔한 수소가 대부분 혼자 있지 않고 다른 원자와 결합한 형태라는 점이다. 에너지 창출에 쓰려면 수소를 분해해 떼어내야 한다는 얘기다.

수소는 우리 정부가 추진하는 '2050 탄소중립 전략'의 핵심을 차지한다. 그 요점만 얘기하자면 수소연료전지, 수소 터빈, 수소전기차 등을 활용해 화석 연료와 내연기관을 대체하고 탄소 배출을 줄이자는 계획이다.

국내 연구진이 광光촉매와 물을 이용하는 수소 생산 기법을 개발했다는 최근 뉴스는 앞으로 중대한 의미를 지니게 될지 모른다. 수소 생산 과정에 필요한 에너지와 온실가스 배출을 획기적으로 줄일 수 있어서다. 광촉매 기술이 수소경제 실현의 열쇠가 될 수 있다는 뜻이다. 지금까지는 천연가스의 주성분인 메탄을 고온고압의 수증기(H_2O)와 반응시켜서 수소를 만들었다. 이걸 전문적인 용어로 Reforming(개질改質)이라고 한다. '고온고압'의 수증기를 얻기 위해 엄청난 열과 전기가 소모된다. 생산 효율이 높은 방법이긴 하지만 많은 양의 CO_2를 배출한다는 큰 단점이 있다.

중동에 구축하는 수소 플랜트

포스코홀딩스(사업 주체), 삼성엔지니어링(설계-조달-시공), 한국남부발전을 포함한 발전 공기업 2곳, 프랑스 에너지 기업, 태국 석유공사의 자회사 등, 3개국 6개 기업으로 구성된 한국수소연합 컨소시엄이 67억 달러(약 8조 원) 규모의 오만 두쿰 자유무역지대 그린수소 독점 개발 사업권을 따냈다. 앞으로 47년간 인정받고 유지되는 권리다. 그린 수소란 태양광, 풍력 등 재생에너지에서 나온 전기로 물을 분해해 생산한 청정수소를 말한다. 탄소 배출 없이 화석연료를 대체할 수 있어 탄소중립에 꼭 필요한 에너지원이다.

주로 천연가스를 수출해온 오만 정부는 2030년 준공 시점부터 연 100만 톤의 그린 수소를 생산(2050년 850만 톤까지)하여, 석유에 치우친 기존 산업 구조를 재편할 요량이다. 중동은 일조량이 많고 태양광 재생에너지 생산 효율이 높아, 오만은 킬로그램당 1.6달러의 세계 최저 비용으로 그린 수소를 생산할 전망이다. 한편 컨소시엄은 이후 연 22만 톤의 그린수소를 국내로 들여와 수소 환원 제철 등에 활용할 계획이다. 녹색

산업 수주에다 그린 수소 공급까지 확보해 일석이조인 셈이다.

한국은 오만뿐 아니라 사우디아라비아에서도 그린 수소 프로젝트를 진행하고 있다. 미래 먹거리로 꼽히는 수소 사업에서 한국의 경쟁력이 확보되면서, 2024년 우리의 수소 산업도 탄력을 받을 것 같다. 포스코홀딩스는 수소 프로젝트 개발 및 투자, 포스코인터내셔널은 글로벌 수소 무역과 수소 터미널 구축, 포스코는 수소 저장 탱크와 파이프라인 개발-생산 등, 포스코그룹은 수소 가치사슬 전반에 걸쳐 사업을 진행하고 있다.

그린 수소 프로젝트, 캐나다까지

중동 외에도 또 있다. SK에코플랜트는 캐나다 뉴펀들랜드섬에서 총 3단계로 진행되는 6조 원 규모의 그린 수소 상용화 사업에 핵심 기

우리나라의 대중국 무역수지 추세

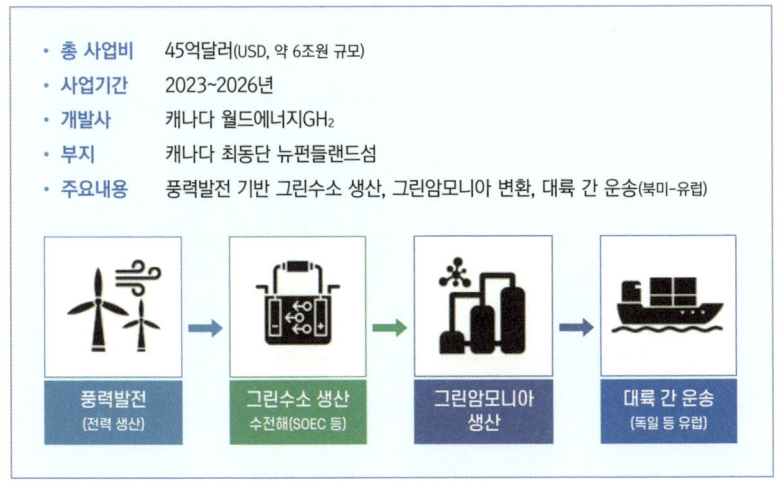

업으로 참여한다. 풍력발전에서 생산된 전기로 물을 분해해 6만 톤의 그린 수소를 뽑아내고, 이를 다시 36만 톤의 그린 암모니아로 전환해 유럽 등지로 운송하는 프로젝트다. 자회사 SK에코엔지니어링과 함께 그린 수소를 그린 암모니아로 전환하는 플랜트의 설계-조달-시공도 맡는다.

그린 수소는 곧장 에너지원으로도 쓰이고, 연료전지를 통해 다시 전기를 생산할 수도 있다. 저장이 어려운 전기의 특성을 극복한다는 점에서 활용성이 높다. 또 수소는 2050년까지 2조5,000억 달러(3,218조 원)의 관련 시장을 창출해내며 세계 에너지 수요의 18%를 차지할 것으로 전망된다. 그래서 SK그룹은 에너지 산업의 게임 체인저인 수소를 친환경적으로 생산하는 경쟁력 확보에 진력해왔다. 이 캐나다 프로젝트로 SK에코플랜트는 가장 먼저 해상풍력 밸류 체인을 완성한 데다, 핵심 기자재 제조 역량까지 내재화했다.

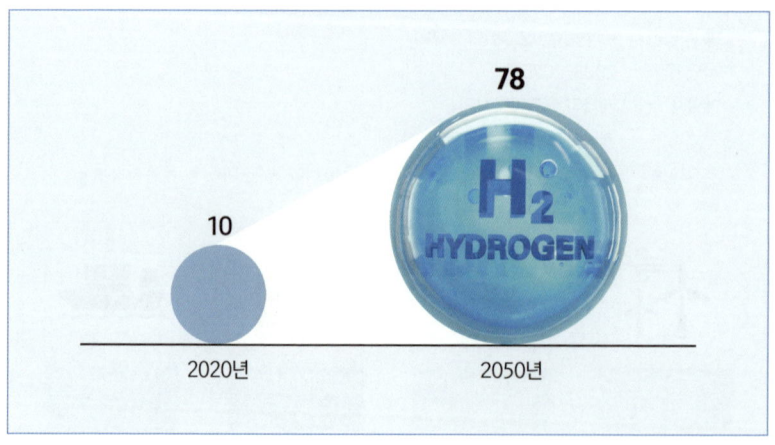

글로벌 수소 소비량 전망 (단위: EJ / 1EJ=석유 1.7억 배럴)

자료: 수소위원회

❷ 온 세계가 찾는 두산 수소연료전지

한국 수소연료전지의 대표주자는 두산퓨얼셀이다. '발전용' 수소연료전지가 주요 제품이며, 2024년 이후의 신사업으로 '선박용'과 '육상용(차량용)' 수소연료전지 시장도 개척하고 있다. 2023년 상반기엔 국내 수소발전 입찰에서 괜찮은 수주 실적을 올리며 선방했다. 하반기의 650GWh 규모 수소발전 입찰과 2024년 시작되는 청정수소 입찰에도 자신감 충만이다. 아닌 게 아니라, 두산퓨얼셀은 2023년을 수출 확대와 신사업 강화의 원년으로 삼았으니, 내년에도 괄목할 성과가 기대된다.

두산퓨얼셀의 가장 큰 수출시장은 중국이다. ZKRG스마트에너지테크놀로지와 광저우에 합작회사를 설립하면서 본격적으로 중국 시장 진출에 불을 붙인다. 2024년 이전에 호주 입찰 결과도 나올 것으로 기대하며, 오만과 사우디아라비아 등 중동 국가와도 공동 개발을 진행하고 있다. 그린란드에서부터 파키스탄까지도 협업하고 싶다고 찾아오는 나라들이 다양하다고 한다. 좁은 국내 B2G(기업과 정부 간 거래) 비즈니스의 한계를 돌파하기 위해선 꼭 필요한 시도다.

2026년엔 서울에서 수소 버스를 보게 될까?

특히 2024년 개발 완료를 약속한 선박용 연료전지와 2026년 이전 수소 버스에 장착하기로 되어 있는 '차량용' 수소 파워팩 개발에 어떤 성과를 보여줄지, 궁금하다. 아울러 회사가 공언한 바와 같이, 기존 연료전지의 가공비를 줄여 가격경쟁력을 확보하는가도 지켜봐야 할 것이다. 지금까진 정부의 보조금과 B2G 사업을 중심으로 성장해왔기 때문이다. 다행스럽게도 두산퓨얼셀 연료전지의 국산화율은 98%에 달한다. 수소 연료전지의 원천기술이 두산의 손에 있다는 점이 여러모로 큰 동력이다.

Part Eleven. On Eco-friendly Energy | 친환경 에너지
02

탄소를 붙잡아 묻거나 활용하기

❶ 주목받는 CCUS 비즈니스

CCUS는 carbon(탄소)을 capture(포집)하고 store(저장)하는 CCS와, 탄소를 포집해서 utilize(활용)하는 CCU를 아우르는 용어다. 그 기본 전제는 배출되는 탄소를 꽉 붙잡는 '포집' 개념이다. 구체적으로는 배기가스에서 탄소를 걸러내 액체 상태로 가공한 뒤 이를 활용하거나 저장하는 것이다. 탄소중립이 중요해지면서, CCUS는 지금 세계적으로도 '대세'다. 국제에너지기구(IEA)도 CCU 없이는 2050년 탄소중립 달성이 불가능하다고 선언했다. 관련 기술 R&D가 급증하면서 CCUS 관련 시장은 2030년까지 연평균 23%씩 성장할 전망이다.

우리 정부는 2021년 합동 연구를 거쳐 CCS 유망지역으로 분류된 바 있는 동해 울릉분지에서 CCS 사업을 위한 개발에 착수했다. 울릉분지에 포집-저장할 수 있는 탄소는 1억9,300만 톤으로 추정되는데, 이는

포스코가 한 해에 배출하는 탄소의 2.5배에 달하는 규모다. 석유공사와 현대건설은 2025년부터 2030년까지 '동해 가스전 활용 CCS 실증사업'을 수행한다. 몇 년 전부터 CCS 사업을 준비해온 석유공사는 동해 가스전을 시작으로 제2, 제3의 탄소 저장소를 국내에 발굴한다. 최근 발표한 대륙붕 개발 계획 '광개토 프로젝트'를 통해 2031년까지 연 400만t의 탄소 저장소를 확보하는 게 목표다.

정부가 온실가스 감축 목표와 2050 탄소중립 시나리오에 CCUS를 포함하는 등, 중장기 탄소중립을 추진하는 만큼 2024년 이후로도 CCS 프로젝트는 활발해질 것이다.

- 그동안 사실 국내에는 탄소 저장소로 활용할 곳이 마땅찮아 해외에서 사업을 추진했다. 예컨대 SK E&S는 호주, 동티모르에서 탄소 저장소를 개발하고 있다. 호주 다윈의 LNG 터미널을 CCS 프로젝트의 허브로 삼아 연 300만t의 액화 이산화탄소를 하역한 다음, 동티모르 해상 가스전에 영구 저장하는 계획이다.

- SK어스온은 SK이노베이션에서 분사한 석유 개발업체인데, 이미 영국의 CCS 전문기업 Azuli(아줄리)와 손잡고 호주와 북미에서 CCS 프로젝트를 추구하고 있다. 포스코인터내셔널은 2022년부터 호주에서 해상 가스전을 활용한 CCS 사업에 첫발을 뗀 상태다.

- 말레이시아에서는 몇몇 한국 기업들의 공동체가 CCS 프로젝트를 추진하고 있다. 삼성엔지니어링이 주축이 되어 삼성중공업, SK에너지, SK어스온, 롯데케미칼, GS에너지 등이 참여해 있으며, 말레이시아 국영 에너지 기업

국내 기업의 해외 CCS 프로젝트

국내 기업명	프로젝트명	해외 저장소	예상 저장량	예상 개시년도
SK E&S	BU CCS 등	호주, 동티모르	연 300만 톤	2026년
삼성엔지니어링 등	Shepherd	말레이시아	연 200만 톤	2027년
GS 칼텍스	여수 수소 Hub CCUS 클러스터	호주	연 110만 톤	2030년
포스코인터내셔널	Petronas J/S 등	말레이시아	연 100만 톤	2030년

자료: 대한상공회의소

PETRONAS(페트로나스)도 이름을 올렸다. 이후 참여 기업은 계속 늘어나고 있다.

o 민간 발전회사인 SGC에너지는 흡수제로 탄소를 포집한 뒤 증기로 가열해 회수하는 탄소 포집 기술을 한국전력에서 이전받았다. 지금 열병합발전소를 운영 중인 군산에 570억 원을 투자해 CCU 설비를 짓고 있다. 설비가 완공되면 발전소 배기가스에서 이산화탄소를 90% 이상 분리해낼 수 있다. 이렇게 연 10만t의 이산화탄소를 포집하고 냉각해서 순도 99.9%의 액체탄산으로 둔갑시킨다. 액체탄산은 만성적인 공급 부족이라 '없어서 못 파는' 물건이 될 것 같다. 아직 공장이 준공되기도 전인데도 10년 치 물량을 수주했으니까.

Global CCS Institute(글로벌 CCS 연구소)는 앞으로 세계 CCS 시장이 매년 30% 이상 성장해 2050년에는 탄소포집 규모가 76억t에 이를 것으로 추산한다. 2022년 말 기준 상업적으로 운영되는 29개의 CCS 프로젝트를 통해 저장할 수 있었던 탄소는 3억t에도 미치지 못했다.

❷ 한반도에 웬 맹그로브?

맹그로브, 염생식물(갈대 등), 해초류(잘피 등)와 같은 '해양생태계'에 조성된 탄소흡수원을 블루 카본이라고 한다. 숲과 열대우림 등의 '산림생태계'가 탄소흡수원인 '그린 카본'에 대응하는 개념이다. 해양생태계가 바닷물에 잠겨 있으므로 그린 카본보다 탄소를 흡수하고 저장하는 효율이 높다. 해수면 아래에 탄소가 저장되면 다시 방출되지 않을 테니까. 멕시코의 한 맹그로브 군락지에는 5,000년 전에 흡수한 탄소까지 저장돼 있다고 한다.

"소나무의 3배나 탄소를 빨아들입니다."

그나저나 '맹그로브'가 한반도에도 조만간 뿌리를 내린다니 무슨 얘기일까? 동남아시아나 남태평양 바닷가에서나 보던 바다 식물 아닌가? 아니다, 수온과 기온이 지금처럼 계속 오르면 아열대-열대 수종인 맹그로브가 곧 한국으로 들어오게 될 거란 뜻이다. 사실 맹그로브의 북방한계선은 이미 제주도 남해안 일대까지 올라왔다. 조만간 남해안에 상륙할 것으로 예측된다. 그래서 우리 정부는 적극적으로 맹그로브 등을 포함한 바다숲을 조성하려고 한다. 흥미로운 변화가 아닐 수 없다. 정부는 이미 세계 최대 맹그로브 군락지인 인도네시아와 협력해 그 서식 동향을 관찰하며 주목하고 있다.

맹그로브는 뛰어난 탄소흡수원이다. 블루 카본 중에서도 뿌리가 깊고 울창한 숲을 이루는 맹그로브는 그 탄소흡수량이 그야말로 압도적이다. 맹그로브 군락지 1헥타르는 소나무의 세 배 이상인 연간 1.62t의 탄소를 흡수한다. 한국에서도 정말 맹그로브가 자라기 시작한다면, 정부의 온실가스감축목표(NDC) 달성에 크게 도움이 될 전망이다. 기후변화에 대응하는 정부의 큰 그림에도 2030년까지 해양생태계에 의한 탄소흡수량을 106만t까지 늘리자는 목표가 담겨 있다.

국내외 기업들도 ESG 경영의 한 부분으로 맹그로브 군락지를 곳곳에서 조성하고 있다. SK이노베이션과 SK어스온은 2018년부터 작년까지 베트남 미얀마 해변 136ha에 53만 그루의 맹그로브 묘목을 심었다. 포스코인터내셔널, KB국민카드 등도 최근까지 인도네시아 해안가에 맹그로브 묘목을 다수 식재했다.

◐ 맹그로브 숲의 광경

Part Eleven. On Eco-friendly Energy | 친환경 에너지

03

정답은 태양광 에너지

"지구는 아프다."

이 얘기가 나온 게 워낙 한참 되어, 절박한 위기임에도 불구하고 감흥이 별로 없을 정도다. 우리가 소비하고, 이동하고, 먹고, 노는 활동은 거의 모두 탄소를 수반한다. 지구온난화가 불러온 기후 위기는 하루하루 심각해신다. 우크라이나 전쟁까지 겹치며 주요국의 에너지 정책도 불안하고 급변한다. 강대국들이 움직이는가 싶더니, 미국은 IRA를 통과시키며 기후변화와 에너지 안보에 3,690억 달러(약 450조 원)를 투자하기로 했다. EU는 'REPowerEU(리파워EU)'라는 것을 발표했다. 유럽 내 재생에너지 공급망을 강화하고 에너지 전환에 속도를 붙여, 2030년까지 재생에너지가 전체 에너지의 45%에 이르도록 하자는 일종의 정책 패키지다.

❶ 다 해봤지만 그래도 역시 태양광

그럼, 지금의 화석연료 에너지를 재생에너지로 전환하는 방법은? 수소를 쓰는 방법도 있고, 수력이나 풍력도 대안이 된다. 일부 국가가 연구 중인 양자 에너지나 우주 태양광도 충분히 무르익으면 대체 에너지가 될 수 있다. 그러나 재생에너지는 역시 태양광이라고 보는 글로벌 전문기관들이 많다. 무엇보다 태양광발전을 도입할 수 있는 속도가 가장 빠르기 때문이다. 발전의 원리와 구조도 간단해서 설치도 쉽고 경제적이다. 널리 보급하기가 쉽다는 뜻도 된다. 그뿐인가, 태양광은 무한히 쓸 수 있고 다른 화석연료가 개입할 필요도 전혀 없다.

태양광 산업의 가치사슬

햇빛이 전기 에너지로 바뀌는 것, 즉, '광전효과'를 활용해 전기를 생산하는 것이 태양광 발전이다. 그 원리도, 구조도, 사실 간단하다. 햇빛이 '태양광 셀'이라 불리는 전지 안으로 들어가면서 전자를 이동시켜 전기가 발생한다. 이 햇빛(태양광)을 모으는 역할을 바로 폴리실리콘이라는 소재가 담당한다.

태양광 산업의 가치사슬 (괄호 안은 각 사슬을 담당하는 국내 기업)

폴리실리콘	잉곳·웨이퍼	셀	모듈	시스템
(태양전지 핵심소재/ 국내기업 OCI 한화솔루션)	(없음)	(한화솔루션 현대에너지솔루션)	(한화솔루션 현대에너지솔루션 신성E&C)	

그리고 태양광 산업의 가치사슬은 위의 표에서 보듯이, '폴리실리콘 ⇨ 잉곳-웨이퍼 ⇨ 셀 ⇨ 모듈 ⇨ 시스템'으로 이어진다. 어떤 기업은 위의 사슬을 모두 아울러 수직계열화했고, 어떤 기업은 한두 개 부문에만 집중하고 있다. 발전의 첫 단계인 폴리실리콘 생산을 업스트림이라고 부르며, 시스템에 이르기까지의 중간 부분들은 미드스트림이라고 한다. 마지막으로 시스템을 적용해 실제로 전기를 만드는 과정은 다운스트림이다.

우리나라의 OCI 등은 한때 폴리실리콘 공급을 주도했으나, 지금은 중국이 세계 시장의 80% 이상을 장악하고 있다. 기본적으로 우리가 가격 경쟁력에 밀린 것이다. 위의 표에서 알 수 있듯이 셀 부문은 한화솔루션-현대에너지솔루션, 모듈 부문에선 한화솔루션-현대에너지솔루션- 신성E&C 등이 가치사슬의 한 축을 맡고 있다. 한때 미국 모듈(주거용) 시장에서 점유율 2위까지 기세를 드높였던 LG전자가 2023년 초 이 사업에서 철수한 것은 아쉬운 노릇이다.

무엇보다 태양광은 여러 가지 재생에너지 소스 중에서도 부지 선정, 설치, 운영, 관리가 쉽다. 기술도 상당히 발전한 데다 정부의 지원도 활발해서 기자재 가격과 설치 비용이 확연히 떨어졌다. 좀 전문적인 용어를 사용하자면, 태양광 에너지의 LCOE(levelized cost of electricity; 균등화 발전원가)는 석탄 및 가스 발전보다 오히려 낮다.

그러다 보니 세계 태양광 시장은 빠르게 커지고 있다. IEA(International Energy Agency; 국제에너지기구)의 통계치를 보면 2022년 한 해 세계적으로 신규 설치된 태양광 설비용량은 174GW로 1년 전보다 20% 늘었다. 금액으로는 어느 정도일까? 1,900억 달러(260조 원) 정도의 사업 가치가 창출되었다는 얘기다. 지금까지 세계 전역에 설치된 태양에너지 시설 총용량은 14억 명이 가정에서 1년간 사용할 수 있는 전력이다.

풀어야 할 숙제도 있다. 태양광의 효율을 높이는 일이다. 폴리실리콘을 활용한 태양광 셀의 효율은 이론적으로 29%, 상용화 효율은 23%~26% 수준이어서, 40%에 달하는 석탄화력발전 효율보다 상당히 낮다. 이 효율을 높이지 못하면, 태양광은 시장으로서 자생력을 가질 수 없다. 해결책이 있을까? 폴리실리콘을 perovskite(페로브스카이트)라는 광물성 소재로 대체하면 한계 효율이 석탄발전보다 높아진다는 이론이 있긴 하다. 그 소재가 별로 희귀한 물질도 아니어서 상업성도 있다고 한다. 그러나 실용적인 해결 방안이 될지는 두고 봐야 할 일이다.

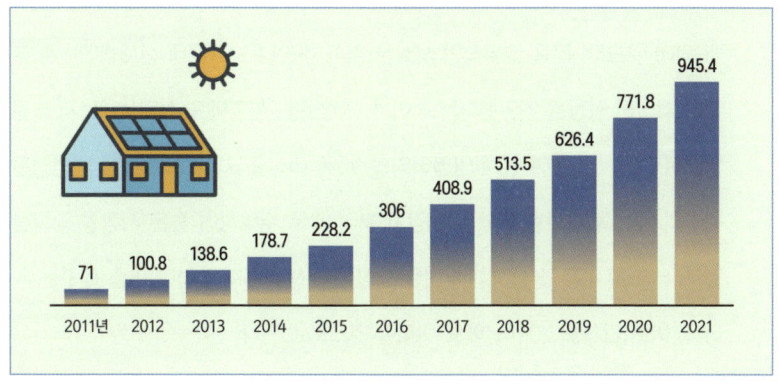

글로벌 누적 태양광 설비 용량 (단위: GW)

자료: IEA

태양광 업계, "맑고 쾌적함"

국내 태양광 업체들은 한동안 생존경쟁의 혹독한 겨울을 견뎌야 했다. 그러나 이젠 골고루 실적을 개선하면서 성장의 열차에 탔고, 2024년에 대해서도 "맑고 쾌적함"이란 예보를 받아든 것 같다. 호실적은 당분간 이어질 전망이다. 미국의 IRA 시행 같은 우호적인 환경이 조성되어 장기적인 맞춤형 투자도 늘어나기 시작했다. 최근 미국 정부는 태양광발전 설비를 건설할 때 미국산 철강·부품 등을 40% 이상 사용하면 10%의 세제 혜택을 준다는 IRA 세부 지침을 공개했다. 우리 태양광 기업들이 다시 성장궤도에 올라탄 모습을 볼 수 있을까. 앞으로는 성장 전략을 미국-유럽 등 핵심 시장 중심으로 수립하는 게 한국 태양광 기업의 과제다. 그래야만 오랜 기간 안정적 수익구조를 창출할 수 있을 테니까.

○ 2011년 태양광 사업에 진출한 한화솔루션은 여러 분기째 영업이익 기록을 갈아치우며 전성기를 구가하는 모습이다. 2022년 실적은 매출 13조6,539억 원(지난해 대비 27.3% 증가), 영업이익 9,662억 원(30.9% 증가)을 기록했는데, 둘 다 역대 최대 규모다. 더욱 고무적인 사실은 회사 비즈니스 가운데 신재생에너지 부문이 확실히 성장을 견인했다는 점이다. 2023년 1분기에도 신재생에너지 부문 영업이익(2,450억 원)이 전체 영업이익의 90% 이상을 차지했다고 한다. 안정된 매출의 원천을 확보한 데다 일찌감치 북미 같은 수익성이 높은 시장을 공략한 결과다. 화학 부문의 실적이 부진한 대신 신재생에너지 사업이 이를 메꾸는 식이다. 이런 기세를 2024년에도 이어갈 것으로 보인다.

한화솔루션은 2020년 태양광 및 에너지저장장치에 특화된 미국 스타트업 Geli(젤리)에 대한 지분투자를 시작으로 전력 관리 전문 스타트업 Lancium Technologies(랜시엄), 폴리실리콘 제조업체 REC Silicon(REC 실리콘), Growing Energy Labs(그로잉 에너지) 등에 대규모 투자를 단행했으며, 프랑스 재생에너지 기업 RES Méditerranée(RES 프랑스)를 인수하기도 했다. 국내에선 진천 공장에 고효율 태양광 셀 생산을 위한 투자를 하고, 미국에선 조지아 태양광 모듈 공장 증설을 이미 결정했다.

o 폴리실리콘 생산업체 OCI도 10년 만의 최대 영업이익을 기록하는 등, 신바람을 내고 있다. 폴리실리콘 판매 가격은 오르는 동안 생산원가는 낮은 전기요금 등으로 인해 떨어져서, 수익성이 확실히 개선되었다. 게다가 매출까지 늘이나, 기초화학 부문에서만 영업이익의 절반 이상을 올렸다. 제조 거점을 말레이시아로 일원화하는 등의 전략도 원하는 효과를 내주었다. 고품질의 태양광 모듈을 생산하는 미국 자회사 Mission Solar Energy(미션 솔라 에너지)도 텍사스 모듈 공장의 생산능력을 대폭 늘리면서 공격적인 자세로 임하고 있다. 추가로 뉴저지, 조지아 등에서도 태양광 발전소 사업에 참여하고 있으며, 2024년 이후 뉴욕, 캘리포니아 등지의 사업 확대를 저울질하고 있다.

o 매출과 수익의 성장을 누리기로는 HD현대에너지솔루션도 마찬가지였다. 2022년 영업이익은 전년도 대비 8배가 훨씬 넘을 정도로 급증했다. 모듈 판매단가 인상 효과를 톡톡히 본 것이다. 이 회사의 경우, 태양광 모듈(패널) 사업은 전체 매출의 90%나 돼, 모듈의 판매 가격 인상은 곧바로 전체 실적에 긍정적인 효과를 가져왔다. 2024년에도 북미지역 매출을 확대하기 위해 생산과 영업의 네트워크를 확충할 계획이다.

❷ 미국 태양광 모듈 시장 굳건한 1위

　Hanwha Q CELLS(한화큐셀)은 태양광 사업을 위해 한화솔루션이 미국 조지아주에 세운 법인이다. 청정에너지를 미래 먹거리 산업으로 선정한 한화그룹의 비전에 따라 '솔라 허브'라는 이름 아래 태양광 통합 생산 단지를 완성할 계획이다. 즉, 태양광발전의 기초 소재인 폴리실리콘부터 완제품인 모듈까지 가치사슬 전체의 생산라인을 미국에 구축하겠다는 얘기다. 2024년부터 솔라 허브가 본격적으로 가동되면 한화는 잉곳, 웨이퍼, 셀뿐만 아니라 모듈(연간 8.4GW으로 북미 최대 규모)까지 생산능력을 갖추게 된다. 기초 소재(폴리실리콘)부터 완제품(모듈)까지 5단계 가치사슬 모두를 틀어쥔다는 얘기다. 단일 기업이 북미에 태양광 핵심 가치사슬 생산시설을 모두 갖추는 것은 처음이어서, 한화큐셀의 위상은 더욱 높아질 것이다.

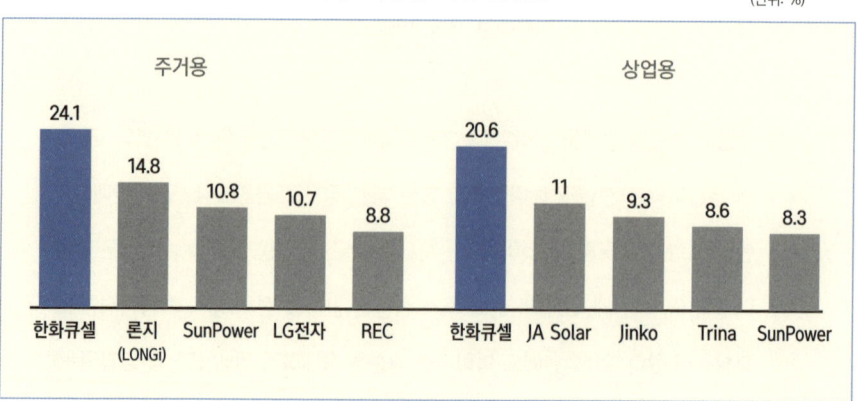

미국 태양광 시장 점유율 (단위: %)

※ 지난해 기준　　자료: 한화솔루션

2022년 미국 주택용 모듈 시장에서 한화큐셀은 33.7% 점유율로 5년 연속 1위를 차지했다. 시장조사업체 Wood Mackenzie(우드 매켄지)의 조사 결과다. 중국 LONGi(론지), 미국 SunPower(선파워), LG전자, REC가 뒤를 이었다. 공장과 빌딩 등 상업용 시장에서도 한화큐셀이 17.7%의 점유율로 4년 연속 1위를 수성했다. 다만, 발전소 등에서 쓰는 유틸리티 분야에서는 중국 업체들이 시장을 거의 독점한 상태다.

태양광발전은 역시 미국이지

위도 자체가 높고 산지 지형이 많은 한국과 달리, 미국은 태양광발전을 적극적으로 시행하기에 무척 유리하다. 사막 등의 광활한 공터가 많고 태양광의 질도 좋기 때문이다. 한술 더 떠 IRA 덕분에 태양광 투자 때 법인세 등을 감면받는데, 가령 한화솔루션은 2024년에만 2천억 원 이상의 감세 효과를 본다. 그러니까 한국 기업들이 미국 태양광 시장 진출에 목말라하는 이유는 한둘이 아니다.

미국은 4,300억 달러(567조 원)를 투입해 친환경 산업을 육성하고 재생에너지를 큰 폭으로 늘리는 IRA를 2022년부터 시행하고 있다. 재생에너지를 지원하는 미국 정부의 정책은 다양하고도 적극적이다. 그 덕택에 미국 태양광 시장은 2024년에도 튼튼한 성장세가 예상된다. 미국 에너지정보청(EIA)은 2023년 내 미국에 새로 설치될 전체 발전설비의 54%가 태양광 발전설비일 것으로 예상한다.

Part Twelve

On Agriculture and Fishery
K-푸드

2024
BUSINESS
TREND
KOREA

Part Twelve. On Agriculture and Fishery | K-푸드
01

스마트 팜과 농산물

❶ 사막에도 한국형 스마트 팜

한국 농산물 수출이 뜀박질하며 해마다 늘어나고 있다는 건 이미 뉴스거리도 아니다. 하지만 이젠 먹거리가 아니라 '한국형 스마트 팜'이라는 최첨단 농사 방식을 해외에 파는 기업들이 늘고 있다. 농림축산식품부는 2022년에 이미 1억 달러 수준이던 스마트 팜 수출액이 2023년에도 70% 늘어나 1억7,000만 달러에 이를 것으로 예상한다.

스마트 팜(smart farm)은 ICT를 접목해 작물이 자라기 좋은 환경으로 관리해주며, 주어진 환경에서 최대의 수확을 올릴 수 있도록 만들어주는 농장 혹은 농사 방식이다. 온도, 습도, 조명, 물 상태, 물 공급 등등의 조건을 ICT 기술로 자동 조절한다.

가령 농업 회사 플랜티팜(PlanTFarm)은 '유럽의 상추'라 불리며 샐러

○ T-Farm이라 불리는 플랜티팜의 수직농장

드용으로 애용되는 특별한 채소를 한꺼번에 27만5,040포기까지 생산할 수 있는 수직농장 타입의 스마트 팜을 운영한다. 단일 수직농장으로는 아시아 최대 생산능력이다. 이런 공장형 건물에서 모든 환경조건을 최적으로 관리해주면, 땅에서 포기당 100g 정도로 자라는 채소가 포기당 150g까지 자란다고 한다. 비바람 같은 악천후도 걱정할 일이 없다. 365일 수확도 가능하다. 모든 것이 자동 조절돼 사람의 손이 별로 필요 없다.

중동이 K-스마트 팜에 '꽂힌' 이유는

그런데 우리 기술로 개발된 수직농장이 해외로, 그것도 중동의 척박한 나라로, 수출되고 있으니 신기한 일이다. 플랜티팜은 이미 쿠웨이트에 200평 규모의 제1호 한국산 수직농장을 건립해 가동하고 있다. 한국에서 구현했던 생산능력이 쿠웨이트에서도 똑같이 발휘된다. 같은 중동의 UAE와 몽골, 베트남에도 합작법인을 설립하고 2024년에는 스마트 팜 건립에 나선다.

원래 중동 사람들에게 농업이란 '먼 나라 얘기'였다. 그러나 도심 어디라도 설치할 수 있는 우리의 '수직농장'을 보고는 생각이 달라졌다. 아닌 게 아니라, 적은 공간에서 대량생산이 가능하다는 건 한국형 스마트 팜의 장점 중 하나다. 쉽게 비교하자면, 일정한 생산량을 땅에서 얻으려면 축구장 41개가 필요하지만, 스마트 팜의 경우는 가장 작게는 축구장 절반만 있어도 충분하다. 면적당 생산량이 80배 가깝다는 얘기다.

네덜란드 같은 스마트 팜 선진국에 비해, 한국은 적은 면적에서 많은 물량을 생산하는 데 기술력을 집중하고 있다. 첨단 기술에선 저들이 앞설지 몰라도, 생산 표준화로써 수익을 늘리는 게 K-스마트 팜의 또 다

국내 기업들의 스마트 팜 수출 실적

(단위: 억달러)

업체	수출 시기	수출 내역	수출국
만나씨에이	2019년	저온 냉장 식물 공장	사우디아라비아
한가람포닉스	2022년	비닐 온실	캄보디아
선진환경산업	2022년	지능형 온실	인도네시아
농심	2022년	컨테이너형 수직 농장	오만
플랜티팜	2022년	컨테이너형 수직 농장	쿠웨이트
올레팜	2022~2023년	스마트팜 실증단지	사우디아라비아

※ 중동, 동남아시아 지역 대상

자료: 농림축산식품부

른 장점이다. 특히 작물마다 생육 데이터를 구축하고 그걸 토대로 대량 생산을 추구하기 때문에, 중동과 동남아시아 국가들이 비상한 관심을 보인다.

농장 자동화도 빠르고 정교하게 이뤄지고 있다. 한국 특유의 비닐하우스를 발전시킨 스마트 팜에다 '레일형 방제 기기'를 적용하는 실험도 한다. 사람이 10분 넘게 걸리는 병해충 방제 작업을 2분도 채 안 돼 마칠 수 있는 시스템이다. 이런 우리만의 장점과 기술을 앞세워, 현재 400억 달러가 넘는 글로벌 스마트 농업 시장을 열어젖히는 것이 농림축산식품부의 목표다. 2024년은 'K-스마트 팜 수출 원년'이 될 것 같다.

사막에서 딸기 재배합니다

엔씽이라는 스타트업은 모듈형 수직농장 '큐브(CUBE)'를 개발했다. 40피트 크기의 컨테이너 박스에서 양상추, 콜라비, 바질 같은 채소와 과일을 키우는 스마트 농장이다. 내부 LED로 광합성을 하고 자체 운영시스템으로 물, 비료, 일조량을 컨트롤한다. 레고 블록처럼 큐브를 수평-수직으로 쌓아 올리면 스마트 팜이 된다. 전기만 있으면 사막이라 한들 작물을 재배할 수 없겠는가. 엔씽은 2024년부터 큐브를 중동에 본격 수출한다.

엔씽은 2020년부터 UAE 아부다비 도심에 시범 농장을 설치하고, 현지에 적용할 기술을 검증했다. 코로나가 닥쳤다. 오히려 기회가 됐다. 중동에서 농작물을 '직접 길러' 먹을 수 없을까를 고민하게 된 것이다.

농산물을 수입하면 값도 비싸고 식감도 떨어진다. 스마트 팜으로 재배해 먹으면 일석이조라는 얘기다.

❷ 품종 개발에 목숨 걸다

2000년대 초, 국내 과일 시장 개방을 앞두고 '과일 농가 다 죽는다'라는 볼멘소리가 날마다 언론을 오르내렸다. 아닌 게 아니라, 외국산 과일 수입은 늘어났다. 망하거나 과수 농사를 접은 농민도 있긴 했다. 주요 과일 재배 면적과 생산량도 다소 줄어들었다.

하지만 그건 큰 그림의 반쪽에 불과하다. 전체 과일 농가의 소득은 2003년 이후 16년 동안 71%나 증가했다. 코로나 팬데믹으로 농촌 소득이 쪼그라들었을 때도 그랬다. 쌀 농가 소득이 13.6% 감소하고 축산 농가 소득이 31.2% 감소하는 동안, 과수 농가는 되레 소득이 3.9% 증가했다. 주눅 들지 않고 제법 단단히 버티어냈다는 얘기다. 게다가 소비자 쪽에서 보면, 오히려 득이 컸다. 무엇보다 과일들이 다양해지고 맛있어졌다(달아졌다). 신선도도 더 높아졌다. 유통 과정이 좀 더 합리적으로 변했고 관리 혁신도 이루어졌기 때문이다.

품종 개발, 전쟁이 따로 없다

비결은 끊임없는 품종 개발의 노력에 있다. 굳게 닫혀 있던 시장이 활짝 열리면서 외국산과의 경쟁에 맞서 죽을힘을 다해 품종 개발에 나섰기 때문이다. 여태 보지 못한 품종도 개발해 만들고, 있던 과일도 좀 더 달게 좀 더 매력적인 맛으로 개선한 것이다. 품종 개량이 어려우면 재배 방법을 손보기도 한다. 혹은 비료 사용의 빈도나 양을 조절해본다. 노력이 거듭되면서 결국 소위 '주스보다도 더 달콤한' 과일이 나오게 되는 것이다.

경쟁이 이어지면서 단맛은 더 센 단맛을 부른다. 그래서 어떤 과일 품종은 '과일'이 아니라 '과채 가공품'으로 분류되고, 농산물 경매시장에서도 취급하지 않게 된다. 하지만 마트와 유통 플랫폼에서는 그런 품목이 점점 늘어나고, 가격도 30% 이상 비싸다. 처음엔 맛이 좋아 인기를 끌다가, 건강 이슈에 민감한 소비자들이 '단맛 의존' 걱정에 돌아서면, 공급 초과 상태가 되고 가격도 뚝 떨어진다. 그래도 역시 '단맛'은 거스르기 힘든 대세다. 소비자들의 해외여행이 잦아지면서 입맛도 변하고 다양해진다. 품종 개발은 멈출 줄 모르고 계속된다. 계절을 가리지 않고 아무 때나 아무 과일이나 공급되고 소비된다.

품종 개량은 엄청난 시간을 잡아먹는다. 신품종을 개발해 농가에 소개하는 데 15년, 농가가 생산해 소비자가 사 먹기까지 또 5년~10년이 걸린다. 그러나 그 시간에 한두 가지만 개발되는 게 아니다. 200여 품종을 뒤섞고 조합해 800여 개 품종을 만들어내는 식이다. 그 가운데 소비자에게 선택되는 몇 가지가 나오는 것이다. 어쨌든 다국적 종자회사나 농촌진흥청을 통해 헤아릴 수도 없이 많은 신품종이 쏟아진다. 외국에서 개인이 몰래 들여와 '신품종'이라고 시장에 내놓기도 한다. 일본에서 몰래 복숭아 가지를 꺾어와서는 이름만 바꾸어 출시하는 경우도 있다.

별의별 방법으로, 심지어 불법행위조차 마다하지 않는 용기로, 농작물의 품종은 (그리고 품종 개발의 방식은) 끊임없이 진화한다.

우리의 주식인 쌀도 마찬가지다. 쌀 주요 생산국의 갖가지 품종을 비료 분석해 개량하는 노력은 지금도 변함없다. 쌀 재배를 위한 비료에 관해서도 그 종류와 사용량을 두고 치열한 연구와 분석과 경쟁이 벌어진다. 여기에 친환경 이슈도 개입되고 정부 보조금 이슈도 끼어들어 전쟁을 방불케 하는 싸움이 벌어지기도 한다.

❸ 아프리카의 '쌀 나라'를 구한 통일벼

세네갈은 나라꽃이 '벼'일 정도로 쌀을 향한 사랑이 남다르다. 서부 아프리카 최대 쌀 소비국이기도 하다. 다만, 자급률이 아직은 절반 정도밖에 안 되는 게 문제다. 쾌적한 열대성 기후에다 국경 지역에 두 개의 강이 흐르는 덕택에 수자원도 넉넉해서 쌀농사에 별로 어려움이 없는 데도 자급자족은 꿈같은 이야기다. 그렇기에 기후 변화 등으로 국제 곡물 가격이 오르기만 하면 세네갈은 가슴을 조인다. 식량 확보, 쌀의 확보야말로 세네갈 정부의 첫 번째 국정과제다.

저조한 쌀 자급률을 연구해보니 세네갈에서 재배하는 쌀 종자의 수확량이 워낙 시원치 않았다. 그러자 세네갈 정부는 '피원조국에서 원조국으로' 변모한 우등생 한국에 도움을 요청했다. 우리 농업진흥청은 아프리카 현지에 적합한 벼 품종 개발에 착수했다. 무려 50년 전 한국

농촌에 보급된 통일벼 품종 '밀양23'을 기반으로 해서 세네갈 기후와 토양에 적합하게 개량한 결과, '이스리-6'과 '이스리-7'이라는 신품종 쌀을 만들어냈다.

새 품종은 대성공이었다. 무엇보다 생산성이 감동적이었다. 세네갈 토착 품종이 1헥타르에서 1.5t가량의 쌀을 생산하는 데 반해, 이스리를 심었더니 무려 6t~7t의 쌀이 나왔다. 그뿐인가, 우리 쌀 특유의 윤기가 자르르 흐르는 데다 보슬보슬한 식감까지 더해져, 이스리는 세네갈 국민의 입맛을 사로잡았다. 가격이 높은데도 인기는 식을 줄 몰랐다. 토착 품종이 킬로그램당 700원 정도에 거래된다면, 이스리는 800원 수준을 호가했다.

3천만 명이 먹을 수 있는 K-라이스

건조한 북부 지역에서도 쌀 생산량이 증대됐을 뿐 아니라 농업 시스템까지 정비할 수 있었던 세네갈 정부는 이스리 품종 개발과 보급에서 얻은 경험을 몹시 만족스러워했다. 주변 서아프리카 국가들도 그야말로 난리가 났다. 이스리 종자를 보급해달라는 요청이 여기저기서 쏟아졌다. 이런 명성과 인기는 한국 정부가 추구하고 있던 쌀 생산 벨트에 'K'자가 붙는 계기가 되었다. 아프리카 빈곤국에 한국의 '쌀 자급' 경험을 전수하고 쌀 생산을 지원하고자 하는 K-라이스 벨트는 애당초 서울에서 열린 농업장관 회의를 계기로 8개 나라로 시작했지만, 현재 알제리와 탄자니아 등 다른 아프리카 국가들도 참여하고 싶어 한다. 만약 이런 프로젝트를 통해 2027년까지 종자 1만t을 이들에게 보급할 수만 있다면 200만t까지 생산이 가능해진다. 연간 3,000만 명이 먹을 수 있는 양이다.

　우리 정부 계획의 근간은 안정적인 벼 종자 생산을 위한 단지 등 인프라 구축이다. K-라이스 벨트 사업을 통해 50ha~100ha 규모의 단지를 나라마다 조성하는 것이다. 그런 다음 전문가를 파견해 원활한 종자 생산을 돕고 품종 개발도 계속해서 추진한다. 가령 서아프리카는 열대기후여서 조생 품종인 이스리가 잘 자라지만, 건조한 동아프리카에서는 또 다른 품종이 필요하지 않겠는가. 혹은 케냐의 경우엔 가뭄과 병충해에 강한 품종이 필요하지 않겠는가. 실제로 정부는 우간다 등 동아프리카에는 세네갈과 다른 품종을 보급힐 계획이나. 물톤 농약에다 농기계, 비료까지도 지원한다. 또 단지 내 경지 정리, 용-배수로 설치, 경작로 확보 등의 기초 작업을 후원할 뿐 아니라, 관리시설과 저장시설의 개선도 병행해 종자 품질을 잘 관리할 수 있도록 도울 예정이다. 궁극적으로 K-라이스 벨트는 수확량이 좋은 벼의 증산으로 세계 식량 부족 문제 해결에 큰 도움이 될 것이다.

Part Twelve. On Agriculture and Fishery | K-푸드

02

K-푸드 수출의 선봉장

❶ 농수산물 수출 1등? 뜻밖이네!

우리나라 농수산물 가운데 가장 많이 수출되고 있는 품목은 무엇일까? 다소 의외겠지만, 김이다. 2022년 한 해 동안 무려 6억5,575만 달러의 수출을 기록했다. 수출액 순위로 쳐서 담배, 라면, 참치, 커피, 김치 등을 '거느리고' 있다. 정부가 2027년 수출 목표를 10억 달러로 잡았을 정도다. 예전에 내가 독일을 자주 왕래할 때는 현지인들이 김을 가리켜 '새까만 종이'라고 놀리곤 했다. '바다의 잡초'라면서 조롱하는 나라도 있었다. 그러나 이제 김은 '간편하고 건강한 식품'이 되었고, 한국 김은 세계 시장에서 70% 이상의 점유율을 차지하며 식품 쪽의 한류 열풍을 이끌고 있다. 영어 명칭도 아리송한 'seaweed'에서 최근 'Gim'이라는 고유명사로 바뀌었다. 김은 그냥 아시아 식품이 아니라 웰빙 간식이다. 아직까지 미국-중국-일본 수출 물량이 절반 이상이지만, 10여 년 만에 수출 대상국도 2배 늘어 모두 114개나 된다.

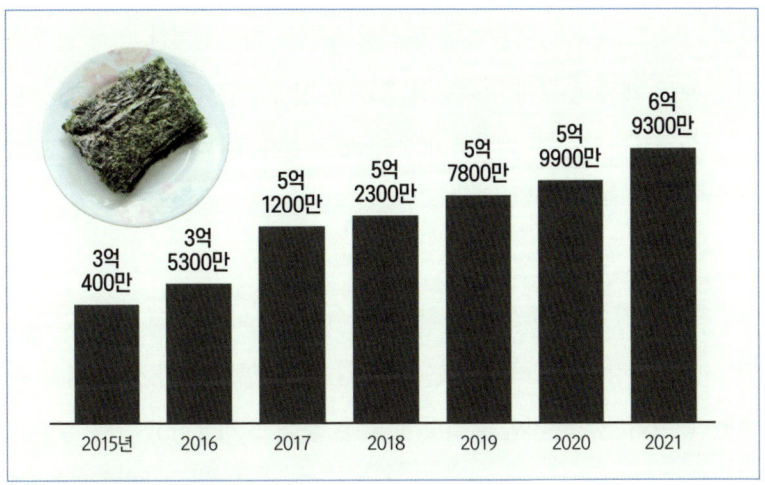

한국산 김 수출액 추이 (단위: 달러)

※ 조미김, 마른김 통합   자료: 관세청

    김을 가장 많이 수출하는 기업은 어디일까? 식품 1위 기업 CJ제일제당일까, '양반김'으로 유명한 동원F&B일까? 아니다. 국내 1위 김 수출업체는 일반에 잘 알려지지 않은 신안천사김이란 회사다. 코스트코의 자체 브랜드 'Kirkland Signature(커클런드 시그니처)' 김을 납품해, 전 세계 코스트코 매장에서 팔린다. 이 회사 전체 매출의 95%가 수출에서 나온다고 한다. 그것도 김 한 가지 품목으로! 희귀한 일이다. 영업이익률이 20%를 넘을 정도로 내실도 탄탄하다. 그 역시 드문 일이다.

    서양사람들에게 김은 '간식'이다. 고소함과 짠맛이 묘하게 어우러진 독특한 식감의 스낵이다. 한국과 식문화가 달라서 그렇다. 아무튼 김은 그 오묘한 매력으로 세계인의 입맛을 사로잡아 K-푸드의 선두주자가 됐다. 이러한 서양인들의 인식을 반영해 수출 1위 신안천사김은 바삭

함은 살리고 짠맛은 줄였다. 제품 특성부터 경쟁사들과 다르게 했다. 사용하는 김도 다른 업체들보다 조금 더 무거운 마른김이다. 더욱 놀라운 것은 모든 제품에 대해 '유기농 인증'까지 받았다는 점. 김 가공에 사용되는 원초부터 소금과 기름까지 모든 제품이 유기농이어야 한다는 조건을 알뜰살뜰 충족시킨 것이다.

지금까지 김 수출은 현지의 한국 식품점(코리안 그로서리)을 중심으로 이루어져, 시장 확대 노력보다는 국내 업체들의 '땅따먹기' 식 싸움만 치열했다. 그러다가 현지인의 입맛에 맞춘 상품을 개발하고 그에 걸맞은 이미지를 구축한다면 좀 더 너른 수출 시장을 확보할 수 있다는 걸 깨달았다. 일본과 미국, 그다음 타깃은 유럽이다. 식문화에 대한 유럽인의 자부심이 워낙 커서 쉬운 일은 아니겠지만, K-컬처도 없어 보이던 가능성을 뚫어 만들지 않았던가.

김 수출에는 독특한 애로 사항이 하나 있다. 상품 가격에 비해 유달리 비싼 '물류비'다. 생각해보라, 상품은 대단히 가벼운데 부피가 엄청나다. 그래서 수출하려면 물류비용이 상당하다. 컨테이너 하나를 김으로 가득 채워 봤자 제품 가격은 6,000만 원밖에 안 된다. 부산에서 LA까지 컨테이너 1대 운송비가 1만 달러를 넘는 경우가 허다하니, 배보다 배꼽이 더 크다는 소리가 가끔 나온다. 최선의 포장 방법을 찾는 것도 숙제다. 김을 담는 플라스틱 트레이를 없애기만 하면, 부피도 줄이고 탄소 저감에도 좋을 것이다. 그러나 트레이가 없으면 바삭한 김이 부서져 상품성이 훼손된다. 종이로 트레이를 만드는 것도 연구해보고, 김을 봉투에 넣는 것도 시도했지만, 비용이나 기능성이나 공정 속도에서 낙제점이었다고 한다. 그 외에도 업계는 무인화 스마트 공정이라든지, 자동 원초原草 분석 기술 등을 개발하는 노력도 기울이고 있다.

❷ K-라면, 비관세장벽 뚫고 진격

흔히들 알고 있는 것처럼, 라면 또한 수출 효자 상품에서 빼놓을 수 없다. 해마다 수출 규모가 사상 최대치를 경신하는가 하면, 요즘엔 EU가 만들어놓았던 '비관세장벽'까지 대부분 해소되었다. 2023년 들어 4월까지의 라면 수출액은 전년도 동기보다 17.8% 증가한 2억8,192만 달러(관세청 무역통계시스템)에 달했다. 2024년에도 한 국 라면의 해외 공략은 더욱 힘을 얻을 것으로 전망된다. 어떤 나라들이 우리 라면을 많이 사 갈까? 중국을 필두로 미국, 라면의 원조 국가인 일본, 네덜란드, 필리핀 순이다.

2024년 라면 업계의 성장률은 다소 둔화할지도 모르겠다. 전년도 성장의 기저효과가 워낙 두드러진 점도 있고, 또 미래 성장을 위한 투자 비용 지출이 컸기 때문이다. 그럴더라도 해외 현지 법인의 실적과 수출은 계속 상승곡선을 그릴 것으로 보인다.

○ 우리나라 라면 업계는 농심과 삼양식품이 쌍벽을 이루고 있다. 미국 현지에 이미 2개의 공장을 가동하고 있는 농심은 매출 호조로 생산량이 한계에 달할 것에 대비해 공장 추가 설립을 검토하고 있다. 2023년 1분기 기준 농심 미국 공장의 평균 가동률은 73.3%로 알려진다.

○ 삼양식품의 해외 비즈니스도 일취월장이다. 중국, 미국, 일본에 이어 최근 인도네시아에 4번째 해외 판매법인을 설립해 활동을 개시했다. 인도네시아인들은 맵고 짠 음식을 유난히 좋아한다. 삼양식품은 법인 설립을 계기로 현지 맞춤형 전략을 채택하고, 불닭 브랜드의 매운맛을 주력 삼아 소비자 공략에 나설 계획이다.

❸ K-블루 푸드의 기반을 구축하라

'블루 푸드'의 뜻을 정확히 알기 위해 구글링을 해본다. 이렇게 정의되어 있다. "생선, 조개, 해초 등을 포함해서 바다나 담수에서 얻을 수 있는 모든 식용 수산물." 그렇다, 우리가 그저 해산물(Seafood)로 이해하고 있던 수산 식품은 이제 '블루 푸드(blue food)'로 재정의되며, '지속 가능'하고 건강한 미래 식량자원으로 주목받고 있다. 우리 정부도 블루 푸드로 불리는 경제 영토의 확대에 적극적이다. 2022년 수산 식품 수출액이 역대 최대인 31억5,000만 달러를 기록한 데 비해, 2027년 블루 푸드 수출 목표를 45억 달러로 설정하고, 수출 주도 품목인 김과 참치를 이을 유망품목 발굴에 나섰다. 'K-블루 푸드'란 이름이 정착될 수 있도록 부가가치 높은 수산 식품을 개발하고, 수산기업 전용 펀드도 조성해서 수출 경쟁력 강화를 도울 방침이다.

○ 건강기능식품이나 간편식 등을 선호하는 현대인의 소비 트렌드를 반영해서, 부가가치 높은 식품의 개발을 추진한다. 각 식품의 영양성분 통합 DB를 구축하고, 수산물에서 추출한 건강기능성 소재도 발굴한다.

- 핵심 수출품인 김과 참치의 수출 확대는 물론이거니와, 관련 업체들의 경쟁력 강화에 나선다.

- 아직 수출이 미미한 굴-전복-넙치는 고부가가치 개체를 개발해 1억 달러 이상 수출 품목으로 육성한다.

- 참치의 경우 국제 수산기구 협상 지원 등을 통해 원양 조업 기반을 확보에 나선다.

- 가공원료 수급의 안정을 높이는 방안을 추진하고, 블루 푸드의 안정된 생산에 도움 되는 주요 원료의 공급 전망을 분석한다.

- 전남권과 부산권에 블루 푸드 클러스터를 구축하고, 주요 항만 인근에 수출진흥구역을 지정해, 이를 수출 거점으로 만든다.

- 수산기업 전용 펀드 등의 지원으로 천만 달러 수출 강소기업을 100개로 확대한다.

블루 푸드의 미래 수출 확대를 이야기할 때 굴과 전복이 자주 언급된다. '제2의 김'으로 떠오르고 있는 블루 푸드 품목들이다. 정부도 굴, 전복, 연어 등을 적극적으로 육성하겠다고 팔을 걷어붙였다. 2022년 수출 8,000만 달러까지 턱걸이한 굴은 2027년까지 1억2,000만 달러어치의 수출품으로 키우겠다는 욕심이다. 전복은 품종 개량 등을 통해 역시 2027년까지 1억 달러 고지에 오를 수 있다고 생각한다. 정부는 이런 목표 달성을 위해 블루 푸드 산업 벨트 조성에도 나서고 있다.

On Sectors with Gloomy Prospect
전망 흐린 산업 분야들

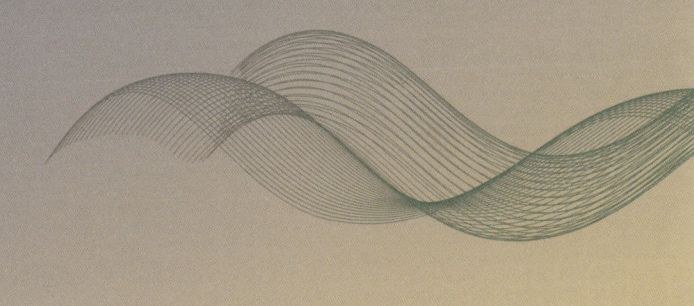

2024
BUSINESS
TREND
KOREA

Part Thirteen. On Sectors with Gloomy Prospect | 전망 흐린 산업 분야들
01

더디고 답답하기만 한 리오프닝

❶ 풀릴 듯 풀리지 않는 경기

2020년 1월 30일 WHO가 '국제 공중보건 위기 상황' 선포하면서 본격화한 코로나 팬데믹은 20세기 초의 스페인 독감에 이어 두 번째로 많은 사망자를 내고서 꼬박 3년을 뒤흔든 다음 겨우 진정세로 접어들었다. 중국은 2022년에도 과격한 방역 대책으로 일관하다가 경제에 큰 충격을 입었다. 미국과의 갈등이 심해지면서 반도체 등 주요 산업의 기술 개발이 타격을 입고 글로벌 공급망에서 제외되는 불운도 겪고 있다. 뒤이어 한때 GDP의 25%를 차지하는 등 과열했던 부동산 분야가 2023년 초부터 붕괴하면서 주요 개발업체들이 부도 위기에 내몰렸다. 모두가 중국 위기를 말하기 시작했다.

그러나 진짜 위기는 부동산이나 지방 정부의 거대한 부채나 미중 갈등이 아니었다. 내수가 전례 없이 침체하고 대도시의 빌딩들이 텅텅

비어가고 있다는 사실이 문제다. 중국 경제의 회복을 가리키는 '리오프닝'이 아직도 까마득한 진짜 이유? 경기 침체로 중국인의 지갑이 일제히 닫혀버렸고, 점차 올라가는 것은 저축률뿐이라는 데 있다. 소비가 억눌리니 물가는 하락하고 고용도 줄어드는 악순환이 벌어진다. 이런 악순환을 깨려면 신뢰할 수 있는 리더와 확고한 부양 의지 필요하지만, 아래에 설명할 몇몇 요소 때문에 이것도 어렵다. 위안화도 16년 만에 달러당 7.3위안을 돌파하며 가치 하락을 면치 못하고 있다.

40년의 기적, 여기서 끝인가?

1인당 GDP 2만 달러 수준인 중국의 2023년 7월 소매 판매는 3조 6,761억 위안(676조 원). 전년 수치보다 2.5% 간신히 늘어, 전문가들의 예상치 4.5%를 크게 밑돌았다. 전년보다 오히려 0.3% 내려간 소비자물가지수는 더욱 놀라웠다. 경제가 힘을 잃기도 했거니와 사람들이 물건을 안 사니까 물가가 떨어질 수밖에. 아무튼 중국이 어두운 디플레이션의 신호를 받아든 것이다. 게다가 하반기와 2024년 전망도 전혀 밝지 않다. 중기적으로 중국의 경제성장이 지금보다 더 감소할 것이라는 이코노미스트들의 견해가 나에게는 좀 더 설득력 있게 들린다.

짐짓 '문제 없음'이라고 애써 부정하는 중국 정부도 디플레이션에 대해서만큼은 걱정이 태산이다. 잃어버린 30년이니, 20년이니, 하는 일본의 디플레이션 사례가 있지만, 중국과는 상황이 다르니까 무작정 참고하거나 적용할 수도 없다. 중국의 경험에 없는 사태인지라, 매뉴얼이 없다고나 할까.

부양책을 꺼내 들기도 말처럼 쉬운 일이 아니다. 2008년 글로벌 금융위기 당시 천문학적(10경6,000조 원 이상) 부양책을 폈으나, 그 여파로 지금까지 부채에 허덕이고 있지 않은가. 정부는 경기부양책이 '극약'으로 둔갑하는 상황을 경계한다. 그뿐인가, 금융위기 때의 중국은 그래도 고도성장의 에너지가 충만한 국가였으나, 지금은 첨단산업 부진, 가계 가처분소득 감소, 청년실업률 급등에다 인구 고령화까지 온갖 나쁜 시그널이 가득한 '지친 나라'다.

그렇다고 국제사회와 손잡고 바람직한 출구 전략을 모색하기도 난감하다. 정치체제가 워낙 특이하고 고립적이어서 툭 털어놓고 협력하기 어려워서다. 오히려 미국을 중심으로 한 서방과의 정치적 갈등은 커져만 간다. 중국이 40년 호황, 40년 기적의 끝에 봉착했다는 비관론이 지배적으로 다가온다. 그러면서 주요국들은 중국의 위기가 글로벌 경제에 미치는 영향이 제한적이라면서 느긋해 하고, 중국은 그저 자연스러운 구조조정이 이루어지는 것일 뿐이라고 여유를 보인다. 터트릴 때가 됐으니 정부가 터트리는 것 아니냐는 해석까지 나온다.

미국의 경제전문가들은 중국 위기에 주목하면서도 자국 경제에 큰 충격이 될 가능성은 적다고 본다. 독일이나 일본처럼 대중 수출 비중이 다소 큰 나라들에는 그 영향이 크긴 해도, 전체 경제에 미치는 영향은 여전히 적다. 문제는 중국 수출과 중국 경제성장에 '목을 매는' 한국 같은 나라다.

❷ 리오프닝 특수는 물 건너갔나

2023년 1사분기까지만 해도 리오프닝 기대도 컸고 그 수혜를 점치는 목소리도 나왔다. 그러나 지금은 그런 긍정적인 분위기는 한풀 꺾였다. 증시에서도 리오프닝 관련주들의 부진은 1년 넘게 계속되고 있다. 중국 내 소비 침체는 끝날 기미가 보이지 않고, 혹시 소비가 회복되더라도 우리네 기업보다는 중국 내수 기업에 먼저 혜택이 돌아갈 거라는 이유에서다. 내수 기반을 강화하는 것이 중국 정부의 우선 과제이니 어떡하겠는가.

LG생활건강 등 줄줄이 하락

가령 LG생활건강은 중국 수출과 면세가 전체 매출에서 차지하는 비중이 50%에 가깝다. 높은 중국 의존도 때문에 중국 리오프닝주의 대명사 격이다. 그런데 2023년 LG생건 영업이익에 대한 최근의 컨센서스가 3개월 전보다 13.0% 감소했다. CJ ENM, 신세계, F&F 등 다른 중국 리오프닝주도 실적 전망치가 떨어지긴 마찬가지다. 화장품뿐만 아니라 면세점, 백화점, 패션 분야 업체들이 거의 다 부진을 면치 못하고 있다.

이제 중국인이 그리 선호하지 않는 한국 제품

전문가와 분석가들이 이들 기업의 미래 실적에 부정적인 이유는 여러 가지이겠지만, 무엇보다 중국 수출 회복이 부진할 거란 예측에 기인한다. 2023년 1분기 한국의 대중 수출액(중국 관세청 자료)은 전년보다

28% 넘게 감소한 382억 달러였는데, 중국 소비자들의 한국 제품 선호도가 코로나-19 이전만큼 높지 않다는 이유가 컸다. 이제는 유럽의 프리미엄 브랜드 아니면 차라리 중국산 제품 중심으로 더 많이 팔린다는 뜻이다.

놀라울 정도로 많은 중국 관광객들이 우리나라를 찾던 모습이 바로 엊그제 같은데, 이젠 이마저 급속히 줄어들었다. 다른 국가에 대해서 패키지여행을 승인해준 중국 정부가 한국에 대해서만큼은 찔끔찔끔 규제를 안 푸는 모습이 예사롭지 않다. 현재 중국에서 들어오는 국제선 비행기는 코로나 직전의 30~50% 수준에 불과하다. 중국 내 게임 판매를 허용하는 판호 발급도 마찬가지다.

Part Thirteen. On Sectors with Gloomy Prospect | 전망 흐린 산업 분야들

02

불황으로 달라진 소비 심리

❶ 젊은 명품족 실종, '올 것이 왔다'

소비경기 부진이 유통업계 전반에 직격탄을 날렸다. 2023년 들어 본격적으로 드러난 현상이다. 코로나 팬데믹 이후로 몰려들었던 젊은 '명품족'이 서서히 사라지고, 꺾이지 않을 것 같았던 백화점들의 실적도 내리막을 걸었다. 미처 예상치 못했던 인플레이션과 고금리의 냉기가 유통업계를 옥죄고 있다. 백화점은 물론이거니와 슈퍼마켓과 편의점 같은 서민들의 유통현장도 부진의 늪에 빠진 모습이다. 불황형 소비가 굳어지면서 먹는 것 입는 것에조차 지갑을 열기 어려운 형편이 돼버린 것이다.

부자들도 지갑을 닫았으니

코로나-19 이후 8분기나 계속해서 영업이익이 늘어났던 신세계가 2023년 1분기 영업이익 6.8% 감소를 발표했다. 현대백화점 역시 같은

기간 영업이익이 지난해보다 7.4% 줄었다. 럭셔리 브랜드 매출이 활발해 꾸준히 외형을 키워왔던 백화점 사업부가 난관을 만났다. 명품 매출 절대액은 살짝 늘었지만, 인플레이션 영향으로 명품을 비롯한 고가 제품 가격이 대개 인상되었으므로, 판매량은 줄어든 것으로 추정된다. 부자들마저 지갑을 닫았으니 놀랄 일이 아니란 것이 유통업계의 반응이다. 이 같은 명품 판매의 위축이 백화점 실적에 고스란히 영향을 미쳤다.

명품보다 차라리 K-패션을

명품 소비가 주춤한 사이, 개성 있는 'K패션' 브랜드를 찾는 수요는 오히려 늘었다. 불경기로 명품 소비가 위축된 게 가장 큰 이유나. 코로나-19가 풍토병으로 누그러들면서 늘어나는 외국인 관광객들이 K-패션을 찾는다는 점도 한몫했다. 예컨대 신세계백화점의 새 전략은 해외 명품보다 K패션 브랜드를 앞세운다는 것이다. 패션 트렌드에 민감하고 새로운 브랜드에 관심이 높은 MZ세대 여성을 주된 타깃으로 정해 이들을 백화점으로 유인한다는 생각이다. 인스턴트펑크, 그로브, 렉토, 르셉템버, MMLG, 포터리 등 K-패션 14개 브랜드가 그렇게 처음으로 백화점에 선을 보였다. 이렇게 재편집된 점포의 고객 수와 매출도 크게 늘었다(부산 센텀시티점의 1월~7월 외국인 매출은 전년도 같은 기간보다 4배 이상 증가).

해외 크루즈 선박들이 2023년 3월부터 다시 부산에 기항하게 된 점도 도움이 되었다. 50척이 넘는 크루즈 선박이 입항해서 관광객 5만 3,000여 명을 풀어놓았다. MZ세대가 열광하는 K-패션 브랜드 위주로 재편한 백화점 전문관이 국내뿐 아니라 해외 MZ세대의 쇼핑 메카로 인식될 수 있을 것이다.

❷ 부진하기는 편의점도 마찬가지

소비자의 일상에 밀착된 편의점과 슈퍼마켓 같은 유통채널도 고통스럽기는 마찬가지다. 편의점 분야의 1위 업체 BGF리테일(CU 운영)은 2022년 상반기 대비 영업이익 2.1% 감소를 겪었다. 1020세대가 편의점의 주 고객으로 떠오르면서 실적이 꾸준히 개선되어왔는데 이제 그 흐름이 바뀐 것이다. 역시 소비경기의 부진 때문이다.

아직 실적을 발표하지 않은 대형마트들은 어떨까? 증권업계의 평균 추정치는 역시 부정적이다. 가령 이마트 할인점사업부의 1분기 영업이익에 대해서 SK증권은 작년 동기보다 14.1% 감소를 예상했다. 불황형 소비 트렌드에 맞닥뜨린 대형마트와 편의점 등은 2024년에도 극적으로 반등하기는 어려워 보인다. 불황기 추세를 적극적으로 이용하는 역발상 전략으로 극복하겠다는 계획이지만 말이다.

그래도 전국에 5만 개를 넘어선 편의점의 성장은 준수해, 2023년엔 백화점을 제치고 처음으로 오프라인 유통 1위에 오를 것 같다. 7월에 이미 유통업 전체 매출의 17.9%를 차지해 백화점(16.7%)을 앞질렀다. 물론 백화점 매출이 떨어진 탓이 크지만, 1인~2인 소형 가구(소용량 제품 수요)가 늘었다는 점, 근거리 쇼핑이 인기를 끈다는 점, 신선식품 등 편의점의 상품군이 풍부해진 점, 실생활 밀착형 부가 서비스가 먹혔다는 점,

요컨대 '불황형 소비'의 확산이 편의점을 유통 1위에 올려놓은 것이다.

2024년 소비 심리 다소 회복할까

인플레이션이 무디어지지 않고, 금리가 낮아지지 않으며, 수출의 어려움이 해소되지 않는 가운데, 전쟁이나 경제 외적 충격의 가능성이 상존하는 한, 소비 심리의 빠른 회복은 기대하기 어렵다. 이런저런 이유로 일시적인 소비 반등을 보게 될 수는 있지만, 전반적으로 소비 심리가 확실히 돌아서기는 어려울 것이다. 유통업계의 전망도 다르지 않다. 물가 상승과 소득 정체로 가처분소득이 줄어들어 소비자들의 씀씀이가 쪼그라드는 것은 어떤 정책으로도 막기 어렵기 때문이다. 장기적인 스태그플레이션 현상으로 이어지지 않기만을 바랄 뿐이다.

❸ TV홈쇼핑, 겹치는 악재

국내 4대 홈쇼핑(GS·CJ·롯데·현대)이 수익 악화로 허덕이고 있다. 이들의 2023년 2분기 합산 영업이익이 560억 원으로 1년 전보다 47.4% 급감했을 뿐 아니라, 합산 매출액은 1조1,278억 원으로 7.84% 줄어들었다. 특히 롯데홈쇼핑과 현대홈쇼핑의 실적 감소가 두드러진다. 전반적인 소비 침체와 소비자들의 TV 이용 감소가 주된 원인이고, 모바일 쇼핑, 지역 특산물을 판매하는 케이블TV 사업자들의 커머스 방송 등 치열한 경쟁도 어려움이다. 또 이미 홈쇼핑 업체 매출의 65%를 넘는 송출 수수료가(방송사의 전체 매출에서 송출 수수료 수입이 차지하는 비중도 33.5%까지 올랐다)

2024년에도 가파르게 오를 전망이라 눈엣가시다. 쇼 호스트의 생방송 중 욕설이나 막말까지 불거져 어려움을 키웠다.

유료방송 사업자에게 지급하는 막대한 송출 수수료는 특히 뜨거운 감자여서, 채널별 방송 매출과 수익성 등을 놓고 홈쇼핑 업체들이 다양한 방안을 검토하곤 있지만, 이 때문에 이미 방송 중단을 결정했거나 검토하는 홈쇼핑 업체들이 늘고 있다. 결국 방송 사업자가 양보하지 않으면 홈쇼핑 방송 중단으로 이어질 수밖에 없을 것 같다.

한마디로 '탈 TV' 전략 등 변화를 모색해야 할 시기다. 2024년의 전망도 어둡다. 사람들이 갈수록 TV를 안 보면서 이 업종의 매출 감소는 거스를 수 없는 전 세계적인 현상이다. 홈쇼핑 업계의 어려움은 당분간 계속될 것이다. 위기를 느끼고 있는 업체들은 과연 어떤 대책과 전략으로 미래를 설계하고 있을까?

우선 사업모델을 모바일 중심으로 전환하고, 라이브 커머스 및 e커머스에 맞서 브랜딩 전략을 다시 짜고 있다. 가령 CJ온스타일은 모바일 라이브 커머스와 콘텐트 커머스를 꾸준히 기획해 TV, e커머스, MLC를 연계한 원 플랫폼 경쟁력을 높일 요량이다. 최근 시작한 이 전략 체계를 2024년에도 이어간다. 현대홈쇼핑은 방송 기획력을 강화하고 콘텐츠에 fun(재미) 요소를 더욱 가미할 계획이다. 유망 스타트업을 발굴하고 IP 사업 투자도 늘려 새로운 먹거리를 찾는 움직임도 부산하다. CJ온스타일은 2022년 6개 스타트업 투자에 이어, '유니콘'인 에이피알에 대규모 상장 전 지분투자를 감행했다. 또 GS홈쇼핑이 오픈 이노베이션 영역을 기존 식품에서 유통 전반으로 확대했는가 하면, 롯데홈쇼핑은 벨리곰이나 가상인간 루시처럼 관련 매출 실적이 좋았던 자체 IP 사업을 확대한다.

❹ '리퀴드' 소비

달마다 차를 서너 차례 쓰긴 하지만 굳이 차를 구매할 생각은 없다. 차량 공유 플랫폼에서 시간 단위로 싸게 빌리면 되잖아. 큰돈 들여 사 놓고 묵히면 낭비지. 작은 아파트에 혼자 사는데 굳이 TV며 공기청정기며 살 필요가 없다. 2년~3년 렌털 약정 맺고 쓰면 되니까. 스마트폰에 쿠팡 같은 오픈 마켓과 마켓컬리 같은 식료품 쇼핑 앱이 잘 깔려 있다. 어떤 앱의 단골이 될 필요 없이, 그냥 가격 인하 쿠폰을 보내주거나 특가를 제공하는 업체를 이용한다. 무슨 브랜드에 충성 고객이 될 필요가 어디 있는가, 가성비 따져보고 최신 유행 고려해서 고르면 되잖아.

소유가 아니라 공유를 중시하는 태도, 특정 제품이나 브랜드에의 충성을 거부하고 가격이나 유행에 민감한 구매 양태, 이것이 최근 MZ세대를 중심으로 퍼지는 유연한 소비 트렌드요 철학이다. 딱히 패턴을 특정하기 어려운 이런 추세를 경영학계는 '리퀴드 소비(liquid consumption)'라 부른다. 고정되어 정형화된 '솔리드(solid) 소비'에 대립하는 개념이다. 소비자가 어디서 어떻게 행동할지를 종잡을 수 없다는 얘기다.

리퀴드 소비의 핵심은 물건을 소유하지 않으면서 상품과 서비스에

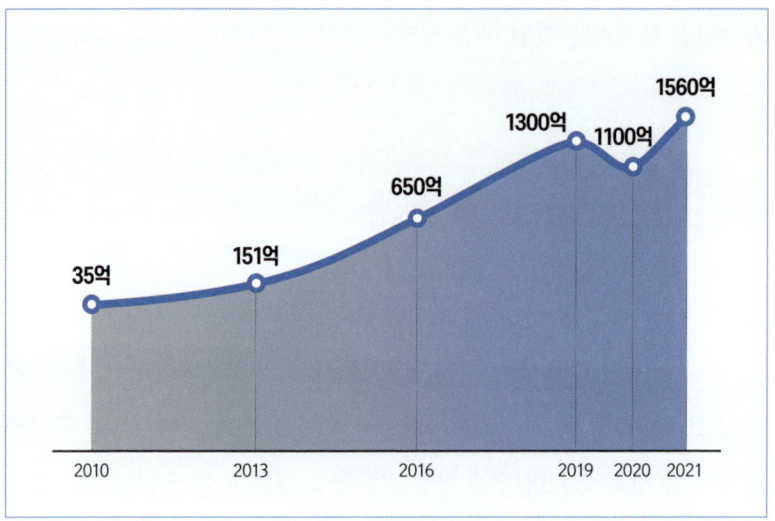

커지는 세계 공유경제 시장 규모 (단위: 달러)

자료: 스태디스타

유연하게 접근하는 것이다. 유연하고 빠르고 가벼운 라이프스타일이다. 그래서 3가지 특성을 갖는다. 1) 상품이나 서비스의 인기 혹은 가치가 아주 빨리 식어버리는 일시성, 2) 소유하는 대신 공유나 대여를 통해 상품과 서비스를 편리하고 자유롭게 소비하는 접근성, 그리고 3) 소비 과정에서 구체적인 물질보다는 무형의 경험을 중시하는 비물질화의 특성. 최근에 세계 경제를 휩쓴 공유경제, 구독 경제, 가치 소비 등의 배경도 리퀴드 소비라는 개념으로 설명할 수 있을 것이다.

소유는 필요 없어, 향유면 돼

리퀴드 소비 풍조를 가장 극적으로 보여주는 사례가 우버, 에어비앤비, 위워크 등 공유경제다. 솔리드 소비가 지배하던 시대에 차량, 사무실, 집은 당연히 소유와 독점의 대상이었다. 하지만 글로벌 금융위기 이후 성장 정체, 소득 하락으로 소유와 독점은 비싼 데다 효율과 편의성이 크게 떨어지는 일이 돼버렸다. 그럴수록 공유 행태는 의류, 가구, 가전 등으로 꾸준히 확장되고 있다. 시장조사기관 Statista(스터티스타)는 세계 공유경제 시장이 지난 10년 사이 이미 45배 불어났고, 2027년에는 6,000억 달러(790조 원)까지 덩치를 키울 것으로 예상했다.

현대차 등 완성차 업체들이 차량 공유 업체와 손잡고 차량 구독 서비스를 출시하는 모습이 리퀴드 소비 확대를 보여주는 좋은 사례다. TV나 냉장고를 대여하는 LG의 사업이라든지, 건설사들이 개인 방만 빼고 주방, 화장실, 거실 등을 공유하는 '코리빙' 사업도 마찬가지로 리퀴드 소비의 예이다.

그런데 공유나 구독 서비스 강화만으로 살아남을 수 있을까. 그것이 문제다. 소비자 기호와 성향이 시시각각 변하기('리퀴드'하기) 때문에 제품이나 브랜드 충성도가 약해지고, 유행의 주기도 초단기다. 모바일 IT 기기를 끼고 사는 현대인은 온갖 정보와 콘텐트에 24시간 노출돼 있다. 언제든 쉽게 마음을 바꿀 수 있다. 단골을 만들기가 그만큼 어렵다.

1분 미만의 숏폼 영상에 익숙해진 소비자가 한 종류의 제품이나 브랜드를 진득하게 사용하겠는가. 그러다 보니 특정 브랜드를 선호한다는 사람은 점점 줄어든다. 출시된 제품의 평균 수명도 지난 15년 사이 절반으로 꺾였다. 2000년대 초 3개월이었던 패션의 수명은 3주 이하로 짧아졌다. 유행이 그야말로 스치듯 지나간다. 잠시 인기가 폭등한다

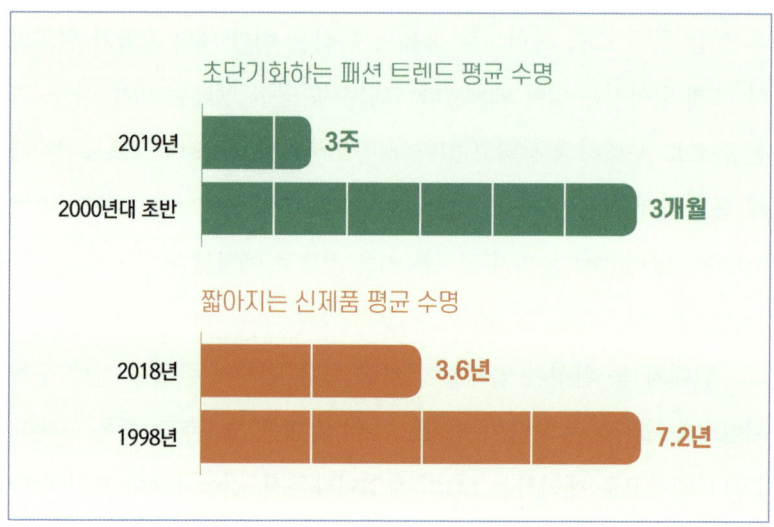

고 제품 라인을 증설했다가 금세 인기가 시들면서 손해를 보는 사례는 허다하다. 이제 경쟁력도 경쟁력이지만, 구매 과정에서의 경험까지 신경 써야 할 판이다. 리퀴드 소비의 영향이다.

소비자 마음은 갈대 같아

충성도가 높다고 자부하는 브랜드나 제품의 수가 크게 줄어들었다. 운 좋게 반짝 대박을 터뜨렸다가 금세 실적이 곤두박질치는 곳은 한둘이 아니다. 이러니 매출을 예측하기도 난감하고, 어떤 기업의 전도유망을 예측하기도 대단히 어렵다. 리퀴드 소비 확산으로 제품이나 서비스의 유행 주기가 짧아졌다는 얘기다. 이런 현상은 가령 화장품 시장에서 두드러진다. 시장 자체는 겨우 8% 정도 성장했는데, 코로나 사태 이후 뜨고 지는 브랜드는 3만 개에 육박하니 말이다.

　소비자 마음이 이렇듯 갈대 같으니, 리퀴드 소비 시대를 헤쳐 나가려면 언제든 위기의식을 가져야 한다. 지금 점유율이 높더라도 소비자 마음은 언제든 흔들리니까. 유행은 순식간에 바뀔 수 있으니까. 예상치 못한 변수들이 여기저기서 쏟아지니까. 다양한 온라인 플랫폼에 드러나는 데이터를 모으고, 소비자 취향에 맞는 제품을 끊임없이 업데이트하고, 편의성과 소비자 경험을 어떻게 높일지 연구하고, 경쟁사들의 움직임을 늘 체크해야 한다. 리퀴드 시대의 생존은 끝없는 실험과 혁신을 요구한다.

　2024년과 그 후에도 이어질 변화무쌍한 리퀴드 소비 추세. 물론 그런 트렌드를 거슬러서는 안 될 것이다. 하지만 장기적인 비즈니스를 염두에 두는 기업이라면, 시류와는 관계없이 항상 고수하고자 하는 구체적 비전을 보여줄 필요도 있다. 그것이 갈대 같은 소비자의 마음을 붙드는 유일한 길이 아닐까. 애플이나 테슬라를 보라, 그런 일관성 있는 비전으로 '컬트'나 다름없는 추종자들을 확보했다. 또 파타고니아는 어떤가. "지구를 지키기 위해 사업한다!"는 변치 않는 소명으로 소비자의 마음을 잡았다. 결국 비즈니스는 소비자를 향한 끝없는 설득의 과정이다. 나머지는 방법의 문제이고.

Part Thirteen. On Sectors with Gloomy Prospect | 전망 흐린 산업 분야들
03

후회막심

❶ e커머스는 '반성 중'

　인플레이션에, 고금리 여파에, 유동성 감소에, 불경기가 고착되더니, IPO 시장에서 기대를 모으며 떠들썩했던 e커머스 업체들이 줄줄이 상장을 철회하거나 상장 절차를 중단했다. 포기하면서 내놓은 표면적 이유는 경기가 부진하여 기업 가치를 제대로 평가받지 못한다는 것이지만, e커머스 업계 내부를 들여다보면 진짜 이유를 알게 된다. 코로나 바이러스가 기승을 부릴 때 온라인 시장이 거침없이 커지자 덩치 키우기에만 급급했을 뿐 실속(수익) 차릴 생각은 별로 하지 않았던 사실 말이다. 외형에만 신경 쓰느라 기본적인 실적 개선에는 소홀했다는 근본적인 이유 말이다. 기업은 결국 실적으로 말한다. 흑자를 못 내면 아무리 경기나 주식시장이 좋아져도 소용없다.

덩치만 키웠습니다

매출 늘리기, 시장점유율 늘리기, 지난 수년간 e커머스 업체들은 적자가 눈덩이처럼 불어나도 아랑곳하지 않고 몸집만 키우고 경쟁사를 도태시키는 것에만 급급했다. 그런 목적을 위해서 할인 쿠폰이다, 무료 배송이다, 어마어마한 마케팅 비용을 쏟아부었다. 최저가 경쟁에 몰두하고 거래액과 매출 확대에만 정신이 빠져 정작 수익을 낸다는 생각은 못 했다. 그렇게 구축한 물류 네트워크와 축적된 고객 데이터가 궁극적으로는 수익에 직결되리라고 본 것이다.

주요 e커머스 8개 업체의 결손금이 2022년 말 기준 10조 원을 넘어섰다. 6조 원에 육박하는 쿠팡이 가장 많았고, 컬리, 티몬, 위메프, SSG닷컴, 야놀자 등이 뒤를 이었다. 이는 이들이 시금까지 유상증자 등을 통해 확보한 투자금과 맞먹는 액수다. 소위 '계획된' 적자가 누적되면서 투자금을 거의 다 소진했다는 얘기다. 순이익을 낸 업체는 한 곳도 없다. 다만 최근 4개 분기 연속 흑자를 기록한 쿠팡만이 사상 최초 연간 적자 탈출을 앞두고 있다. 앞으로 흑자를 내거나 유상증자 등을 통해 메꾸지 못하면 존속이 어려워진다. 이커머스 업체들, 2024년도 험난해 보인다.

가령 11번가는 고민에 빠졌다. '5년 내 IPO'를 전제로 5,000억 원을 투자받고서 투자금 회수 기한이 다가오지만, 상장을 추진하지 못하고 있다. 시장이 인정하는 기업가치 2조 원이 기대했던 수준의 절반이라, 상장은 그림의 떡이다. 영업이익도 여전히 적자의 수렁에 빠져 있다.

역시 '5년 내 IPO'와 '거래액 5조1,600억 원 달성' 조건으로 1조 원

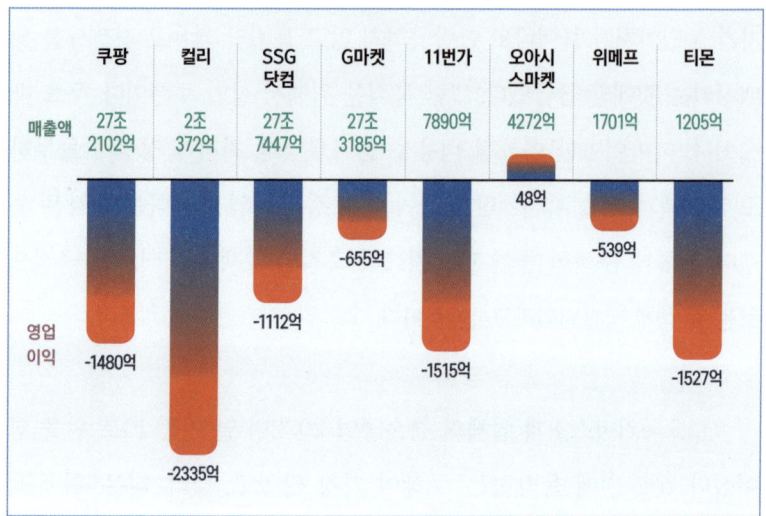

주요 e커머스 업체들의 2022년도 실적 (단위: 원)

자료: 각 사

을 투자받은 SSG닷컴도 상장을 철회했다. 거래액 조건을 충족해 투자금 회수 위험은 낮지만, SSG닷컴 역시 2022년 1,000억 원 이상의 영업 손실을 냈다. 매년 적자를 내고 있는 새벽 배송 컬리도 나을 바 없다. 프리 IPO에서 4조 원의 기업 가치를 인정받고 예비 심사까지 통과했지만, 기업 가치가 1조~2조 원에 그칠 거란 전망이 나오자 상장을 철회했다.

e커머스 업체로 흘러 들어가는 투자금도 뚝 끊겼다. 2023년 상반기 e커머스 업체가 유치한 자금이 전년 동기보다 90% 넘게 급감했을 정도다. 몇몇 업체는 적자 지속에다 자금 조달까지 여의치 않아 2024년엔 한계 상황에 직면할 수 있다는 말도 나온다.

사업모델은 한계, 시장은 정체

가장 큰 문제는 온라인 침투율이 제로 성장에 다가섰다는 점이다. 전체 소비액 가운데 온라인 구매가 차지하는 비율인 온라인 침투율은 2022년에 겨우 0.1% 포인트 증가에 그쳐 26.7%에 머물렀다. 정체를 눈앞에 둔 것이다. 팬데믹이 끝나가면서 온라인을 찾던 소비자들이 백화점이나 마트 등 오프라인으로 발길을 돌린 게 주원인이다. 유통업체 온라인 매출 증가율이 줄곧 꺾인 사이, 오프라인 매출은 급반등했다는 사실이 이를 증명한다. 초기 투자 비용 등으로 적자는 어쩔 수 없다던 e커머스 업체들은 어쩔 수 없이 사업 재정비에 나섰다. 소위 '계획된 적자'는 쿠팡이 맨 먼저 도입했던 모델인데 다른 e커머스 업체들이 이를 맹목적으로 따른 것이다. 그것이 밑 빠진 독에 물 붓기가 되고, 외형 키우기 전략이 더는 유효하지 않게 돼버렸다. 기존의 모델을 유지하면서 수익을 실현하려면 시장 전체 파이가 급격히 커져야 하는데, 그것은 불가능하다.

결손금이 시한폭탄으로 목을 죄자, e커머스 업체들은 늦었지만 '내실 다지기'에 나섰다. SSG닷컴이 2023년 적자 폭을 절반으로 줄이겠다고 선언했고, 11번가는 2025년까지 흑자전환의 목표로 수익성 개선에 나서고 있다. 더러는 창고 여유 공간을 다른 기업에 임대하고, 더러는 할인 쿠폰 대신 판매자들의 최저가 판매를 유도하며, 더러는 사업 구조를 특정 상품 중심에서 벗어나 영역을 넓히고, 더러는 대규모 물류센터를 열어 유통의 거점을 늘리고 있다.

덩달아 이른바 코로나 특수를 누렸던 배달 플랫폼도 한층 더 고달픈 2024년을 앞두고 있다. 거리 두기가 풀렸고 경제를 짓누르는 인플레이션에 배달 이용자가 올해에 이어 계속 줄어들고 수익성도 나빠질 것으로 예상된다. 2023년 7월 통계치에 의하면 배달의민족, 요기요, 쿠팡이츠 등 배달 플랫폼의 월간 활성 이용자 수는 전년도 같은 기간보다 11.9% 줄었다.

❷ K-뷰티도 '반성 중'

2013년~2015년 사이 우리나라의 대중 수출은 무럭무럭 자랐고 중국 투자도 대폭 늘어났다. 당시 중국의 경기는 한마디로 대호황이었다. 중국에 관한 대부분의 전망이 장밋빛 일색이었다. 국내 대표기업들도 그 덕을 톡톡히 봤다. 그러나 이후 10년을 채 못 넘기고 중국에 크게 의존했던 기업들은 큰 어려움에 봉착했다.

화장품은 그런 중국 시장의 극적인 변화를 적나라하게 보여주는 업종이다. 아모레퍼시픽의 경우를 보자. 중국 사업의 호조로 2014년과 2015년 매출 4조~5조 원, 영업이익 5,600억~9,200억 원으로 굉장한 성장세를 보였다. 증시에서도 반짝반짝 빛났다. '중국 장사'의 힘을 여지없이 보여주는 사례였다.

하지만 최근 몇 년 중국의 경기 침체가 이어지면서 아모레의 매출은 어떻게 되었을까? 2023년 상반기를 2015년 상반기와 비교하면 매출은 25%, 영업이익은 80% 가까이 떨어졌다. 시장의 평가도 냉정해서 아모레퍼시픽 주가는 급락을 피하지 못했고, 시가총액은 2015년 여름의 24조4,000억 원에서 2023년 7월 6조2,000억 원으로 쪼그라들었다. 아모레와 함께 K-뷰티를 대표하는 LG생활건강 역시 실적이 10여 년째 제자리걸음이다.

화장품 외에 호텔, 카지노, 면세점 등 중국에 의존하는 바가 컸던 기업들도 상황은 비슷하다. 코로나 팬데믹과 세계 공급망 혼란과 미·중 갈등과 내수 경기 침체 등으로 중국의 성장이 거의 멈춰서자, 다들 곤경에 빠졌다. 호텔신라나 파라다이스나 강원랜드 등도 모두 사업 급감으로 헤매고 있다. 2024년도 그다지 희망적인 신호를 보내주지 않는다. 최근 심각해진 중국 부동산 시장의 파국 등은 리오프닝과 회복을 오매불망 기대해왔던 우리 기업들에 오히려 더 힘든 한 해를 예고한다는 평도 나온다.

한국무역협회에 따르면 우리나라 전체 수출에서 중국으로 수출된 중간재·자본재·소비재의 비중은 줄곧 감소하고 있다. 물론 중간재는 여전히 비중 1위, 자본재와 소비재는 비중 2위를 차지하고 있지만, 하락의 추세는 어제오늘 일이 아니다. 중국 의존도가 높고 중국을 버릴 수 없는 기업이라면, 먼저 유동성을 확보하고 현지 투자를 보수적으로 해 중국 경기가 되살아날 때를 참고 기다려야 한다. 동시에 성장 전망이 좋고 환경이 적합한 다른 국가로 시장과 투자 대상을 다각화하는 노력도 기울여야 한다. 위축하는 중국 비즈니스를 성공적으로 대체하고 시장을 다변화한 기업들의 사례를 연구해서 통찰을 얻어야 한다.

예전의 한국은 대체로 대중국 범용 제품 수출에 집중했다. 하지만 이제 중국의 기술력은 몰라보게 올랐다. 자금력도 대폭 개선되었다. 전반적인 품질에서도 중국산은 한국산에 밀지지 않고 더러는 능가한다. 그래서 이제 이 시장은 고부가가치 제품, 고급 소비재 중심으로 공략할 필요가 있다. 아울러 예전에 놓치기 쉬웠던 중국의 2선~3선 도시에 대한 진출전략도 중요해졌다.

예전과 같은 중국의 고성장 시대는 저물었다. 다시 오기 힘들 것이다. 어떤 기업이든 중-저성장으로 이미 바뀐 패러다임에 맞추어 비즈니스 전략을 짜야 한다. 그것이 반드시 시장의 대체만을 의미하는 것은 아니다. 중국은 여전히 거대 시장이고, 앞으로도 그럴 것이다. 어떻게든 이 대륙에서 존재감을 되찾기 위한 창의적인 방법을 다양하게 모색해야 할 일이다.

❸ "팬데믹이 끝나니 죽을 맛입니다."

온라인 강의 플랫폼 '클래스101'은 한때 예비 유니콘으로 이름을 날렸다. 그 '한때'가 그리 오랜 과거도 아니다. 온라인 서비스가 활개를 쳤던 코로나 시대에 힘차게 부상했던 이 회사는 2022년 말 기준 완전한 자본 잠식 상태에 빠졌고, 최근엔 사무실 임차료마저 못 낸다는 소문이다. 에듀테크 업계 양대 산맥으로 꼽히던 명성이 무색하게도 구조조정까지 단행하며 직원을 절반으로 줄였지만, 돌파구는 아직 안 보인다. 수요 확대를 위해 저렴한 구독료를 앞세운 구독 서비스로 전환까지

했지만, 경쟁이 심해지면서 수익성만 떨어지고 뜻을 이루지 못했다. 어쩌다 에듀테크 산업이 겪고 있는 고충의 상징이 돼버렸고, 2024년의 전망도 그리 밝지 않다. 클래스101처럼 성인용 강의 콘텐트를 서비스하던 클래스유도 상황은 비슷하다. 2022년 여름에만 해도 IPO를 준비하며 승승장구하는 모습이었지만, 그 후론 감감무소식이다. 코딩 교육 스타트업 코드스테이츠 역시 주 수입원이었던 정부 위탁 사업이 뚝 끊기자, 최근 희망퇴직을 받으며 인력 감축에 나섰다.

그러나 반대편에는 같은 에듀테크 산업인데도 전혀 다른 그림이 펼쳐지고 있다. 처음으로 흑자전환에 성공했다느니, 매출이 급성장했다느니, 하는 소리가 들려온다. 온라인 원격 교육 플랫폼 데이원컴퍼니는

줄어드는 국내 에듀테크 투자 유치

자료: 스타트업 레시피

2023년 상반기에만 50억 원 이상의 영업이익을 거두어 부러움을 샀다. 교육 거래 플랫폼 탈잉은 2022년에 45억 원의 적자를 냈으나, 기업 임직원 맞춤형 B2B 원격 서비스에서 만족스러운 전환점을 찾아냈다. 그리고 2023년 상반기 흑자전환에 성공했다.

코로나 대유행 당시 에듀테크 산업은 비대면 원격 교육 서비스를 중심으로 급성장했다. 아니, 거품이 두텁게 생길 정도였다. 그러다가 엔데믹과 함께 대면 교육이 재개되고 금리 인상으로 투자는 실종되었으며, 인플레이션에 놀란 소비심리까지 꽁꽁 얼어버렸다. 업체들은 에듀테크에 대한 수요 위축과 투자 유치 실패라는 이중고에 시달렸다. 하지만 이와 동시에 과감한 체질 개선으로 돌파구를 찾고 오히려 실적이 좋아진 기업도 없지 않다. 비대면 교육의 거품이 꺼지자, 경제인들이 흔히 표현하듯이 '옥석이 가려지고' 있는 형편이다.

어려움을 비교적 잘 헤쳐 나가는 에듀테크 기업들의 반응은 대충 이렇다. "그래도 기본 수요는 변함없이 거기 있잖아." 팬데믹은 끝났지만, 사람들은 여전히 비대면 전문 교육이 필요하다는 얘기다. 어디서든 편하게 접할 수 있는 업무 관련 교육이나 자기 계발은 여전히 상품성이 있다. 특히 일반인의 업무나 일상생활에 긴밀히 연관된 교육 콘텐트는 경기가 어려울 때도 비교적 잘 견딘다. 어려울 때 오히려 미국-일본에 진출해서 디자인과 일러스트레이션 교육을 제공한 기업도 있다. 덕분에 해외 매출이 80% 이상 늘었다고 한다.

2024년에도 에듀테크 업계는 '돌이냐, 보석이냐'가 구분되는 모습을 계속 목격할 것이다. 시류를 많이 타지 않는 콘텐트, 빠른 판단과 실행, 장기적인 비전과 전략을 갖추는 기업들은 충분히 살아남을 것이다. 비대면 원격 교육의 가장 무서운 경쟁자는 유튜브다. 유튜브에 어떻게 대응하느냐에 따라 희비가 갈릴 수 있다. 유튜브랑 비슷한 주제나 방식으로는 승산이 크지 않을 것이다. 일시적인 유행에 맞추어 급조한 콘텐트도 살아남기 어려울 것이다. 분명한 것은 에듀테크 업계의 2024년은 어둡고 힘든 한 해가 되리라는 사실이다.

Part Thirteen. On Sectors with Gloomy Prospect | 전망 흐린 산업 분야들

04

왕년의 게임 왕국, 이젠 게임 오버?

게임은 한때 한류의 전도사였으며 K-콘텐트의 선봉장이었다. 2022년 국내 시장 규모가 21조1,800억 원이라든가, 해외에 11조 원을 팔아 콘텐트 수출액의 60% 이상을 차지했다는 통계치만 놓고 보면 지금도 K-콘텐트의 중추라 착각(?)할 만하다. 국내 10대 게임사 시총을 합치면 50조 원에 달하는 데다, 세계 게임시장 내 한국의 점유율도 여전히 8%에 가까워 미국-중국-일본에 이어 4위다.

그럼에도 우리 게임산업은 암흑기를 지나고 있고, 터널의 끝은 2024년에도 보이지 않을 것 같다. 2023년 2분기 게임 상장사 시가총액 '탑 10'의 매출은 전년 동기 대비 10%, 전 분기 대비 6% 줄어든 총 3조 2,845억 원이다. 수익성은 어떨까. 영업이익 총액은 4,055억 원으로 전년 동기 대비 54%, 전 분기 대비 29% 줄어들었다. 이들의 시가총액 합계(49조3,600억 원)와 견주어보면, 그 엄청난 덩치에 비해 매출과 영업 모두 초라하기 짝이 없다. 영화, 광고, 음악 등 다른 콘텐트 시장 규모가 20%

가량 커진 것과 대조를 이룬다. 이중 매출이 늘어난 기업은 3개뿐이고, 5개 기업은 적자를 기록했다. 소위 '3N'으로 불리는 게임사 가운데 엔씨소프트가 72%의 영업이익 급감을 겪었고, 넷마블은 6분기째 적자 연속이다.

K-게임의 영광도 여기서 끝인가? 무엇이 문제일까.

❶ 성공 신화에 갇혀버렸나?

우선 신작 게임 포트폴리오에 참신한 변화가 안 보인다. 그야말로 천편일률적인 콘텐트다. 예턴대 엔씨소프트는 '리니지 시리즈'에 매출의 상당 부분을 의존한다. 모바일 매출의 경우는 리니지 삼총사의 비중이 거의 전부다. 30년이 넘은 작품이 엔씨소프트를 이끌고 있다니! 중세풍의 판타지, 승부욕 자극, 격렬한 공성전을 내세워 국내에 MMORPG(다중접속역할수행게임) 열풍을 일으켰던 이 리니지란 거목은 이제 엔씨소프트의 성장을 막는 괴물로 변했다. 그리고 리니지 IP를 대체할 만한 신작은 나오지 않았다. 신작 3종이 가까스로 나오는가 했는데, 2024년으로 출시가 연기되었다.

업계 '톱 3'에 속했던 넷마블도 신작 부재 고민은 마찬가지. 이렇다 할 신작도 안 나오는 데다가 리니지처럼 든든한 캐시 카우도 없어 적자는 더 심하다. 넷마블은 2023년 8종의 신작을 뿌리고 그 대신 내년엔 신작 수를 올해보다 줄이기로 공언했다. 그만큼 신작들의 성공이 절실하다. 거의 10년 전에 MMOPRG '검은사막'을 내놓은 후로 신작이 없는 펄어비스의 고충도 비슷하다. 신작 개발을 완료해놓고도 출시 시점은 불투명하다. '배그'로 잘 알려진 슈팅 게임 '배틀그라운드' 개발사 크래프톤은 2022년 말에 액션 SF 게임 신작을 출시했으나 실패하고 쓴맛을 본 뒤, 개발 인력을 감축하는 등 위축되는 모습이다.

❷ 아뿔싸, 트렌드를 놓쳐버렸다

K-게임 부진의 두 번째 요소는 MMORPG 한쪽으로만 흐르는 포트폴리오의 단순성이다. 최근 자료에 의하면 국내 게임 앱 매출 규모에서 7가지 MMORPG가 상위 10위 안에 이름을 올렸다. 하지만 해외시장의 분위기는 완전히 반대다. 미국의 경우 매출 상위 10위 안에 이름을 올린 MMORPG는 단 하나도 없다. 중국은 2개뿐이다.

그뿐이 아니다. 젊은 세대로 내려갈수록 PC 게임으로 MMORPG를 선호하는 사용자의 비율은 크게 낮아진다. M세대에서는 40% 이상이지만, 1996년 이후 출생한 Z세대에선 29%에 그친다. 젊은 층에서는 MMORPG가 외면받고 있다는 얘기다. 게임 비즈니스에 중요한 Z세대는 공성 전략게임이나 슈팅 게임 등을 더 선호한다.

1020세대는 어쨌거나 숏폼 콘텐트에 익숙하지 않은가. 긴 시간을 투자해야 하는 MMORPG보다 가볍게 즐길 수 있는 슈팅 게임이나 가상세계를 자유롭게 탐험하는 '오픈 월드' 장르를 자연스럽게 더 좋아하니까. 우리 게임사들이 이런 트렌드를 놓쳐버린 것이 아닐까. 예전의 사업모델은 소비력을 갖춘 30대 이상 MMORPG 이용자의 과금 경쟁을 유도하는 방향이었다. 이제 게임사들은 Z세대에 맞춰 사업 전략을 원점에서 재검토해야 할 것이다.

게임업계의 자승자박은 다른 콘텐트 산업에도 많은 것을 생각하게 한다. 성공작만 자꾸 베껴대는 '패스트 팔로어' 전략이 오래갈 리 없다. 1990년대까지 승승장구했다가 갑자기 몰락한 홍콩 영화산업이 떠오르지 않는가. 고만고만한 주제가 판치는 웹툰이나 웹소설 혹은 엔터테인먼트 업계도 주목하고 연구해야 할 현상이다. 언젠가 게임업계와 비슷한 상황에 맞닥뜨릴지, 누가 알겠는가.

❸ 중국? 예전의 중국이 아님!

중국은 미국에 이어 두 번째 거대한 게임시장이다. 모바일 게임에선 최대 규모다. 그런 중국은 한국을 포함한 외국 게임에 대해 版号(판호; 서비스 허가)를 거의 내주지 않다가, 2022년 12월과 2023년 3월에야 해외 게임 판호를 대거 발급했다. 중국 역시 규제 강화로 게임산업이 주춤하자 정부 정책이 바뀐 탓이리라. 아무튼 중국은 워낙 큰 시장이라 규제가 어떻든 게임사로선 놓치기 어렵다. 게임사들의 진출 노력은 결코 멈추지 않을 것이다.

넥슨, 넷마블, 스마일게이트 등 주요 게임사가 신작을 내며 2023년 하반기 중국 시장을 두드린다. 국내외에서 인기를 끌고 있는 게임도 있고, 일본에서 모바일 최고 매출을 기록하는 작품도 포함되어 있다. 중국 내 사전 예약자 수가 340만 명에 달하는 게임도 있어 기대도 높다. 다만, 실제 흥행 실적은 두고 볼 일이다. 뚜껑을 열어보니 기대와는 딴판이었던 경험이 많았으니까.

중국은 한국 게임의 텃밭이었으나 지금의 분위기는 사뭇 다르다. 2023년 7월 기준 중국 게임 앱 시장에서 매출 상위 10위 안에 한국 게임은 하나도 없다. '한한령'에 의한 판호 거부가 풀린 후 현지에 진출한 국산 게임들이 하나둘 쓴잔을 마셨다. 기술력과 기획력이 자랑이었던 K-게임이 결국 중국에 추월당했나, 하는 두려움이 앞선다. 실제로 중국 게임의 수준이 높아지면서 한국 게임이 경쟁에서 밀린다는 평가가 나온다. 한때 '미르의전설2', '던전앤파이터', '크로스파이어' 등이 줄줄이 대박을 터뜨린 중국 시장 아니었던가. 우리에겐 '골드러시'와 기회의 땅이 아니었던가.

그러나 지금은 오히려 한국 시장이 거꾸로 중국 게임에 역공당하는 처지다. 좋은 예가 米哈游网络科技(미호요; HoYoverse)다. '붕괴: 스타레일'이라는 미호요의 게임은 한국, 일본, 중국, 대만, 싱가포르, 홍콩을 모두 석권했다. 매출도 매출이지만, 게임 개발과 운영에 연간 2억 달러를 투자해, 그런 투자를 엄두조차 못 내는(엔씨소프트가 차세대 IP 게임에 10년간 들인 개발비가 1,000억 원 정도) 국내 게임사들의 부러움을 산다. 또 국내 기업이 반기마다 내놓는 게임 업데이트를 월 단위로 퍼붓는다. 그뿐이랴, 미호요가 해마다 개최하는 '원신 여름 축제'는 워낙 인기가 높아 국내 게임사들이 긴장할 정도다. K-게임이 품질에서도 중국 게임에 밀리는 단계에 와 있다.

❹ 메타버스 두드리는 게임사

실적 부진과 전망 불투명이란 현실을 직시한 국내 게임사들은 필사적으로 대안을 찾고 있다. 그 가운데 하나가 메타버스를 활용한 게임이다. 메타버스 플랫폼을 통한 첫 서비스를 선보인 것은 컴투스다. '컴투버스'라는 플랫폼을 차렸다. 이어 크래프톤의 메타버스 서비스도 2024년에는 만나볼 수 있을 것이다. 돌파구를 찾으려는 노력은 가상하지만, 과연 수익 모델을 확보할 수 있느냐가 문제다.

'컴투버스'에서 제공된 컴투스의 첫 서비스 '스페이스'는 애니메이션 캐릭터 스타일인 예전의 메타버스 플랫폼과 달리, 이용자 사진을 AI가 분석해 캐릭터로 바꿔준다. 캐릭터가 실제 사람과 비슷해서 특이하다. 아바타나 광고 영역에서의 매출이 기대된다. 또 여러 기업의 가상 오피스를 컴투버스에 구현하려는 계획도 있다. 음성 대화, 회의, 사내 공지 등을 제공해 업무 플랫폼으로서 메타버스 시장을 선점하려는 의도다. 실제로 하나금융그룹, 교원그룹, 교보문고 등이 입주할 가상의 땅을 이미 마련했다. 그 외에 서비스형 소프트웨어나 서비스형 미디어 분야에서도 부가가치를 창출할 수 있을 것이다.

크래프톤의 메타버스 게임 진출 계획은 마이크로소프트의 '마인크래프트'를 닮았다. 그러니까, 창작자가 자유롭게 콘텐트를 창작할 수 있는 플랫폼을 만들어 출시하겠다는 전략이다. 마인크래프트는 사용자가 건축물을 짓는다든지, 기타 자유로운 창작을 하도록 유도해 '사용자가 직접 제작한 콘텐트(UCC)'를 다양하게 만들어낼 수 있도록 했다.

Part Thirteen. On Sectors with Gloomy Prospect | 전망 흐린 산업 분야들
05

돌파구가 안 보이는 금융업

❶ 이제 금융거래 절반이 온라인

다양한 금융거래 가운데 손안에서 이뤄지는 거래가 가장 많다. 그야말로 '디지털 금융' 시대다. 금융사들도 더 편리한 앱을 만들어서 고객들을 끌어들이기 위해 노력하고 있다. AI 기술이나 빅 데이터를 활용해 다양한 투자 상품을 추천하는 서비스의 수준도 나날이 높아지고 있다.

온라인으로 이루어진 은행 거래는 2015년만 해도 28.8% 수준이었으나 2022년에는 인터넷-모바일 등 비대면 거래가 51.2%로, 7년 만에 가장 보편적인 금융으로 자리 잡았다. 이 중에서도 모바일 앱을 통한 거래의 비율이 39.7%로 가장 높다. 2022년 말 기준 국내 은행의 인터넷뱅킹 등록 고객 수는 2억704만 명, 인터넷뱅킹을 통한 이체와 대출 신청 서비스 이용 건수는 1,971만 건, 76조3천억 원에 달했다.

그뿐인가, 주식거래도 마찬가지여서, 개인투자자의 모바일 거래 비

율은 2023년 상반기엔 60.7%까지 높아졌다. 스마트폰 안에서 가장 많은 주식거래가 이뤄지고 있다는 의미다.

사실 금융사로선 디지털 금융이 양날의 검이다. 앱 깔고 비대면 가입 유도하면 쉽게 고객을 모을 수 있는 건 맞지만, 계좌와 자산이 다른 금융사로 유출되기도 그만큼 쉽다. 즉, 경쟁은 더 치열해지고 서비스나 금리 등 여러 조건이 압도적으로 유리하고 매력적이어야 한다.

AI 활용하는 투자 조언

특히 금융권에서 늘어나고 있는 AI 기반 서비스와 그 성장성에 주목해볼 일이다. 한국신용정보원은 국내 금융 AI 시장이 해마다 38.2%씩 성장해 2026년에는 3조2,000억 원 규모까지 커질 거라고 추산한다. AI 기술을 활용하는 업무 자동화를 통해 비용을 절감하는 것은 물론이고, AI로 방대한 데이터를 분석해 새로운 수익원을 만들어내기도 한다. 또 소비자 개개인에게 최적화된 맞춤형 서비스도 제공한다. AI 기반의 투자 자문 서비스인 로보 어드바이저도 갈수록 정교해지면서 더 많은 고객을 만나고 있다. 스스로 개발한 딥러닝 AI에 자산 운용을 아예 맡겨버리는 수준에 이르렀다. 심지어 금융규제에 적절히 준비-대응하는 과정에도 AI 기술이 활용된다.

이제야 시작된 비대면 코어 뱅킹

신한은행이 시중은행 최초로 모바일 애플리케이션, 개인 인터넷뱅킹, 기업 인터넷뱅킹과 같은 비대면 채널 전용의 코어 뱅킹 시스템을 적용하고 있다. 코어 뱅킹은 은행의 기존 비즈니스 모델이 지닌 한계를 해결하기 위해 대안으로 등장한 종합 정보화 시스템을 의미한다. 이전까지는 채널 구분 없이 모바일 앱과 인터넷뱅킹에도 대면용 코어 뱅킹 시스템 적용해왔으나, 이젠 창구 직원이 봐야만 하는 정보 및 승인을 위한 로직 등을 모두 덜어낸 것이다. 이로써 조회, 이체 등 기본 메뉴는 물론이고 퇴직연금, 외환, 마이데이터 등 수천 개 서비스에 비대면용 코어 뱅킹 시스템이 적용되고 있다.

그 결과 시스템이 한결 가벼워지면서 모바일 고객의 체감속도가 4배가량 빨라지는 등, 이용자 환경이 대폭 개선됐다. 아울러 앱과 인터넷뱅킹의 안전성이 훨씬 높아지고 확장성도 좋아졌다. 은행 업무의 핵심인 코어 뱅킹 시스템을 분리하면서도 서비스 장애가 안 생기도록 단계적으로 이행한다는 점도 관심을 끈다. 은행 업무의 비대면화라는 큰 흐름에서 인터넷은행 또는 핀테크-테크핀 금융 플랫폼과 본격적인 경쟁이 시작된 셈이다.

제4의 인터넷 은행 언제 문 여나?

인터넷 은행 신규 인가가 개방됐지만, 유력 후보들은 진입을 적극적으로 검토할 생각이 없다. 그간 네 번째 인터넷 은행 유력 후보로 꼽혀온 네이버파이낸셜과 다우키움그룹은 인가 추진을 검토하지 않고 기존 사업에 집중하는 모습이다. 특히 네이버는 일본 관계사 라인이 일본과 동남아 등에서 인터넷뱅킹 시장에 진출하는 등, 그룹 전체가 핀테크에 집중하고 있다. 2019년 인터넷 은행 인가에 도전했다가 실패했던 다우키움그룹 역시 이번엔 조심스런 행보를 보이고 있다.

유력 후보들의 반응이 왜 이처럼 미적지근할까? 카카오뱅크, 케이뱅크, 토스뱅크 등 기존 인터넷 은행 3사만으로도 이미 경쟁이 뜨겁고 수익 올리기가 힘들기 때문이다. 마지막에 진출한 토스뱅크는 아직 적자다. 게다가 신청하면 언제든 심사하겠다는 금융 당국이 인터넷뱅킹을 보는 견해도 왠지 또렷하지 않다. 시중은행의 과점을 깨부술 방법의 하나로 거론되던 '특화전문은행(챌린저 뱅크)' 도입도 지지부진이다. 또 코로나 사태 이후 꾸준히 은행 위기설이 나오는 것도 부담이다. 신규 사업자들은 이래저래 매력을 느끼기 어렵다.

❷ 2024년은 ST를 만나는 해?

최근 미디어에서 가장 빈번하게 만나는 금융권 뉴스 아이템은 아마 '토큰증권' 아니었을까. 토큰증권(ST; Security Token)이란 블록체인 기반의 토큰에다 실물자산 및 금융 자산을 연동시킨 디지털 자산을 가리킨다. 얼핏 듣기에 가상화폐와 다를 바가 없는 것 같은데, 차이점은 무엇일까? 토큰증권은 기술적인 배경은 비트코인과 이더리움 등 가상화폐와 같지만, '실물자산을 기반'으로 하는 증권이라는 점이 다르다. 쉽게 말하자면, 증권이란 개념이 실물증권 ⇨ 전자증권 ⇨ 토큰증권의 순서로 진화하고 있다고 볼 수 있다. 투자 시장에 혁신을 불러올 것으로 기대하는 사람들이 많다. 그러면 어떠한 실물자산을 대상으로 이런 토큰증권이

'발행(STO; Security Token Offering)'되는 것일까? 비상장주식, 상업용 빌딩, 원자재, 한우, 경주마, 예술품, 명품 잡화, 신재생 에너지, 영화 등의 문화 콘텐츠, 음원 등의 지식재산권, 브랜드 등 모든 비정형 자산들이 거기에 포함된다.

자, 이런 토큰증권은 어떤 특징을 갖고 있을까?

- ST 형태로 유동화할 수 있는 대상(실물자산)이 그야말로 무궁무진하다.
- '스마트 계약(smart contract)' 방식으로 발행-유통된다. 고로 거래에서 중개자 역할이 극도로 적어진다. 그래서 유연성과 신뢰성을 가장 큰 특징으로 꼽을 수 있다.
- 언제, 어디서든 거래할 수 있다. 그래서 부동산 같은 실물자산의 유동성을 획기적으로 높여준다. ST는 한국거래소, 디지털 증권시장뿐 아니라 장외거래 사업자가 구축하는 다양한 플랫폼에서도 거래할 수 있다.
- 공시 업무의 자동화 등을 통해 시간과 비용이 절감된다. 전문가들은 ST 발행 비용이 일반 증권보다 40% 저렴할 것으로 예상한다.
- 매우 작은 단위의 거래도 가능해 진입장벽이 낮아진다. 부동산, 미술품, 지식재산권, 비상장주식 등 다양한 유무형 자산을 쪼갠 뒤 ST로 만들어 사고팔기 때문이다. 예컨대 50억 원짜리 건물의 지분을 25만 개로 쪼개 ST를 발행하면 2만 원으로도 건물 소유권의 일부를 살 수 있다. 사실 지금도 뮤직카우 등 조각투자 사업자들이 많지만, 블록체인 기술을 사용하지 않고 있어서 ST로 분류되진 않는다.
- 정해진 기간이 만료함에 따른 리스크가 존재한다.

최근 MZ세대를 중심으로 전통적 투자 수단(주식, 채권) 이외 가상자산 같은 비금융 투자처를 추구하는 경향이 뚜렷하다. 2020년부터 활짝 꽃핀 조각투자와 마찬가지로 STO 역시 젊은 세대가 주도할 것이며, ST는 이런 새로운 수요를 충족시키기에 가장 좋은 수단일 터이다. 우리나라에는 아직 STO가 법제화되지 않았지만, 최근 조각투자에 대한 수요가 증가함에 따라 이에 대한 규제 정립 논의가 진행 중이다. 2023년 1월 금융위원회가 발표한 계획대로 STO가 제도권으로 들어올 것을 예상해 증권사들은 다양한 실험을 하고 있으며, 2024년부터는 ST 시장이 본격적으로 활발해질 전망이다. 증권사 관점에서 ST는 전혀 새로운 수익원을 의미하기 때문에, 이를 잘 활용하면 똑같은 금융투자상품을 놓고서 서로 수수료 경쟁을 하는 구도에서 벗어날 수 있다.

가령 하나증권은 2023년 하반기에 ST 플랫폼을 구축해 금, 은, 백금, 팔라듐 등 금속 원자재의 ST를 발행해 유통하고, 그 대상을 콘텐트나 IP로도 확장할 계획이다. SK증권도 롯데월드타워 내 최고급 주거시설 같은 부동산의 블록체인 기반 조각투자 플랫폼을 2022년부터 가동해왔다.

370조 ST 시장의 '동맹 혈투'

하나금융경영연구소는 2024년부터 ST 발행-유통이 시작된다면 첫째 시가총액이 34조 원 수준, 2026년에는 119조 원, 2030년에는 GDP의 14.5%에 해당하는 367조 원에 달할 것으로 전망했다. 한편 씨티은행은 글로벌 ST 산업 규모가 현재 20조~30조 원에서 2030년까지 4조~5

조 달러(5,200조~6,500조 원)에 이를 것으로 예상한다. 이처럼 대대적 성장이 예상되는 ST 시장을 선점하기 위한 합종연횡이 한창이다. 증권사와 은행은 물론이고 조각투자 업체, AI 업체, 대형 통신사들까지 최대 40곳이 ST 시장에 뛰어들고 있으며, 해외에서 ST 사업을 펼치는 방안까지 두루 논의되고 있다. 특히 2023년 초 금융 당국이 STO 전면 허용 방침을 밝힌 뒤, '토큰 동맹'이 하나둘 드러나며 레이스가 뜨겁다. 금융권에서 불붙은 '판 키우기'가 공공기관에도 번지는 모습이다. 2024년에도 경쟁은 더욱 뜨거워질 것이다.

일단 자기자본 5조 원 이상인 8개 대형 증권사 중 6곳이 ST 발행을 위한 컨소시엄 구성에 박차를 가하고 있다. 미래에셋증권, 한국투자증권, NH투자증권, 신한투자증권 등이 각각 컨소시엄을 이끌고, 거

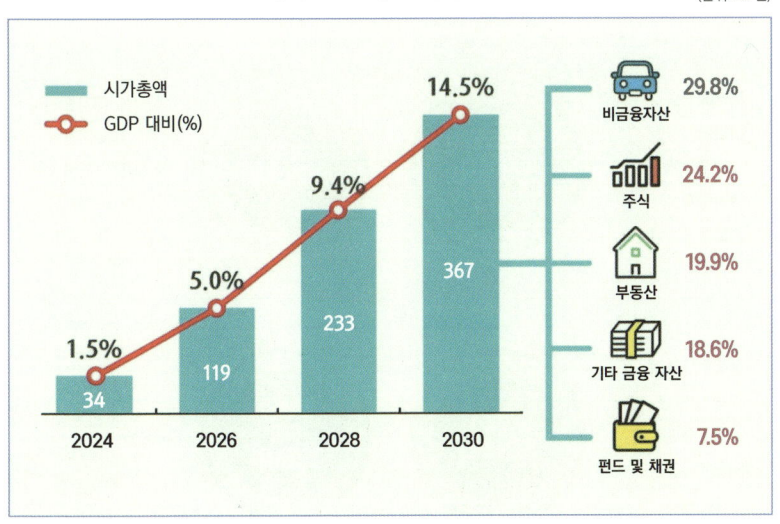

국내 ST 시장의 성장 전망 (단위: 조 원)

자료: BCG, 하나금융경영연구소

Part Thirteen. On Sectors with Gloomy Prospect | 전망 흐린 산업 분야들

기에 조각투자 사업자, 인터넷 은행, 주식거래 플랫폼, 통신사 등이 참여하는 형태로 각축을 벌이는 중이다. 각 컨소시엄의 이름과 주도하는 증권사 및 참여 기업의 전모는 아래의 도표에서 확인할 수 있다.

이와 별도로 금융지주 계열 대형은행도 모두 토큰증권 사업을 추진 중이다. 토큰증권용 API까지 개발한 농협은행이 주도하는 별도의 '은행권 STO 컨소시엄'이 구성되어 있다. 일반 증권에 비해서 30% 이상 낮은 비용으로 STO가 가능해 다양한 상품과 가치에 대한 투자 기회를 제공하겠다고 한다.

한국거래소의 계획에 따르면, 2023년 안에 토큰증권 시장의 시범 운영이 시작된다. 거래소가 직접 운영하는 시장은 장내 시장이고, 증권사가 자체 MTS·HTS에서만 ST를 거래할 수 있도록 하는 게 장외 시장

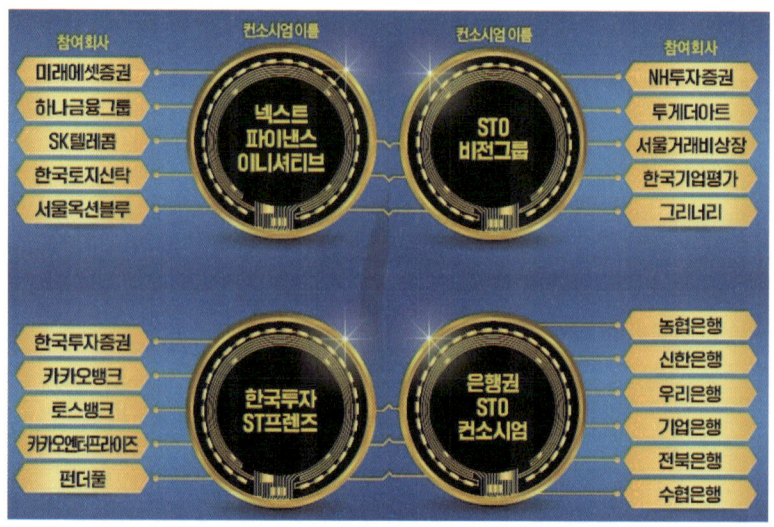

이다. 자기자본 20억 원 이상인 업체가 발행하는 ST만 장내 시장에 상장할 수 있게 제한할 예정이다.

❸ '간편결제' 대전, 자웅을 겨뤄보자

우리나라 간편결제 시장은 이용자 규모 순으로 네이버페이, 카카오페이, 쿠팡페이, 삼성페이가 나눠 장악하고 있으며, 오프라인 결제는 삼성페이가 압도한다. 이런 상황에서 2023년 3월 애플페이가 현대카드 독점 제휴 조건으로 출시되었다. 이제 애플 기기 사용자들도 애플페이로 결제할 수 있게 돼, 지금까지 삼성페이가 독점해온 휴대전화 단말기 결제 서비스는 경쟁 체제로 바뀌는 지각변동이 일어났다. 그야말로 '결제 대전'이 벌어지면서, 소비자 관점에서는 선택권이 넓어지고 이런저런 혜택의 폭도 커졌다.

애플페이는 애플 기기(아이폰, 아이패드, 애플워치 등)를 이용해 실물 카드 없이 결제할 수 있도록 NFC, 즉, 모바일 교통카드에 사용되는 것과 같은 근거리무선통신 방식으로 지원하는 간편결제 서비스다. 글로벌 이용자가 5억 명에 이르러, 비자에 이어 2위를 기록 중이다.

애플페이, 어떻게 다른가?

○ 삼성페이는 카드를 긁을 때 발생하는 자기장 신호를 모방하는 MST(마그네틱) 방식과 NFC 방식을 모두 지원한다. 신용카드 가맹점 어디서든 사용할 수 있다.

이에 반해 애플페이는 NFC 방식만 지원해 호환 단말기가 있어야 한다. 반면, 아이폰에 특별히 다른 앱을 설치하지 않아도 바로 사용할 수 있다는 것은 애플페이의 강점이다.

- 애플페이는 애플워치나 아이패드로도 이용할 수 있다. 그러나 삼성페이는 갤럭시워치 등 웨어러블 기기로는 이용할 수 없고, 오직 2018년 출시된 기어S3로만 이용할 수 있다. (단, 해외에서는 갤럭시 워치로도 가능)

- 데이터 통신이 있어야만 작동하는 삼성페이와 달리, 애플페이는 인터넷 연결이 안 된 단말기로도 결제가 된다. 보안 인증 방식의 차이 때문이다. 통신 장애 같은 비상 상황에서도 사용할 수 있다는 얘기다.

NFC 방식은 해외에서는 널리 쓰이지만, 국내에선 대개 카드를 긁어서 결제하는 MST 방식이나 꽂아서 결제하는 IC 방식이다. 국내 NFC 보급률은 10%(오프라인은 3%)에 불과하다. 이 때문에 애플페이의 파급력이 예상보다 약할 거라고 주장하는 이들이 더러 있다. 그러나 큰 그림을 보면 그렇지도 않다. MST 방식은 보안이 취약해 세계적으로 사라지는 추세가 뚜렷하기 때문이다. 삼성전자조차 점점 NFC로 전환하고 있다. 애플페이의 진출을 계기로 짜장 NFC 방식 결제의 보급에 속도가 붙기를 바라는 목소리도 있다.

예전엔 삼성페이의 점유율이 워낙 높아 소비자들의 갤럭시 선호를 부추긴다는 '설'도 있었다. 이제는 반대로 애플페이의 등장이 갤럭시 선호도를 위협할 거라는 전망도 나온다. 하지만 삼성페이와 애플페이의 장점 및 한계가 각각 또렷하므로 큰 변화는 없을 것이란 시선도 있다. 그러나 장기적으론 애플의 영역이 금융 플랫폼으로까지 넓어지면 잠재적 위협이 될 수 있다. 특히 20대 젊은 층의 아이폰 사용률 52%(갤럭시 44%)라는 통계치는 사용 '경험'으로 '미래 고객 선점' 효과를 노리는 애플페이의 잠재적 위협을 잘 보여준다.

국내 업체들, 어떻게 대응하고 있나?

삼성은 우선 갤럭시워치에 삼성페이 결제 기능을 다시 장착할 것 같다. 소프트웨어만 업데이트해주면 가능한 일이라, 이는 시간문제다. 또 삼성페이에 다양한 기능을 추가해 매력과 편의성을 높이고 있다. 가령 집-자동차 열쇠를 대신하는 디지털 키, 항공기 탑승권이나 영화-공연 입장권을 등록하는 기능이 그런 예다. 운전면허증과 같은 효력의 모바일 면허 확인서비스를 도입해 디지털 신분증으로도 활용할 수 있게 했다. 고등학교 학생증 기능도 지원하고, 알뜰교통카드 기능도 추가된다. 갤럭시 이용자는 외출할 때 지갑이 필요 없다는 말이 실감 난다.

온라인 결제만 지원했던 네이버페이는 전국 300만여 개 오프라인 가맹점을 가진 삼성페이와 동맹을 맺고 오프라인 서비스 확대에 나섰다. '캠퍼스존'을 통해 학교 내 식당-카페-편의점 등 현장 결제도 지원하고 있다. 네이버페이 앱의 활성 이용자 수가 급증한 것은 말할 나위도 없다.

카카오페이는 공격적으로 해외시장 진출 본격화를 모색하고 있다.

이미 일본과 중국 및 싱가포르, 마카오에서 결제 서비스를 제공해온 카카오페이는 별도 등록이나 환전 없이도 결제할 수 있다. 국내 24만 개 가맹점을 보유한 POS(판매시점 정보관리) 1위 사업자의 지분을 사들이는 등, 오프라인 시장 확대에도 주력하고 있다.

이미 업계 최다 21개의 다양한 결제 서비스를 제공하는 카페24도 자사 플랫폼에서 애플페이를 제공한다. 카페24 온라인 사업자는 자신들의 온라인 점포에 애플페이를 손쉽게 탑재할 수 있고, 애플페이를 선택한 소비자는 미리 등록해둔 카드로 바로 결제할 수 있다. 한편 전자결제 전문 KG이니시스는 전략적 파트너이자 글로벌 최대 쇼핑몰 호스트인 쇼피파이에 애플페이 서비스를 제공한다.

애플페이로 MZ세대 잡기

'금융 테크 기업'으로의 변신을 위해서 애플과 선제적 협업이 필요했던 현대카드. 애플페이를 도입한 '승부수'는 제대로 먹혔을까? 애플페이 출시 이후 한 달간 현대카드 신규 발급은 지난해 같은 기간에 비해 156% 증가했다. 특히 신규 회원 중 MZ세대가 79%로 압도적으로 많았다. 애플페이에 신용카드를 등록할 때 카드 정보를 암호화해 발행하는 소위 '토큰'도 200만 건을 넘었다. 애플도 '역대 최고'라고 박수를 보냈다. 카드사들의 마케팅 경쟁이 제한돼 신규 회원 유치가 멈춰버린 상황을 고려할 때, 이 정도면 상당히 고무적인 결과다. 애플페이와 손을 잡아야 하나, 다른 카드사의 고심이 깊어질 듯하다.

❹ PF라는 이름의 검은 구름

기업의 신용도나 안전성-성장성이 아니라 어떤 사업(프로젝트)의 수익성을 보고 대출하는 금융 기법을 프로젝트 파이낸싱(PF)이라 부른다. 인프라스트럭처 사업, 산업 프로젝트, 공공 서비스 등에 쓰이는데, 규모가 크고 장기적인 사업이다. 우리나라에서 주로 부동산 개발업자들이 활용하는 PF는 크게 브리지 론(bridge loan)과 본(本) PF로 나눌 수 있다. 브리지 론은 시행사가 인-허가를 받기 전 토지 매입비와 초기 운영비를 조달하기 위해 1년~2년간 빌리는 '임시' 대출이다. 본 PF는 사업이 본격적으로 시작된 후, 건축비를 조달하기 위해 빌리는 것으로 만기는 보통 3년 안팎이다.

본 PF를 받으면, 대개 브리지 론부터 상환한다. 그런데 여기서 문제가 발생하기 쉽다. 부동산 시장이 불황이거나 건축비 혹은 금리가 급등하거나 다른 어려움이 생기면, 인-허가를 받아놓고도 본 프로젝트를 시작조차 못하고, 브리지 론도 갚지 못하면서 땅이 공매로 나온다. 브리지 론을 제공한 금융기관은 난관에 봉착한다.

얼마나 심하기에 IMF까지 지적?

브리지 론에서 촉발된 PF '폭탄'이 터질 거란 우려가 크다. 서울 강남과 용산의 금싸라기 땅이 공매로 나오고, 오히려 시행사들이 인-허가를 연기하는 등, PF 부실이 무섭게 드러나고 있다. 한국신용평가의 61개 증권·캐피털·저축은행 PF 분석 보고서에 따르면, 이들의 브리지 론 대출

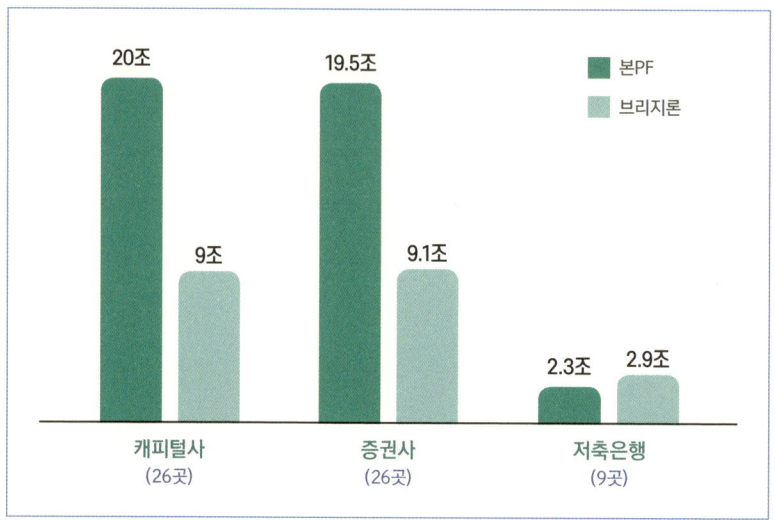

잔액은 21조 원에 이른다. 이들 중 88%~90%는 2023년에 만기가 돌아온다. 브리지 론 위기는 이제 시작일 뿐이라고 입을 모으는 이유다. 오죽하면 IMF까지 한국의 PF를 콕 찍어 취약한 구조를 경고하고 나섰을까?

건축비와 금리가 이렇게 오를 줄 몰랐고, 부동산 업황이 이렇게 악화할 줄 몰랐던 시행사들은 손실을 최소화하려고 건설 착수를 망설이고, 브리지 론 만기를 연장하며 버틴다. 그러나 언제까지 그러겠는가. 2022년 초만 해도 한 자릿수였던 이자율은 이제 10%가 넘고, 수수료까지 더하면 20%가 넘기도 한다. 이러니 시행사들은 금융 비용조차 견딜 수 없게 된다. 결국 브리지 론을 포함한 PF 금융은 더 부실로 빠져들고, 안 그래도 2024년 기쁜 소식이라고는 기대하기 힘들었던 금융권의 시름은 더 깊어진다.

맺는 말

자, 2024년 우리나라 경제를 가늠해본 저 나름의 '비즈니스 일기예보'는 여기까지입니다. 제가 이 책을 쓰면서 누릴 수 있었던 즐거움만큼이나 크고 넉넉한 기쁨을, 여러분은 이 책을 읽으면서 누리셨기를 진심으로 바랍니다.

⇨ 일터에서 하루하루 역사를 쌓아가는 직장인 여러분에게 이 책이 유익한 정보를 드릴 수 있었다면, 저에겐 커다란 기쁨입니다.

⇨ 기업과 조직의 지도자들이 이 책에서 비즈니스 방향과 경기 전망에 관한 직관과 통찰을 얻으셨다면, 그 또한 저의 영광입니다.

⇨ 개인투자자나 기관투자자의 '수익 극대화'라는 목표 달성에 이 책이 도움 되었다면, 그 역시 저에게는 짜릿한 보람입니다.

⇨ 복잡한 경제와 산업의 구조를 어려워했던 학생들이 이 책으로 정리된 관점을 얻을 수 있었다면, 더할 나위 없는 소득이고요.

저자에게 질문을 던지고 싶거나, 이의를 제기하고 싶거나, 충고의 말씀을 전하고 싶으십니까? 그렇다면 이메일로 저자를 부르십시오; pandoreboite@naver.com에서 응답할 것입니다.

2024년이 당신에게 빛나는 한 해이기를 빕니다.

2024 비즈니스 트렌드

초판 1쇄 인쇄 2024년 4월 17일
초판 1쇄 발행 2024년 4월 24일

지은이 | 권기대
펴낸이 | 권기대
펴낸곳 | ㈜베가북스

주소 | (07261) 서울특별시 영등포구 양산로17길 12, 후민타워 6-7층
대표전화 | 02)322-7241 팩스 | 02)322-7242
출판등록 | 2021년 6월 18일 제2021-000108호
홈페이지 | www.vegabooks.co.kr   **이메일** | info@vegabooks.co.kr
ISBN   979-11-92488-66-0   13320

---

* 책값은 뒤표지에 있습니다.
* 잘못된 책은 구입하신 서점에서 바꾸어 드립니다.
* 좋은 책을 만드는 것은 바로 독자 여러분입니다.
  베가북스는 독자 의견에 항상 귀를 기울입니다. 베가북스의 문은 항상 열려 있습니다.
  원고 투고 또는 문의사항은 위의 이메일로 보내주시기 바랍니다.